Isabelle Bert

Orchideen im Haus von A–Z

**Das Katalogbuch
zum Nachschlagen und Entscheiden
mit 376 Farbfotos**

aus dem Französischen übersetzt von Feryal Kanbay, München

Ulmer

▲ *Renanthera storiei*

Bildquellen

Titelbild: GapPhotos/Dave Zubraski
Umschlagrückseite (von links nach rechts):
iStockphoto/Eric Gevaert,
iStockphoto/Pathathai Chungyam,
Blickwinkel/R. König.

Alle Fotos stammen von Marcel Lecoufle außer:
Franck Boucourt: Seite 2, 10, 17, 21, 41, 65 oben rechts, 68, 71 unten, 74 unten, 80, 84, 85 oben rechts, 86, 104 oben, 105, 110, 111 rechts, 114, 128, 130, 132 unten, 133 unten, 151, 188 oben, 190, 197, 209 unten rechts, 217, 250 oben, 266, 269, 271.
Philppe Ferret: Seite 11 c und d, 24, 25, 32 rechts, 36 links und rechts, 37 links und rechts, 104 unten.
E. & J. Julien: Seite 45.
MAP/N. und M. Mioulane: Seite 23.
MAP/A. Descat: Seite 44 oben und unten, 46, 47.

Zeichnungen: Ernst Halwaß und Bruno Conquet

Titel der französischen Originalausgabe
„Orchidées – mode d'emploi", erschienen 2006 bei Les Editions Eugen Ulmer, Paris/Frankreich.

Bibliografische Information der Deutschen Nationalbibliothek
Die Deutsche Nationalbibliothek verzeichnet diese Publikation in der Deutschen Nationalbibliografie; detaillierte bibliografische Daten sind im Internet über http://dnb.d-nb.de abrufbar.

© 2008 Eugen Ulmer KG
Wollgrasweg 41, 70599 Stuttgart (Hohenheim)
E-Mail: info@ulmer.de
Internet: www.ulmer.de
Umschlagentwurf: Wilde②, Stefan Dehmel, Stuttgart
Übersetzung: Feryal Kanbay, München
Lektorat: Karin Wachsmuth, Dörte Vieth
Herstellung: Ulla Stammel
DTP: Satz+Layout Fruth GmbH, München
Druck und Bindung: Litotipografia Alcione, I-Lavis
Printed in Italy

ISBN 978-3-8001-5649-8

Inhalt

Encyclia vitellina

Vorwort

Das Hauptanliegen meines ersten Buches „Orchideen – auswählen und pflegen" (Verlag Eugen Ulmer, 2003) war, die Kultur von Orchideen Jedem zugänglich zu machen. Dieses Buch bietet Anfängern die Möglichkeit, die meisten der heute erhältlichen Hybriden zu kultivieren.

Aus dem ersten Buch erfolgte zwangsläufig dieses zweite, viel umfassendere Werk. Es spricht die Fragen einer neuen Generation von Sammlern an, die ein ganz besonderes Interesse an der Kultur von botanischen Orchideen zeigen. Diese beginnen sich in den Gärtnereien und bei Orchideenzüchtern immer mehr durchzusetzen. Aber im Gegensatz zu den klassischen Orchideen-Hybriden haben diese Arten einzelne, manchmal eigenartige Besonderheiten, die man kennen muss, damit man die Pflanzen mit Erfolg kultivieren kann.

Ich bin in den Gewächshäusern meines Großvaters und meiner Mutter aufgewachsen, in denen es immer eine Vielzahl von Arten aus jeder Gattung gab. In den rund 15 Jahren, seitdem ich in dem Unternehmen tätig bin, hat diese umfangreiche Orchideen-Sammlung das Interesse von versierten Hobbyzüchtern auf sich gezogen.

Seit einigen Jahren fällt mir auf, dass sich auch weniger erfahrene Hobbygärtner für botanische Orchideen interessieren. Hier stellt sich oft die Frage: Wie kultiviert man diese oder jene Art?

Das vorliegende Buch gibt ganz einfache Antworten auf diese Frage. Ich habe es für Sie geschrieben, damit Sie Ihre Sammlung an botanischen Orchideen erweitern oder Lust bekommen, sie einmal selbst zu kultivieren.

Bulbophyllum lobbii ▶

Was ist eine Orchidee?

Kennen Sie viele Pflanzenfamilien, die schon vor 120 Millionen Jahren die Erde besiedelt haben und weder verschwunden noch vergessen sind und heute 30 000 Arten umfassen, zu denen in einigen Jahren mit Sicherheit tausend neue Arten hinzukommen werden? Wie soll man von einer Pflanzenfamilie nicht fasziniert sein, die ursprünglich terrestrisch war und dann überwiegend die epiphytische Lebensform angenommen hat, um in einem Lebensraum, der ihren Ansprüchen nicht mehr entsprach, zu überleben? Daher kann man verstehen, dass Orchideen oft an die Spitze des Pflanzenreichs gestellt werden. Obwohl ich dieser Anspielung auf ihre Überlegenheit nicht ganz zustimmen mag, denn dadurch entsteht ein Bild von der unerreichbaren Blume entsteht, die nur „Eingeweihte" kultivieren können. Aber es ist unbestritten, dass Orchideen außergewöhnliche Blumen sind, von denen stets eine unerklärliche Faszination ausgeht. Um diese Pflanzen richtig kultivieren zu können, sollte man sie und ihre Bedürfnisse gut kennen.

Die einzigartige Blütenform

Eine Orchideenblüte setzt sich immer aus drei Kronblättern (Petalen) und drei Kelchblättern (Sepalen) zusammen, deren Anordnung eine erstaunliche Eigenartigkeit aufweist: Wenn man die Endpunkte der Sepalen einerseits und die der Petalen andererseits miteinander verbindet, erhält man zwei vollkommene, umgekehrte und übereinanderliegende Dreiecke. Dieser geometrische Aufbau ist im Pflanzenreich einzigartig.

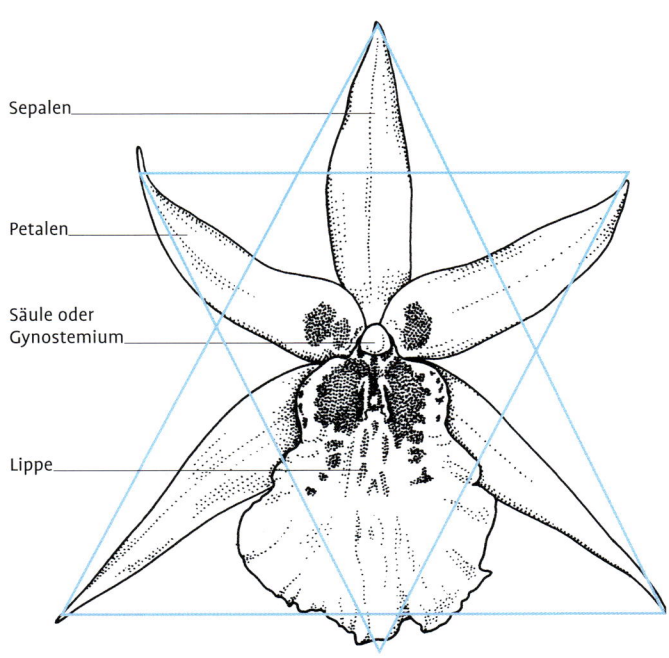

Sepalen

Petalen

Säule oder
Gynostemium

Lippe

Die Sepalen

Die Sepalen bilden die äußeren Hüllblätter der Blüte oder den Blütenkelch. Das hintere Kelchblatt, das von variabler Größe sein und über die Petalen hinausragen kann, weist im Verhältnis zu den beiden seitlichen Sepalen oft eine unregelmäßige Form auf.

Die Petalen

Vor den Sepalen bilden zwei seitliche und eine mittlere Petale die Blütenkrone. Das mittlere, in der Symmetrieachse gelegene Kronenblatt unterscheidet sich von den beiden anderen so stark, dass es Labellum (Lippe) genannt wird. Es ist in Farbe, Form und Größe auffälliger als der Rest der Blüte und seine Position innerhalb der Fortpflanzungsorganen alles andere als Zufall! Wir werden sehen warum.

Laelia purpurata ▲

Woran erkennt man eine Orchidee?

Das Aussehen der Orchideen kann stark variieren wie die vier Abbildungen unten zeigen. Bestimmte Arten haben mit den klassischen Orchideen wie *Phalaenopsis* und *Cymbidium*, die in vielen Blumenläden erhältlich sind, oder *Cattleya*, die in der Literatur oft dargestellt wird, wenig Ähnlichkeit. Trotzdem weiß man meistens instinktiv, dass man eine Orchidee vor sich hat, auch wenn man nicht sagen kann, um welche es sich handelt.

Für die Zuordnung in die Familie der Orchidaceae ist das Vorhandensein der Säule, auch Gynostemium genannt, entscheidend. Dieses besondere Blütenorgan ist die charakteristische Gemeinsamkeit aller 30 000 bekannten Orchideenarten; keine andere Pflanzenart weist es auf.

Die Betrachtung einer Tulpe zeigt, dass es einfach ist, die weiblichen Geschlechtsorgane (Stempel mit der Narbe am Ende) in der Mitte von den männlichen (Staubgefäße mit Pollen) am Rand zu unterscheiden.

Bei Orchideen ist es schwieriger, die Fortpflanzungsorgane zu entdecken, da sie mit Ausnahme des Fruchtknotens versteckt liegen und zu einer einzigen schlauchartigen Struktur vereint sind, bei der es sich um nichts anderes als die bekannte Säule handelt. Bei der Betrachtung der Innenseite erkennt man die Säule in der Mitte der Blüte als Verlängerung des Fruchtknotens, die die Lippe stets überragt. In der Säule sind die männlichen und weiblichen Fortpflanzungsorgane so positioniert, dass nichts dem Zufall überlassen wird, was für die Befruchtung durch das bestäubende Insekt von größter Wichtigkeit ist. Der Weg, den der Bestäuber im Innern der Blüte zurücklegt und dessen Rolle für die Erhaltung der Art unerlässlich ist, gibt Aufschluss über die Anordnung der Geschlechtsorgane in der Säule.

Wie fein eingespielt die Zusammenarbeit von Blüten und Insekten bei der Bestäubung ist, zeigt eines der schönsten Beispiele, die wir kennen und Charles Darwin verdanken. Er wagte als Erster zu behaupten, dass Insekten bei der Befruchtung der Orchideen eine Rolle spielen, von denen man bis dahin glaubte, sie seien sterile Schönheiten: Das Beispiel von der Orchidee *Angraecum sesquipedale*

Paphiopedilum 'Chans Temple Biggie' ▲   ▲ *Aerangis rhodosticta* (Syn. *Luteoalba*)

Peristeria pendula ▲   ▲ *Zygopetalum perrenoudii*

▲ Perfektes Zusammenspiel der Orchidee
Angraecum sesquipedale mit dem Nachtschwärmer *Xanthopan morgani praedicta*.

(Stern von Madagaskar) und dem Schwärmer *Xanthopan morgani praedicta*. Die Orchidee ist weiß und duftet nachts. Der prächtige Nachtschwärmer trägt einen etwa 25 cm langen Saugrüssel. Von der weißen Blüte und deren starken Duft angelockt, landet der Schwärmer auf der großen Lippe der Orchidee und nimmt mit seinem Rüssel den Nektar auf, der in dem etwa 20 cm langen Sporn hinter der Blüte enthalten ist. Dazu muss er seinen Kopf in die Mitte der Blüte bis unter die Säule stecken. Wenn er den Nektar verzehrt hat, versucht er sich zu befreien, indem er sich nach hinten bewegt, wobei sein Kopf unweigerlich gegen ein kleines klebriges Anhängsel (Viscidium oder Caudicula) stößt, das von dem Pollinium (verklebte Masse der Pollenkörner eines Pollensacks) an der Spitze der Säule gebildet wird. Von der Säule losgelöst, bleibt dieses am Kopf des Schwärmers haften, der dann mit seinem gesammelten Nektar sofort eine benachbarte Blüte derselben Art besucht. Dort legt er den gleichen Weg zurück, wobei sein Kopf die Narbe, den nach innen gewölbten Teil in der Mitte der Säule, streift und der klebrige Pollen dort haften bleibt.

Das ist der Augenblick, in dem die Bestäubung stattfindet. Anschließend verwelkt die Blüte, da sie ihre Aufgabe erfüllt hat, und der Fruchtknoten hinten in der Blütenkrone entwickelt sich zu einer Frucht. Welche Orchidee auch immer, die Anordnung der Geschlechtsorgane ist stets dieselbe, nur die Größe der Säule variiert. Das Insekt und die Art und Weise der Bestäubung variieren je nach Form der Blüte. Manchmal muss das Insekt einen äußerst komplizierten Weg zurückzulegen, um an den Nektar zu gelangen

Der Beweis für eine Orchidee ist die Existenz des Blütenorgans der Säule. Bei allen Orchideenarten befindet sich in der Mitte der Blüte, auf der Höhe der Verbindungsstelle der beiden Seitenpetalen, ein langgestrecktes Gebilde als Verlängerung des Fruchtknotens; dieses ist die Säule oder auch Gynostemium.

Säule oder Gynostemium

Lippe

Cymbidium-Blüte ▲

Pollinium (männliches Geschlechtsorgan)

Narbe (weibliches Geschlechtsorgan)

▲ Nahaufnahme der Säule, von unten gesehen

Morphologische Eigenschaften der Pflanze

Auf den ersten Blick, zeigen die Orchideen eine so große Vielfalt an Wuchs-, Blatt und Blütenformen, dass man mit Recht daran zweifelt, dass sie ein und derselben Familie angehören. Dennoch lassen sich für viele morphologische Eigenschaften, wie für den Habitus der Sprossachse, gemeinsame Merkmale finden, die eine Klassifizierung der verschiedenen Orchideenarten innerhalb der Orchideenfamilie ermöglichen.

Orchideen mit senkrechter Sprossachse: monopodiales Wachstum

Die Sprossachse ist das mittlere Organ der Pflanze; sie trägt im Allgemeinen die Blätter, die zweizeilig (rechts und links) angeordnet sind, und bringt alljährlich die Blütenstände und die bekannten Luftwurzeln hervor. Eine monopodiale Orchidee hat eine einheitliche senkrechte Sprossachse, die an der Spitze ständig weiterwächst; die Höhe der Sprossachse variiert je nach Gattung und Alter der Pflanze. Eine ausgewachsene *Phalaenopsis* wird kaum höher als 15 bis 20 cm, während eine *Vanda* eine Höhe von bis zu 2 m erreichen kann. Monopodiale Orchideen sind in Regionen ohne ausgeprägte Trockenperioden beheimatet. Aufgrund ihrer morphologischen Struktur, als Speicherorgane dienen lediglich Blätter oder Wurzeln, müssen sie regelmäßig mit Wasser versorgt werden.

Die Vertreter der Gattung *Vanda* (Bild und Zeichnung) zeigen den charakteristischen Habitus monopodialer Orchideen (hier eine *Vanda merrillii*).

Orchideen mit waagerechter Sprossachse: sympodiales Wachstum

Im Gegensatz zu monopodialen Orchideen, bei denen ein und dieselbe Pflanze im Laufe der Jahre an der Sprossachse immer weiterwächst und sich selten verzweigt, entspringt bei sympodialen Orchideen jedes Jahr ein neuer Trieb an der Basis des alten, waagerecht wachsenden Sprosses. Dieser neue Spross ist senkrecht ausgerichtet und verdickt, sein Spitzenwachstum ist begrenzt. Aufgrund der Verdickung werden diese Triebe als Pseudo- oder Scheinbulben bezeichnet. Scheinbulben speichern Wasser und Nährstoffe, mit deren Hilfe die Pflanze in ihrer Heimat die typischen Trockenperioden überstehen kann. Zu den sympodialen Orchideen gehören die oft kultivierten Gattungen *Cattleya*, *Odontoglossum*, *Dendrobium* und *Cymbidium*. In der Wachstumsphase, das heißt, solange die Pflanzen sich in der Entwicklung befinden, wird reichlich und regelmäßig gegossen – gewissermaßen der tropische Regen nachempfunden. In diesem Zeitraum baut die Pflanze ihre Reserven auf. Wenn sich die Pseudobulben vollständig entwickelt haben (wenn Größe und Umfang mindestens denen vom Vorjahr entsprechen), werden die Wassergaben reduziert und bei einigen Arten sogar eingestellt.

Eine *Dendrobium* (Bild) und eine *Coelogyne* (Zeichnung); beide Abbildungen zeigen die Entwicklung einer sympodialen Orchidee.

Die Blätter

Die Blätter weisen unzählige mikroskopisch kleine Spaltöffnungen auf, die mit den Poren unserer Haut vergleichbar sind. Diese Blattporen (Stomata) sind die Atmungs- und Transpirationsorgane der Pflanze, dienen also dem Gasaustausch und regeln die Verdunstung. So können die Blätter Kohlendioxid aus der Luft aufnehmen, das zusammen mit Wasser mit Hilfe der Sonnenenergie in Kohlenhydrate (Zucker) umgewandelt wird, wobei das Chlorophyll (Blattgrün) die Blätter befähigt, das Licht zu absorbieren: Diesen Vorgang bezeichnet man als Fotosynthese. Wie alle Lebewesen transpirieren auch Orchideenpflanzen. Bei zu geringer Luftfeuchtigkeit verdunstet das über die Luftwurzeln aufgenommene Wasser über die Spaltöffnungen, ohne dass neues aufgenommen werden kann, und die Orchidee erleidet Wasserverlust. Schlaffe Blätter oder das Hervortreten der Blattnervatur weist auf eine schlechte Wasserversorgung hin. Auch auf andere Mängel oder Kulturfehler kann das Aussehen der Blätter aufmerksam machen. Das Vergilben oder die Rotfärbung des Laubs kann darauf hinweisen, dass die Orchidee zu starkem Licht ausgesetzt ist. Diese ziemlich typischen Symptome geben

Einige Beispiele für die Blattvielfalt bei Orchideen (von links nach rechts): *Ludisia discolor*, *Paphiopedilum delenatii* und *Paphiopedilum walteranium*.

Keikis

Keikis oder Kindeln werden die kleinen Pflanzen, die sich am Blütenstiel oder an Pseudobulben entwickeln, genannt. Dieses Phänomen ist eine Form der vegetativen Vermehrung. Es kommt vor allem innerhalb der Gattungen *Phalaenopsis* (insbesondere *Phalaenopsis lueddemaniana*) und *Dendrobium* vor. In den meisten Fällen werden die Keikis von der Pflanze „nach Belieben", also spontan gebildet, und ihre Entwicklung ist kein regulierbarer Vorgang. Es könnte durch Einwirkung bestimmter Hormone zustande kommen, kann sich aber nachteilig für die Mutterpflanze erweisen und die Qualität der Pflanze negativ beeinflussen.

Manchmal kann das Erscheinen von Kindeln eine Folge von Kulturfehlern sein. Wenn Orchideen extremer Wärme ausgesetzt sind, besonders während Hitzeperioden, ihnen stark stickstoffhaltige Düngemittel verabreicht oder Ruheperioden nicht beachtet werden, können Kindel entstehen.

Was kann man mit den Keikis machen?

Um die Pflanze nicht zu stark zu schwächen, sollte man die Kindeln abtrennen, sobald sie Wurzeln ausgebildet haben und diese lang genug (4–5 cm) sind. Diese Pflänzchen werden ihrem Wurzelvolumen entsprechend in ausreichend große Töpfe gesetzt, die ein feines Substrat (zusammengesetzt aus Kiefernrinde, Blähton und etwas *Sphagnum*) enthalten sollten. Die Pflänzchen entwickeln sich rasch weiter und bringen Blüten hervor, die mit denen der Mutterpflanze identisch sind.

nur dann Anlass zur Sorge, wenn es sich um junge Blätter handelt; die älteren haben eine Lebensdauer von 2 bis 5 Jahren, stellen dann ihre Aktivität ein und fallen ab.

Die Luftwurzeln

Da die meisten kultivierten Orchideen Epiphyten oder Halbepiphyten sind, ist es wichtig, ihren Aufbau und ihre Lebensweise gut zu kennen, bevor man sich mit der eigentlichen Kultur beschäftigt. Die Rolle der Wurzeln ist in zweierlei Hinsicht wichtig: Einerseits nehmen sie Nährstoffe und Wasser aus der Luft, von bemoosten Bäumen oder Felsen auf, um sie anschließend an die Pflanze weiterzuleiten, und so ihre Versorgung zu gewährleisten, andererseits dienen sie als Haft- und Halteorgane. Der besondere Wurzelaufbau der Orchideen ist nichts anderes als eine Anpassung an ihre natürliche Umwelt: Orchideen bilden keine Primärwurzeln aus, sondern nur sekundäre Wurzeln, die dem Spross entspringen. In deren Mitte befindet sich eine Gewebeschicht, das so genannte Velamen, das die Wurzeln als silbrig weiße Hülle umgibt. Es handelt sich dabei um abgestorbene Zellen, die wie ein Schwamm Wasser nach jedem tropischen Regenguss und die darin gelösten Nährstoffe aufnehmen und speichern können. Die Nährstoffe (von verrottetem Laub oder Insektenkot stammend) und Mineralien – lebensnotwendig für alle Pflanzen – sind im Regenwasser natürlich enthalten, da es auf seinem Weg entlang der Stämme und Gesteine damit angereichert wurde. Der Baum dient nur als Stütze und versorgt die Orchidee sonst in keiner Weise, entzieht ihr aber auch nichts. Orchidee und Baum bilden eine harmonische Lebensgemeinschaft, daher kann man bei dieser Beziehung nicht von Parasitismus sprechen.

◄ Anhand der Wurzeln ist der Gesundheitszustand der Pflanze erkennbar. Von zehn Orchideen, die verkümmerte Luftwurzeln aufweisen, gehen neun ein!

▲ Eine Orchidee bildet umso mehr Blüten, je älter sie ist. Auch der Blütenstand wird mit der Zeit immer prächtiger.

Der Blütenstand

Es ist das Erscheinen der Blüten, was uns am meisten an den Orchideen erfreut. Jeden Augenblick warten wir darauf, dass sie sich entfalten, damit wir einige Monate lang ihre Pracht bewundern können, zumal sie uns für unsere ganze Mühe belohnen.

Innerhalb der Gruppe monopodialer Orchideen entwickelt sich der Blütenstand (Infloreszenz) in den Blattachseln (bei *Phalaenopsis*, *Vanda*, *Renanthera*). Bei sympodialen Orchideen kann der Blütenstand je nach Gattung an unterschiedlichen Stellen entspringen: am Ende der Pseudobulbe (*Cattleya*), entlang der Pseudobulben (*Dendrobium*), an deren Basis (wie bei *Odontoglossum*, *Lycaste* und *Oncidium*), in der Mitte des neuen, vollständig entwickelten Triebs (wie bei *Paphiopedilum* und *Phragmipedium*), an der Basis des Triebs (wie bei *Jumellea* und *Cochleanthes*) und in seltenen Fällen unter der Pflanze über den Wurzeln (*Stanhopea* und *Dracula*). Oft vergehen Monate zwischen dem Erscheinen des Blütenstandes und dem Öffnen der ersten Blüte. Danach variiert die Dauer der Blüte je nach Gattung von 24 Stunden bis drei Monate oder länger. Aber machen Sie sich keine Gedanken, denn Orchideen mit kurzer Blühdauer werden selten im Handel angeboten. Für Sammler hingegen sind sie interessant, da diese ihnen ihre Kurzlebigkeit wegen anderer Qualitäten (ein besonderer Duft, große Blüten und außergewöhnliche Formen) nachsehen. Orchideen blühen das ganze Jahr, manchmal öfter (*Phalaenopsis*) – je älter sie sind, desto prächtiger und länger ist die Blüte. Das ist ein motivierendes Detail, das man nicht außer Acht lassen sollte. Bei fachgerechter Pflege entwickelt sich Ihre Orchidee zu einer prachtvollen Pflanze, die nach zehn, zwanzig oder dreißig Jahren mindestens fünfmal mehr Blüten aufweist.

Paphiopedilum gardineri ►

Natürliche Verbreitung und Lebensweise

Die Orchideen bilden die umfangreichste und weltweit am meisten verbreitete Familie der Blütenpflanzen, die wir kennen. Mit Ausnahme der Wüsten- und Polargebiete kommen sie auf allen Kontinenten, wo es Vegetation gibt, vor. In Europa und Kanada wachsen prächtige terrestrische Arten, die sich zwar an kalte und gemäßigte Klimazonen angepasst haben, aber erstaunlicherweise aufgrund ihrer geringen Anpassungsfähigkeit tatsächlich schwer zu kultivieren sind. Gegenüber dieser Minderheit steht die Mehrheit der Orchideen, die wir als „Exoten" bezeichnen, die ausnahmslos nicht terrestrisch sind und sich als Zimmerpflanzen kultivieren lassen; die meisten Arten sind in Süd- und Mittelamerika und Asien beheimatet. Die Mehrzahl der in tropischen und subtropischen Breiten heimischen Orchideen weisen eine Eigentümlichkeit auf, die jedoch von Laien oft falsch ausgelegt wird: Sie sind Epiphyten und keine Schmarotzer. Obwohl sie auf anderen Pflanzen (Bäumen, Farnen) leben, entziehen sie diesen keine Nährstoffe. So erklärt sich auch die Tatsache, dass sich manche von ihnen mit einem Felsen oder einem einfachen Korb als Unterlage begnügen: Die epiphytisch lebenden Orchideen existieren dank der Luftwurzeln, die am natürlichen Standort Wasser und Nährstoffe aus dem Regenwasser aufnehmen und speichern können.

Entsprechend ihrer natürlichen Heimat haben die Orchideen auch besondere Ansprüche an die Temperatur- und Lichtverhältnisse, die bei ihrer Kultur zu berücksichtigen sind. Es ist notwendig, die Höhenlage und die Umgebung, in der die Pflanze wächst, zu kennen. Eine Orchideenart, die in 200 m Höhe in der feuchten Luft eines Waldes beheimatet ist, wo die Temperatur zwischen 20 bis 35 °C variiert, kann man nicht kultivieren wie eine Art, die in 1800 m Höhe lebt und schon am frühen Morgen der prallen Sonne ausgesetzt ist und beträchtliche Temperaturunterschiede zwischen Tag und Nacht erfährt. Aufgrund der unterschiedlichen Kulturansprüche unterscheidet man Orchideen für warme, temperierte oder kalte Gewächshäuser.

Disa uniflora am natürlichen Standort. ▲

▲ Der Großteil der exotischen Orchideen wächst epiphytisch: Sie haften auf dem Stamm, ohne den Baum zu schädigen.

Afrikanische Orchideen

Aerangis luteoalba: Kenia, Kamerun, Äthiopien, Uganda
Ansellia africana: tropisches Afrika

Bulbophyllum cocoïnum: Zaire, Uganda
– *falcatum*: Uganda, Guinea, Kamerun
– *purpureorachis*: Elfenbeinküste, Zaire, Gabun, tropisches Afrika und Südafrika

Disa (Gattung): tropisches Afrika und Südafrika, Madagaskar

Eurychones: Angola, Kongo, Elfenbeinküste, Uganda

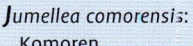

Aerangis
citrata

Jumellea comorensis: Komoren
– *fragrans*: Réunion, Mauritius

Oeoniella: Madagaskar, Komoren, Seychellen

Plectrelminthus caudatus: Kamerun, Guinea, Gabun, Elfenbeinküste, Liberia, Nigeria, Zaire

Auf Madagaskar endemische Orchideen:

(Diese findet man nur dort.)

Aerangis citrata, A. ellisii, A. fastuosa, A. hyaloides
Aeranthes filipes, A. henricii, A. ramosa
Angraecum calceolus, A. compactum, A. didieri, A. enurneum, A. germinyanum, A. sesquipedale, A. scottianum, A. viguieri

Cymbidiella (Gattung)

Grammangis

Jumellea arborescens, J. major, J. scgittata

Phaius francoisii

Weit verbreitete Arten

Bulbophyllum umbellatum: tropisches Afrika, Madagaskar, Malaysia, Philippinen, Australien

Phaius tankervilleae: Pazifikinseln, Australien, Afrika

Phalaenopsis amabilis: Java, Borneo, Australien, Celebes (Große Sundainseln), Neuguinea

Vanilla: Asien, Afrika, Amerika

▲ *Eurychones rothschildiana*

Südamerikanische Orchideen

Acaccalis cyanea: Kolumbien, Brasilien, Venezuela
Ada aurantiaca: Kolumbien, Venezuela
Anguloa clowesii: Venezuela, Kolumbien
– *uniflora*: Peru

Barkeria skinneri, B. lindleyana, B. uniflora: Costa Rica, Venezuela, Mexiko, Guatemala, Nicaragua
Bifrenaria harrisoniae: Brasilien
Bollea (Gattung): Brasilien, Kolumbien, Ecuador, Venezuela, Guyana
Brassavola cucculata: Südamerika
– *nodosa*: Mexiko, Kolumbien, Venezuela, Guyana
Brassia arcuigera: Costa Rica, Kolumbien, Ecuador, Panama, Venezuela
– *caudata*: Guatemala, Venezuela, Costa Rica, Peru, Bolivien
– *verrucosa*: Guatemala, Nicaragua, Honduras, Venezuela

Catasetum barbatum: Brasilien, Venezuela, Guyana, Kolumbien
– *macrocarpum*: Brasilien, Venezuela, Guyana
– *pileatum*: Brasilien, Venezuela, Ecuador, Kolumbien
Cattleya acclandiae: Brasilien
– *amethystoglossa*: Brasilien
– *dowiana*: Costa Rica, Kolumbien
– *forbesii*: Brasilien
– *guttata*: Brasilien

– *labiata*: Brasilien
– *luteola*: Brasilien, Bolivien, Peru, Ecuador
– *maxima*: Kolumbien, Ecuador, Peru, Venezuela
– *percivaliana*: Venezuela, Kolumbien, Anden
– *rex*: Peru, Kolumbien, Anden
– *skinneri*: Kolumbien, Guatemala, Mexiko, Costa Rica
– *walkeriana*: Brasilien
Chysis aurea: Mexiko, Panama, Kolumbien, Venezuela
– *bractescens*: Mexiko, Guatemala
Cochleanthes (Gattung): Peru, Kolumbien, Costa Rica, Guyana
Coelia (Gattung): Mexiko, Guatemala
Coryanthes macrantha: Guyana, Brasilien, Peru, Venezuela
– *maculata*: Kolumbien, Venezuela, Guyana, Brasilien, Peru, Panama
– *speciosa*: Kolumbien, Panama, Guyana, Brasilien, Peru, Venezuela
Cuitlozinia pendula: Mexiko
Cycnoches loddigesii: Venezuela, Kolumbien, Brasilien, Guyana
– *ventricosum*: Venezuela, von Mexiko bis Panama

Dracula chimaera: Kolumbien
– *rabledorum*: Kolumbien
– *vampira*: Ecuador

Encyclia adenaucola: Mexiko
– *citrina*: Mexiko
– *cochleata*: Mexiko, Kolumbien, Venezuela, Florida
– *mariae*: Mexiko
– *pentotis*: Mexiko, Guatemala, Honduras, Kolumbien, Brasilien
– *vittelina*: Mexiko, Guatemala
Epidendrum ibaguense: Kolumbien, Venezuela, Guyana, Brasilien
– *parkinsonianum*: Mittelamerika
– *pseuepidendrum*: Costa Rica, Panama

Gongora: von Mexiko bis Peru, Brasilien

Laelia harpophylla: Brasilien
– *labata*: Brasilien
– *perrinii*: Brasilien
– *pumila*: Brasilien
– *purpurata*: Brasilien
– *tenebrosa*: Brasilien
– *superbiens*: Mexiko, Honduras, Guatemala, Nicaragua
Lemboglossum: Guatemala
Leptotes: Brasilien, Paraguay, Argentinien
Lycaste aromatica: Guatemala, Nicaragua, Mexiko

Cattleya acclandiae ▲

– *ciliata*: Bolivien, Kolumbien, Ecuador, Peru
– *fragrans*: Peru, Ecuador, Kolumbien
– *lassioglossa*: Guatemala, Mexiko
– *skinneri*: Mexiko, Guatemala

Masdevallia caudata: Venezuela, Kolumbien,
  Ecuador, Peru
– *chapaensis*: Bolivien
– *coccinea*: Kolumbien
– *mendozae*: Ecuador
– *minuta*: Guyana, Bolivien, Ecuador,
  Kolumbien, Brasilien
– *pacyaura*: Ecuador
– *veitchiana*: Peru
Maxillaria picta: Brasilien
– *sophronitis*: Venezuela
– *striata*: Ecuador, Peru
Mendoncella (Gattung): Brasilien, Mexiko, Peru,
  Guatemala, Nicaragua, Costa Rica
Miltonia candida: Brasilien
– *flavescens*: Brasilien, Paraguay, Argentinien
– *spectabilis*: Brasilien
Miltoniopsis: Costa Rica, Panama, Venezuela,
  Kolumbien, Ecuador
Mormodes: Mittelamerika

Neomoorea irrorata: Panama, Kolumbien

Odontoglossum crispum: Kolumbien
Oncidium cebolletta: Kolumbien, Paraguay,
  Mexiko, Brasilien, Argentinien
– *hastilabium*: Venezuela, Peru, Kolumbien,
– *onustum*: Ecuador, Peru
– *ornithorhynchum*: Mexiko, Guatemala
  Nicaragua, Costa Rica, Honduras
Osmoglossum: Mexiko, Guatemala

Paphinia (Gattung): Bolivien, Brasilien,
  Kolumbien, Guyana, Panama, Venezuela,
  Ecuador
Peristeria elata: Kolumbien, Costa Rica,
  Panama, Ecuador
pendula: Kolumbien, Guyana, Peru,
  Brasilien, Venezuela, Ecuador
Pescatorea (Gattung): Costa Rica,
  Panama, Kolumbien, Ecuador
Phragmipedium besseae: Peru, Ecuador,
– *caudatum*: Kolumbien, Peru,
  Bolivien
– *longifolium*: Costa Rica,
  Panama, Ecuador,
  Kolumbien
– *schlimii*: Kolumbien
Pleurothallis grobyi:
  Mittelamerika
– *tribuloides*: Mittel-
  amerika, Antillen

Promenea (Gattung): Brasilien
Psychopsis papilio: Venezuela, Kolumbien, Peru,
  Guyana, Ecuador
Psygmorchis: Mexiko, Kolumbien, Ecuador,
  Peru, Bolivien, Brasilien, Venezuela

Rhyncholaelia: Mexiko, Guatemala, Honduras,
  Bolivien
Rhynchostele: Guatemala
Rodriguezia: Panama, Kolumbien, Venezuela,
  Guyana, Surinam, Peru, Brasilien, Bolivien
Rossioglossum: Mexiko, Guatemala

Sophronitis coccinea: Brasilien
Stanhopea ecornuta: Guatemala,
  Nicaragua, Costa Rica
– *wardii*: Guatemala, Panama, Mexiko

Trichocentrum lanceanum (Syn.
  Oncidium lanceanum): Kolumbien,
  Guyana, Venezuela, Peru, Brasilien

Zygopetalum (Gattung): Brasilien,
  Peru, Argentinien, Paraguay

▲ *Odontoglossum
uro-skinneri*
(Syn. *Lemboglossum
uro-skinneri*)

17

Asiatische Orchideen

Amesiella philippinensis: Philippinen
Ascocentrum ampullaceum: Nepal, Myanmar, Thailand, Laos
– *miniatum*: Malaysia, Thailand, Vietnam, Java, Philippinen

Bulbophyllum dearei: Malaysia, Philippinen, Borneo
– *frostii*: Vietnam, Thailand, Malaysia
– *graveolens*: Neuguinea
– *lobbii*: Thailand, Malaysia, Philippinen, Borneo
– *mackayanum*: Vietnam, Malaysia, Philippinen, Borneo
– *medusae*: Thailand, Singapur, Sumatra, Philippinen, Borneo, Malaysia

Coelogyne cristata: Himalaya, Thailand
– *massangeana*: Malaysia Thailand, Java, Sumatra
– *mooreana*: Vietnam
– *pandurata*: Borneo, Sumatra, Malaysia, Philippinen
– *speciosa*: Borneo, Sumatra, Java
Cymbidium atropurpureum: Malaysia, Sumatra, Borneo, Philippinen
– *eburneum*: Nordmyanmar, Nordindien, Nepal, China

– *erythrostylum*: Vietnam
– *lowianum*: Nord- und Ostmyanmar, China, Nordthailand
– *tracyanum*: Nord- und Ostmyanmar, Nordthailand, China
– *ensifolium*: Südostasien, Malaysia

Dendrobium amethystoglossum: Philippinen
– *anosmum*: Thailand
– *cuthbertsonii*: Neuguinea
– *eximium*: Neuguinea
– *lindleyi*: Indien, Myanmar, Thailand, Vietnam, China
– *nobile*: Himalaya, Thailand, China, Vietnam, Indien, Nepal
– *parishii*: Nord- und Ostindien, Myanmar, Süd- und Ostchina
– *unicum*: Thailand, Laos, Vietnam
Dendrochilum filiforme: Philippinen
– *magnum*: Philippinen
– *wenzelii*: Philippinen

Euanthe sanderiana: Philippinen

Grammatophyllum (Gattung): Myanmar, Thailand, Malaysia, Borneo, Philippinen, Java, Sumatra

Phalaenopsis amboinensis ▲

▲ *Phalaenopsis amabilis*

Renathera imschootiana: Vietnam, Nordostindien
– *monachica*: Philippinen
Rhynchostylis gigantea: Myanmar, Thailand, Malaysia, Laos, Kambodscha, Vietnam, China, Borneo, Indonesien

Sedirea japonica: Japan
– *subparishii*: Korea, China

Trudelia cristata: Indien, Nepal

Vanda coerulea: Indien, Myanmar, Nord- oder Ostthailand, China
– *limbata*: Java, Philippinen

Australische Orchideen
Cymbidium madidum: Nordostaustralien

Sarcochilus ceciliae: östliches Australien (Küstenregion)
– *hartmannii*: östliches Australien (Küstenregion)
– *olivaceus*

Holcoglossum javierae: Philippinen
– *kimballianum*: Myanmar, Thailand, China

Ludisia: China, Indien, Myanmar, Neuguinea, Java

Macodes: China, Indien, Myanmar, Neuguinea, Java

Neofinetia falcata: Japan, Korea, China

Paphiopedilum armeniacum: China
– *bellatulum*: Myanmar, Thailand, Laos
– *delenatii*: Vietnam
– *fairieanum*: Indien
– *rothschildianum*: Borneo (Mt. Kinaballu)
– *sukhakulii*: Thailand
Phalaenopsis amboinensis: Malaysia, Borneo
– *celebensis*: Celebes
– *cochlearis*: Borneo, Sarawak (Ost-Malaysia)
– *cornu cervii*: Indien, Java, Thailand, Borneo, Sarawak
– *equestris*: Philippinen, Taiwan
– *gigantea*: Borneo
– *lindenii*: Philippinen
– *parishii*: Himalaya, Indien
– *philippinensis*: Philippinen
– *wilsonii*: China, Tibet

▲ *Neofinetia falcata*

Die Kultur
der Orchideen

Manche Gärtner besitzen den sogenannten „grünen Daumen". Die Blütenfülle der Orchideen verdanken sie weder Magie noch Glück, sondern ihrem besonderen Gespür für die Bedürfnisse der Pflanzen. Auch Sie werden mit gesunden und prächtig wachsenden Pflanzen belohnt, wenn Sie die lebenswichtigen Funktionen der Atmung, Fotosynthese und Verdunstung bei der Orchideenkultur beachten. Die Umgebung, in der die Orchideen sich am Naturstandort voll entfalten, bietet ihnen unaufgefordert alles, was sie zum Leben brauchen; das Umfeld bei uns zu Hause hingegen bietet ihnen zunächst recht wenig. Deshalb müssen wir eingreifen, um ihren Bedürfnissen gerecht zu werden und die Orchideen mit Wasser, Luftfeuchtigkeit und Nährstoffen in einem ausreichendem Maße zu versorgen. Dabei ist es wichtig, die spezifischen Bedürfnisse jeder Orchideenart zu berücksichtigen.

▲ Lassen Sie sich beim Kauf einer Orchidee nicht von deren schönen Blüten oder deren Seltenheit leiten. Wichtig ist ein guter Gesundheitszustand.

Wie wählt man eine Orchidee aus?

Zunächst sollten Sie Ihre Wahl nach den Orchideen richten, die zu dem ihnen angedachten Standort bei Ihnen zuhause passen (Himmelsrichtung und eventuelle Temperaturschwankungen sind zu berücksichtigen). Dann sollten Sie beim Kauf vor allem auf die Gesundheit der Pflanzen achten, weniger auf die Schönheit der Blüten. Eine bereits geschwächte oder erkrankte Orchidee kann prächtige Blüten tragen, die nichts über den Gesundheitszustand der Pflanze verraten. Deshalb sollten Sie die Blätter, die Pseudobulben und den Zustand der Wurzeln genau prüfen: Vor allem an den Luftwurzeln erkennen Sie, ob die Pflanze gesund ist oder nicht.

Die Blätter dürfen keine schwarzen, braunen oder gelben Flecken aufweisen (sofern es sich nicht um eine natürliche Färbung handelt), sie müssen eine glatte Struktur haben. Wenn sie faltig aussehen oder schlaff sind und ungewöhnlich herabhängen, ist die Pflanze stark entwässert.

Die Pseudobulben müssen schön grün sein und dürfen keine braune oder schwarze Stellen aufweisen. Je nach Gattung können sie etwas faltig sein, dürfen aber niemals flach und ohne Substanz sein. Auch ist eine Pflanze, an deren Basis ein junger Trieb wächst, zu bevorzugen, denn dadurch ist ihre Wuchskraft gewährleistet.

Die Pflanze muss fest in ihrem Topf sitzen, denn das bedeutet, dass sie zahlreiche und gesunde Wurzeln trägt. Sollte sie doch wackelig in ihrem Topf sitzen, wissen Sie mit Sicherheit, dass das Wurzelsystem beschädigt ist. Die äußeren Wurzeln sind je nach Gattung und je nachdem, wann zuletzt umgetopft wurde, mehr oder weniger zahlreich und müssen gut entwickelt und fest sein.

▲ Eine gesunde Orchidee sollte einen wohl proportionierten Wuchs aufweisen und in ihrem Topf richtig stehen. Ihre Knospen müssen geschlossen sein und fest an der Pflanze sitzen (*Dendrobium nobile*).

Das Licht

Je mehr Licht vorhanden ist, desto mehr Wasser und Nährstoffe verbraucht die Pflanze und wächst und blüht folglich umso besser. Mangelt es hingegen an Licht – vielleicht weil der Standort nicht richtig gewählt wurde oder einfach aufgrund von jahreszeitlich bedingten Lichtschwankungen –, nimmt die Orchidee weniger Wasser auf und das Wachstum verlangsamt sich. In diesem Fall sollte man die Gießabstände vergrößern, um Staunässe im Substrat zu vermeiden, denn das nicht verbrauchte Wasser würde zur Fäulnis der Wurzeln und damit zum Absterben der Pflanze führen.

Der optimale Standort

Alle Orchideen lieben das Licht, manche mehr als die anderen. Für eine erfolgreiche Kultur ist die Wahl des Standortes und die dort herschenden Lichtverhältnisse entscheidend. Welche Gattung auch immer, platzieren Sie die Pflanzen möglichst nah an der Hauptlichtquelle: unter Kunstlicht oder an einem Fenster, wobei ein Abstand von etwa 25 cm einzuhalten ist. Selbst wenn Ihnen der Raum sehr hell vorkommen sollte, je weiter weg vom Fenster Sie die Pflanze stellen, umso geringer ist die für die Pflanze nutzbare Strahlungsintensität. Die nach Norden gerichteten Fenster erhalten am wenigsten „intensives" Licht und eignen sich für jene Orchideen, die während der Sommermonate Kühle und Frische bevorzugen (z. B. *Phalaenopsis, Paphiopedilum, Masdevallia, Odontoglossum, Lycaste* und *Phragmipedium*). Südfenster mit der Möglichkeit zur Beschattung, beispielsweise einer Markise oder Lamellenjalousie, bieten einen guten Standort für die meisten Gattungen, besonders für *Cattleya, Oncidium* oder *Angraecum*. Sie können dort auch solche Orchideen platzieren, die weniger Helligkeit benötigen, indem Sie sie hinter jene stellen, die viel Licht brauchen, oder sie in größerer Entfernung aufstellen.

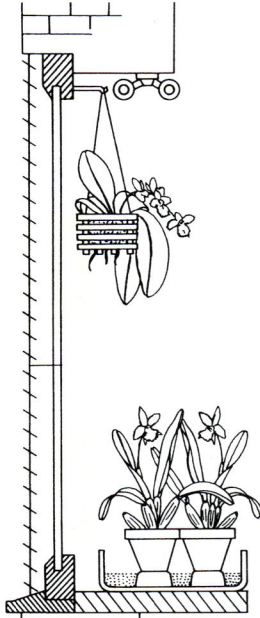

▲ Sowohl hängend als auch stehend können Orchideen vor dem Fenster platziert werden.

Direktes Sonnenlicht meiden

Die Sonne sollte Sie misstrauisch machen! Direktes Sonnenlicht kann außer im Spätherbst und Winter zu bestimmten Tageszeiten Verbrennungen auf den Blättern hervorrufen, die sich für die Pflanze als tödlich erweisen. Wenn die Sonne von Ende Februar bis Mitte Oktober zwischen 11.00 und 18.00 Uhr direkt auf die Orchideen scheint, ist es notwendig, sie zu beschatten. Im Zweifelsfall können Sie die Temperatur der Blätter durch Befühlen prüfen: Sie dürfen nicht heiß sein. Die Ostseite ist im Grunde genommen der einzige Standort, der Ihren Orchideen alle Vorteile der Sonne bietet, ohne sie zu verbrennen.

Darauf muss man bei den Lichtverhältnissen achten

- Niemals indirektes Licht mit direkter Sonneneinstrahlung verwechseln.
- Die Lichtverhältnisse am Standort bestimmen den Gießrhythmus: Je mehr Licht Ihre Orchideen erhalten, desto schneller nehmen sie das Gießwasser auf und desto schneller wachsen sie.
- Folgen von Lichtmangel:
  - Wurzelfäule
  - Vergeilen der Blätter
  - fehlende Blütenbildung
  - verzögertes Wachstum

▲ Ein Fenster mit optimalen Lichtverhältnissen und ein Tablett mit Tonkügelchen als Unterlage, das halb mit Wasser gefüllt ist, bieten ihren Orchideen die ideale Umgebung.

Zuweilen ist Fantasie gefragt bei der Wahl des Standortes

Noch ein Schlusswort zu diesem Kapitel. Je größer Ihre Sammlung wird, desto mehr Platz vor dem Fenster werden Ihre Orchideen einnehmen, und das wirkt sich nachteilig auf die Lichtmenge aus. Zögern Sie nicht, die Pflanzen auseinander zu stellen, indem Sie sie auf Regalen übereinanderstellen oder vor das Fenster hängen. Natürlich können Sie die Orchideen auch auf mehrere Fensterbänke verteilen, diese sollten aber immer den Ansprüchen Ihrer Orchideen gerecht werden. Haben Sie keine geeigneten Flächen mehr frei, kann die Kultur unter künstlichem Licht Abhilfe schaffen: Diese in nordischen Ländern sehr verbreitete Methode ermöglicht, die mangelnden Lichtverhältnisse vor Fenstern auszugleichen, die in den Wintermonaten oder an Tagen mit schlechtem Wetter herrschen. Kunstlicht macht es sogar möglich, für die Orchideenkultur Bereiche zu nutzen, die absolut kein natürliches Licht erhalten.

▲ Diese *Cattleya trianae* gehört zu den Orchideen, die viel Licht benötigen.

Die Temperatur

In ihrer natürlichen Umgebung sind Orchideen unterschiedlichen Tages- und Nachttemperaturen ausgesetzt. Die Temperaturdifferenz begünstigt den Pflanzenwuchs und ist die Voraussetzung für die Blütenbildung, insbesondere in den Monaten vor der Blühperiode. Alle Orchideenarten unterliegen diesen Temperaturschwankungen, egal ob sie aus warmen (Meereshöhe und etwas höher), gemäßigten (mittlere Höhenlage) oder kalten (höhere Lagen) Klimazonen stammen. Allerdings variiert die Höhe der Temperaturdifferenz im Tagesverlauf je nach Jahreszeit und Höhenlage: Die Temperaturschwankungen zwischen Tag und Nacht sind umso stärker, je höher der natürliche Standort ist. Dies bedeutet, dass eine Orchidee, die auf 2000 m Höhe wächst, nicht blühen kann und verkümmert, wenn sie in einem Raum kultiviert wird, in dem eine hohe und konstante Temperatur herrscht.

Lernen Sie die Temperaturverhältnisse des Naturstandorts kennen, um bei der Auswahl der Orchideen keine Fehler zu machen

Wenn Sie einen Wetterbericht über den ursprünglichen Standort der Orchidee, die Sie zu kaufen wünschen, verlangen, riskieren Sie, dass Ihr Gegenüber Sie etwas verdutzt anschaut! Die Lebensräume der Orchideen sind so vielfältig, dass selten jemand behaupten kann, alle Besonderheiten jeder Art zu kennen. Hingegen muss man Ihnen beim Kauf immer sagen können, ob es sich um eine Orchidee warmer, gemäßigter oder kühler Regionen handelt. Ebenso dürfen Informationen zur Höhe der natürlichen Temperaturdifferenz zwischen Tag und Nacht nicht fehlen. Nun gilt es noch zu wissen, ob die Bedingungen des geplanten Standortes den spezifischen Ansprüchen der Orchideen entsprechen, die Sie zu kultivieren wünschen. Dabei soll Ihnen die folgende Tabelle helfen:

Tabelle der Klimazonen und der dort herschenden Temperaturen

	Tagestemperaturen	Nachttemperaturen	Temperaturunterschiede zwischen Tag und Nacht
Warme Klimazonen	18 °C bis 30 °C	16 °C bis 25 °C	2° bis 5 °C
Gemäßigte Klimazonen	18 °C bis 25 °C	13 °C bis 16 °C	5° bis 10 °C
Kühle Klimazonen	15 °C bis 20 °C	8 °C bis 14 °C	Minimum 10 °C

Wie wird man dem unterschiedlichen Temperaturanspruch gerecht?

Für Orchideen aus warmen Klimazonen – Kultur im Sommer und Winter

Solche Orchideenarten werden ausschließlich in Innenräumen kultiviert. Unabhängig von der Art der Behausung (Wohnung oder Haus) sind sie ideal, da sie mit kleinen Temperaturunterschieden (2 bis 5 °C), die auf natürliche Weise zwischen Tag und Nacht herrschen, völlig zufrieden sind. Unter den Orchideen aus warmen Klimazonen ist die Gattung *Phalaenopsis* am einfachsten zu kultivieren. Auch *Aerangis*, *Cochleanthes*, *Bollea*, *Vanda*, *Ascocentrum* und bestimmte Oncidien gehören hierzu.

▲ Die Hybride *Phalaenopsis* 'Spica' × *Phalaenopsis* 'Sonnentau' lässt sich problemlos im Zimmer kultivieren.

Für Orchideen aus gemäßigten oder kalten Klimazonen – Kultur im Sommer

• Sie besitzen einen schattigen Garten oder Balkon

Orchideen aus gemäßigten Klimaregionen können in den Monaten Juli und August ins Freie gestellt werden. Solange sie in den heißen Mittagsstunden vor Sonne und, falls nötig, vor Regen geschützt sind, haben sie Vorteile durch die Temperaturunterschiede und zugleich durch die Luftfeuchtigkeit in der Nacht.

Orchideen aus kühlen Klimaten können früher ins Freie (Ende Mai nach den Eisheiligen) und später wieder ins Haus (Mitte September bis Mitte Oktober) ziehen, abhängig von den Nachttemperaturen, die im Prinzip nicht unter 8 oder 10 °C liegen dürfen. An heißen Tagen können diese Orchideen durch die Hitze Verbrennungen bekommen: Wenn es Ihnen möglich ist, bringen Sie die Orchideen in dieser Zeit ins Haus an einen kühlen Platz.

Die Kultur im Freien bedeutet, dass die Pflanzen wirklich sehr unterschiedlichen und unregelmäßigen klimatischen Bedingungen ausgesetzt sind. Also haben Wind, Regen, Trockenheit oder Hitze einen direkten Einfluss darauf, wie schnell sie das Gießwasser aufnehmen. Daher ist es ratsam, besonders auf die kleinen Töpfe doppelt soviel zu achten, da die geringe Menge an Substrat darin sehr schnell austrocknet.

• Sie haben weder einen Balkon noch einen Garten

Orchideen aus den gemäßigten Klimaten brauchen Temperaturunterschiede von 5 bis 8 °C zwischen Tag und Nacht, sodass Sie nachts ein Fenster kippen oder die Pflanze direkt an die Glasscheibe stellen können, um für ausreichend niedrige Temperaturen zu sorgen. Die Kultur dieser Orchideen ist nicht zu empfehlen, wenn man sie im Sommer nicht herausstellen oder ihnen im Haus im Sommer wie im Winter keinen kühlen Bereich in der Nacht bieten kann.

Für Orchideen aus gemäßigten oder kalten Klimazonen – Kultur im Winter

Nach ihrer Rückkehr ins Haus ist das erste Gebot das Fernhalten der Orchideen von Wärmequellen (Heizkörper, Kamin oder Fußboden bei Bodenheizung). Diese Vorsichtsmaßnahme dient nicht zum besonderen Schutz vor Wärme, sondern eher dazu, einem Wasserverlust vorzubeugen.

▲ *Phragmipedium* 'Eric Young' × *Phragmipedium besseae*, eine der zahlreichen Orchideen gemäßigter Klimazonen, kann in der Wohnung kultiviert werden.

Danach geht es bei der Temperaturregelung darum, zu versuchen die Temperaturunterschiede herzustellen, die für die eine oder andere Art erforderlich ist. Um das zu erreichen können Sie ohne weiteres einige Tricks anwenden:

– Übersprühen Sie abends die Blattunterseiten.
– Stellen Sie die Pflanzen von Mitte November bis Mitte Februar an ein sehr sonniges Fenster ohne Gardine. Auf diese Weise können Sie den Unterschied zwischen den Tag- und Nachttemperaturen je nach deren Bedürfnissen nach Helligkeit künstlich erhöhen.
– Außerhalb der Frostperioden können Sie nachts ein Fenster kippen oder die Pflanzen direkt an der Fensterscheibe platzieren.
– Sie können die Pflanzen am Tag in einen warmen und nachts in einen kühleren Raum bringen.

Darauf muss man bei der Temperatur achten

• Die Mehrzahl der Orchideen passen sich ausgezeichnet an die Temperaturen unserer Wohnräume an.
• Es sind die Temperaturunterschiede, die die Blütenbildung anregen. Um diese einzuhalten, müssen Sie wissen aus welcher der drei Klimazonen ihre Orchidee stammt.
• Die Temperatur beeinflusst die Geschwindigkeit, mit der das Wasser aufgenommen wird: Je höher sie steigt, desto mehr muss gegossen werden und umgekehrt.
• Folgen bei schlecht angepassten Temperaturen:
  – Fehlende Blütenbildung
  – Zögerliches Wachstum
  – Gefahr von Blatt- und Wurzelfäule

Das Wasser

Am Naturstandort ist das Leben der meisten Orchideen mit der Allgegenwart von Wasser eng verknüpft, da es über die tropischen Regenfälle und die hohe Luftfeuchtigkeit in die Pflanzen gelangt. Regelmäßiges Gießen und Beprühen der Pflanzen sind lebensnotwendige Maßnahmen und eigentlich nichts anderes als das Nachahmen von dem, was Ihnen die Natur bietet. Die Orchideen optimal mit Wasser zu versorgen, erfordert Erfahrung, eine gute Beobachtungsgabe sowie ausreichenden Sachverstand.

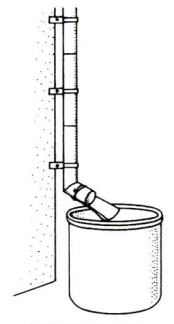

▲ Regenwasser

Wasserqualität

Mit Ausnahme von terrestrischen oder halb terrestrischen Arten müssen alle Orchideen mit schwach salzhaltigem Wasser gegossen werden. Diese Orchideen leben natürlicherweise vom Regenwasser in dem nur sehr geringe Mengen an Mineralsalzen gelöst sind; bei zu hohen Salzgehalten, vor allem Kalziumsalzen (Kalk), reagieren sie mit einem reduzierten Wurzelwachstum. Außerdem können sich auf den Blättern und Luftwurzeln Kalkflecken bilden, die den Gasaustausch behindern.

Welches Wasser können Sie verwenden?

Regenwasser ist bei weitem das Beste für Orchideen, sogar wenn Sie in einer Umgebung mit leichter Luftverschmutzung leben! Wenn man das Regenwasser abstehen lässt und eventuell mit Sauerstoff anreichert, versorgt es Ihre Orchideen mit Mineralien in richtigem Verhältnis.

Wenn Sie nur wenige Pflanzen versorgen müssen, können Sie auch stilles Mineralwasser verwenden, das jedoch nur wenig Kalzium (etwa 10 mg/Liter) enthalten darf. Achten Sie auf die Angaben auf den Flaschen.

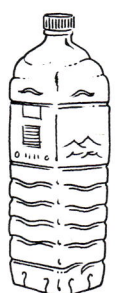

▲ Salzarmes Mineralwasser

Destilliertes Wasser, das mit Hilfe einer Membran von 0,0001 Mikron Porengröße gefiltert wurde, enthält überhaupt keine Mineralsalze. Dieses Wasser, das von Aquarienbesitzern vielfach verwendet wird, ist im Handel erhältlich, und muss zum Gießen mit Leitungswasser gemischt werden. Ein Gemisch aus 50 Prozent Leitungswasser und 50 Prozent entsalztem Wasser hingegen ist für die meisten Orchideenarten ideal.

Im Handel gibt es auch Aktivkohle-Filter für den Haushalt, die den im Leitungswasser enthaltenen Kalk und das Chlor entfernen. Verbreitet sind auch auf Patronen basierende Filtersysteme, die sowohl praktisch als auch kostengünstig sind (Diese sind eigentlich für die Herstellung von Tee- und Kaffeewasser gedacht).

▲ Gefiltertes Leitungswasser

Darauf muss man bei der Wasserqualität achten

- Mit Ausnahme bestimmter Gattungen wie *Paphiopedilum* und *Cymbidium* verträgt keine Orchidee kalkhaltiges Wasser.
- Dieses Wasser können Sie verwenden: Regenwasser, gefiltertes Wasser (Aktivkohle-Filter), salzarmes Mineralwasser, destilliertes Wasser in Kombination mit Leitungswasser, kalkarmes Leitungswasser.
- Dieses Wasser dürfen Sie nie verwenden: destilliertes Wasser, enthärtetes Wasser, sehr kalkhaltiges Leitungswasser (auch nach dem Enthärten bleibt Kalk zurück), mit einigen Tropfen Zitronensaft oder Essig versetztes Wasser.

Die Wasserversorgung

Wenn manche Menschen über das Gießen ihrer Orchideen sprechen, erinnert es an einen Austausch, den sie mit den Pflanzen pflegen. In der Tat sollte der Wassergabe immer eine Kontrolle der Pflanzen vorausgehen, um deren Bedürfnisse nach dem wertvollen Nass einschätzen zu können. Nur so kann das Gießen richtig durchgeführt werden.

Wie wird gegossen?

Von oben gießen

Gießen Sie etwa zehn Sekunden lang von oben auf das Substrat rings um die Pflanze. So hat das Substrat ausreichend Zeit, sich mit Feuchtigkeit voll zu saugen. Beim Durchlaufen des Wassers durch das Substrat, werden auch mögliche Salzablagerungen, die sich nach Düngergaben bilden können, heraus gespült.

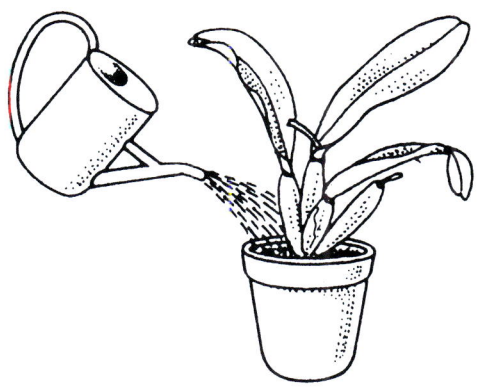

Das Gefäß in Wasser tauchen

Bei dieser Methode wird der Topf 5 bis 6 Sekunden lang in eine Schale mit Wasser getaucht, sodass er etwa zu zwei Dritteln im Wasser steht; so kann die Feuchtigkeit sich im Innern des Topfes gleichmäßig verteilen. Um einer Übertragung von Krankheiten vorzubeugen, ist zu empfehlen, dasselbe Tauchwasser für nicht mehr als zwei oder drei Pflanzen zu verwenden. Die Pflanze muss danach gut abtropfen, bevor sie wieder in den Übertopf gesetzt wird, denn stehendes Wasser an den Wurzeln ist gefährlich! Staunässe, ein weit verbreiteter Kulturfehler, ist die häufigste Ursache für Wurzelfäule.

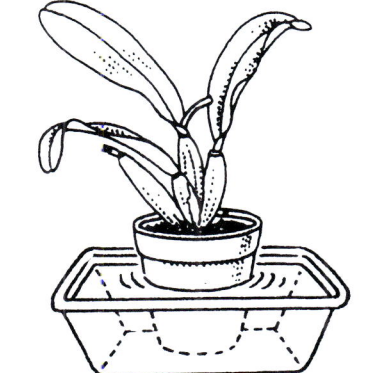

Wovon hängt es ab, wie oft gegossen wird?

Der Wasserbedarf der Orchideen ist sehr individuell. Ihr Verbrauch hängt vom jeweiligen Standort ab. Diese Faktoren sollten Sie berücksichtigen:

– Temperatur und Lichtintensität: Je höher diese steigen, desto schneller verbraucht die Pflanze das Gießwasser.
– Die Qualität des Substrats: Rinde speichert weniger Wasser als andere Substrate wie Steinwolle oder Torf.
– Die Größe der Rindenstücke: Je feiner sie sind, desto langsamer trocknen sie.
– Die Jahreszeit: Je kürzer die Tage sind, desto weniger Wasser verbraucht die Pflanze.
– Entwicklungszustand: Eine Pflanze, die Wurzeln oder neue Triebe ausbildet, muss in kürzeren Abständen gewässert werden.
– Topfgröße: Je kleiner der Topf ist, desto schneller trocknet das Substrat aus.
– Art des Gefäßes: Eine Pflanze, die in einem Kunststofftopf kultiviert wird, muss nicht so oft gegossen werden wie eine in einem Tontopf oder in einem Korb.
– Die Luftfeuchtigkeit: Je höher die Feuchtigkeit in der Raumluft ist, desto langsamer nimmt die Pflanze das Gießwasser auf.

Wann wird gegossen?

Man kann die Tage, an denen die Orchideen gegossen werden, nicht genau auf dem Kalender festlegen. Pflanzen sind wie Menschen, ihr Wasserbedarf variiert je nach Umgebung, in der sie sich befinden. Am Gewicht des Topfes kann man abschätzen, ob eine Orchidee gegossen werden muss. Diese altbewährte Methode wird von den meisten Profis praktiziert, die Ihnen stets sagen werden, dass „nichts ihrem eigenen Urteil gleichkommt, nicht einmal eine computergesteuerte Bewässerungsanlage".

▲ *Lycaste* 'Delphine' ist eine sehr blühfreudige Hybride. Die majestätische und oft duftende *Lycaste* lässt sich in einem temperierten Milieu kultivieren.

Um die Orchideen ihren Bedürfnissen entsprechend richtig zu gießen, gewöhnen Sie sich an, die Töpfe nach jeder Wassergabe in der Hand zu wiegen: Nach dem Gießen ist der Topf schwer; prüfen Sie nach drei oder vier Tagen das aktuelle Gewicht. Wenn das Pflanzgefäß dann nicht deutlich leichter ist, warten Sie noch (auch wenn das Auge oder die Hand das Substrat als trocken empfindet); ist es hingegen leichter, können Sie gießen. Wenn Sie mehr Erfahrung haben, werden Sie sich dabei ertappen, dass Sie Ihre Orchideen einfach gießen, ohne das Gewicht der Töpfe kontrolliert zu haben. Sie werden die Faktoren der Umgebung erkennen, welche die Gießhäufigkeit beeinflussen. Das Licht und die Temperatur sind die wichtigsten Faktoren, die den Wasserverbrauch der Pflanze bestimmen. Daher sollten Sie nicht am Abend gießen, denn vor dem nächsten Morgen wird die Orchidee kein Wasser aufnehmen und die Wurzeln könnten faulen.

Muss das ganze Jahr gegossen werden?

Das Ganze hängt von den Klimaverhältnissen der Heimatregion und dem Habitus der Pflanze ab. Wir haben bereits erfahren, dass die Mehrzahl der sympodialen Orchideen (mit Pseudobulben) einen Aufbau haben, der sich den klimatischen Besonderheiten des natürlichen Standorts, denen die Pflanzen ausgesetzt sind, perfekt angepasst hat.

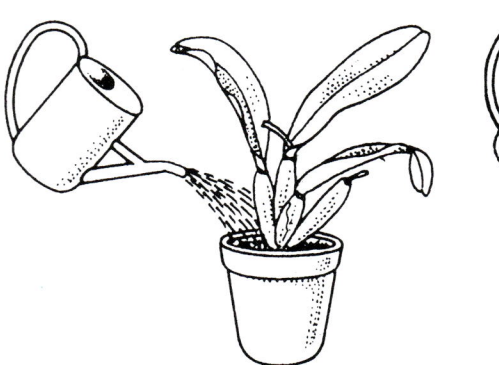

▲ Während der Wachstumsphase muss reichlich gewässert werden.

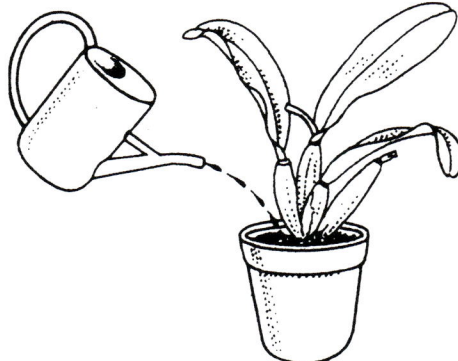

▲ Während der Ruhephase brauchen Orchideen kaum Wasser.

Dendrobium, *Lycaste* und *Thunia* sind Beispiele für Gattungen, die in Gegenden beheimatet sind, wo sie mehrere Monate lang Trockenzeiten ausgesetzt sind. Diese Periode beginnt im Allgemeinen, wenn die Pflanze ihre aktive Wachstumsphase beendet, das heißt wenn die Pseudobulben vollständig ausgereift sind. In den Scheinbulben werden während der Regenzeit Wasser und Nährstoffe gespeichert, sodass die Orchidee auch während der Trockenphase ausreichend versorgt ist. Auch unter Kulturbedingungen muss die Ruhephase unbedingt eingehalten werden. In dieser Zeit wird in großen Abständen gegossen oder das Gießen völlig eingestellt, je nach dem ursprünglichen

Standort der Gattung oder der betreffenden Art. Diese Ruhezeit muss jedoch durch eine hohe Luftfeuchtigkeit (mindestens 75 %) ausgeglichen werden. Monopodiale Orchideen, wie *Phalaenopsis*, *Vanda* und *Aerangis*, hingegen vertragen keine Pausen bei der Wassergabe, da ihnen die Scheinbulben als Speicherorgane fehlen.

Wie erzielen Sie tropisch feuchte Luft?

Eine hohe Luftfeuchtigkeit ist zweifellos der schwierigste Faktor, der in einem Haus oder in einer Wohnung zu realisieren ist. Dennoch gibt es einfache Mittel, die es möglich machen, in Pflanzennähe für eine Luftfeuchtigkeit von nahezu 65 bis 70 % zu sorgen. Man darf Luftfeuchtigkeit nicht mit Gießen verwechseln, das eine kann das andere nicht ersetzen. Der Zustand und die Entwicklung der meist epiphytisch lebenden Orchideen hängen von der Höhe der Feuchtigkeit der sie umgebenden Luft ab. Um die trockene Luft in unseren Wohnräumen auszugleichen – besonders im Winter oder während der Hitzeperioden – gibt es die folgenden Möglichkeiten:

Pflanzen täglich übersprühen

Blattunterseiten, Luftwurzeln und die Substratoberfläche können mit einem sehr salzarmen Wasser übersprüht werden. Beim Sprühen soll ein leichter Nebel entstehen und kein Regenguss. Viele glauben richtig zu handeln, wenn sie Zerstäuber mit Quellwasser verwenden, die in Apotheken erhältlich sind. Leider enthalten diese Sprühflaschen Wasser mit sehr hohem Salzgehalt.

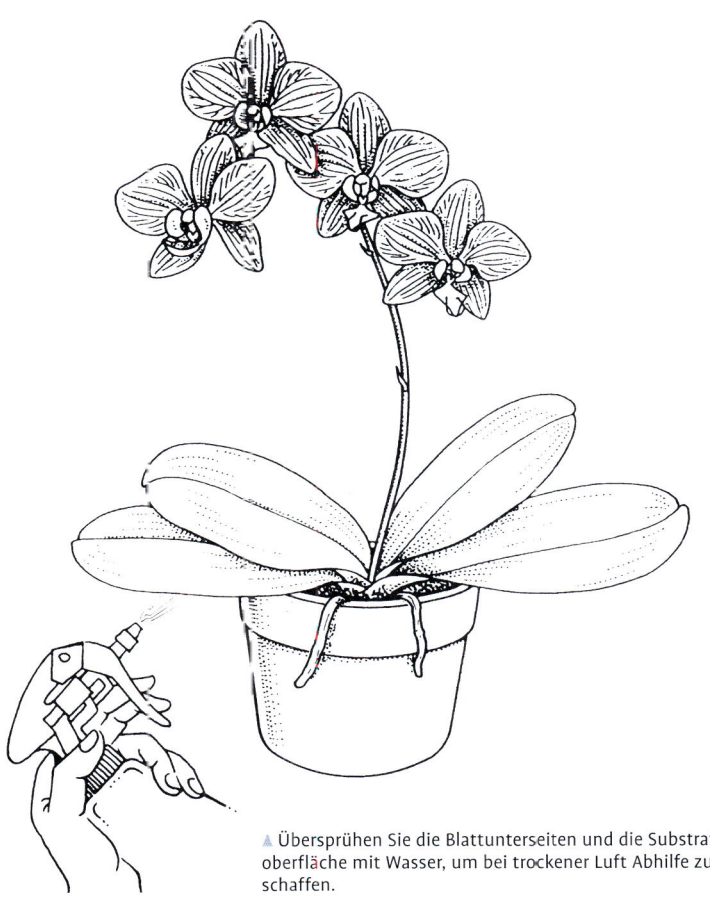

▲ Übersprühen Sie die Blattunterseiten und die Substratoberfläche mit Wasser, um bei trockener Luft Abhilfe zu schaffen.

Pflanzen auf offene Wasserschalen stellen

Der Boden der Töpfe darf dabei niemals die Wasseroberfläche berühren, denn sonst würden die Wurzeln unweigerlich faulen: Stellen Sie deshalb Ihre Orchideen auf ein Drahtgitter oder auf umgedrehte Töpfe; das Wasser verbessert durch die Verdunstung das Kleinklima in der Pflanzenumgebung.

▲ Je größer der Behälter, dessen Oberfläche mit Töpfen bestückt ist, desto höher ist die Verdunstung.

Einen Ultraschall-Luftbefeuchter einsetzen

Stellen Sie in der Nähe der Pflanzen einen elektronischen Luftbefeuchter auf, der das Wasser mit Hilfe von Ultraschall als feinen Nebel zerstäubt. Diese Methode, zusätzlich oder allein eingesetzt, erhöht die Luftfeuchtigkeit sehr effektiv.

Wassermangel: Ursachen, Symptome und Abhilfemaßnahmen

Ursachen

Der Wassermangel bei Pflanzen ist die bekannteste und schwerwiegendste Folge, die durch fehlende Feuchtigkeit in der Luft und durch Gießfehler zustande kommt. Während eine Austrocknung, die von einer zu geringen Wassergabe herrührt, offensichtlich ist, sind viele Pflanzenfreunde bei Trockenheitssymptomen, die durch übermäßiges Gießen zustande kommen, überrascht! Anders als man sich vorstellen kann, kommt diese zweite Ursache häufiger vor: Tatsächlich ist es für viele Laien, die befürchten, ihre Orchideen schlecht zu pflegen, beruhigend zu gießen, sooft sie es für nötig halten. Folglich glauben sie, ihnen etwas Gutes zu tun und geben ihren Pflanzen so viel Wasser, dass diese irgendwann am Ende sind: Eine übermäßige Wasserzufuhr führt zu Staunässe im Wurzelbereich, die Wurzeln faulen aufgrund des Sauerstoffmangels und sterben ab. Die Wasserversorgung der Pflanze ist nicht mehr gewährleistet, und sie leidet immer mehr unter Wassermangel! Selten wird dieser Vorgang durch die Verwendung eines stark salzhaltigen Wassers verursacht.

Symptome

Wenn die Blätter ihre Spannkraft verlieren, sich kräuseln und ungewöhnlich schlaff werden oder die Pseudobulben vertrocknen und an Substanz verlieren, sind das eindeutige Anzeichen für Wassermangel in der Pflanze.

Abhilfe

Schadsymptome durch Mangel an Wasser sind viel einfacher zu beheben als solche, die durch zu häufiges Gießen verursacht wurden. Je nach Ursache muss man unterschiedlich vorgehen. Im ersten Fall genügt es, regelmäßig weiter zu wässern, in dem man die Tauchmethode anwendet. Im zweiten Fall hingegen wird es notwendig sein, das Gießen einzustellen und um die Pflanze herum für hohe Luftfeuchtigkeit zu sorgen, bis neue Wurzeln erscheinen; von da an werden sie sich allmählich erholen. Wenn die Pflanze mit stark salzhaltigem Wasser gegossen wurde, sollte jedes Blatt mit saugfähiger Watte, die mit salzfreiem Wasser getränkt wurde, abgewischt werden, um die Salzablagerungen zu entfernen, die die Blattöffnungen verstopfen.

▲ Gesunde Pflanze   ▲ Unter Trockenstress leidende Pflanze

Darauf muss man beim Gießen und Sprühen achten
- Niemals kalkhaltiges Wasser verwenden.
- Am Morgen wässern.
- Von oben auf das Substrat gießen oder den Topf zu zwei Drittel ins Wasser tauchen.
- Das Wasser gut abfließen lassen, bevor man die Pflanze wieder in den Übertopf stellt.
- Der Topf sollte zwischen zwei Wassergaben leichter werden.
- Übersprühen Sie die Pflanzen jeden Tag und stellen Sie sie auf einen mit Wasser gefüllten Behälter.
- Der Topfboden darf nicht im Wasser stehen (Gefahr von Staunässe).
- Die Folgen durch übermäßige Wassergaben sind schwerwiegender als die durch zu wenig Wasser.

Das Umpflanzen

Das Umpflanzen wird oft vergessen oder als riskant und nicht so wichtig betrachtet, ist aber eine lebensnotwendige Pflegemaßnahme, die Sorgfalt erfordert. Wenn zum richtigen Zeitpunkt umgetopft wird, kann es nur die Lebensqualität Ihrer Orchideen verbessern.

Warum und wann wird umgepflanzt?

Das Umpflanzen schützt die Pflanze vor dem Zersetzen des Substrats, das zur Schädigung der Wurzeln führt, und sorgt für genügend Platz, der lebensnotwendig ist, da sonst das Wachstum beeinträchtigt wäre. Man sollte eine Orchidee, die in Blüte oder kurz davor steht, nur im äußersten Notfall umtopfen. Gleich nach der Blüte oder lange davor kann umgepflanzt werden, außer in den Monaten mit kurzen Tagen (November bis Februar). Der ideale Zeitpunkt für das Umpflanzen ist die Wachstumsphase:
– Bei monopodialen Orchideen (zum Beispiel *Phalaenopsis*): Wenn neue Wurzeln und eventuell ein neues Blatt gebildet wird.
– Bei sympodialen Orchideen (zum Beispiel *Cymbidium*): Wenn an der Basis der Pseudobulben neue Triebe erscheinen.
– Eine Ausnahme bilden *Paphiopedilum* und junge Pflanzen, die alle zwei Jahre, das ganze Jahr über, umgetopft werden können.

Woran erkennt man, dass eine Orchidee umgetopft werden muss?

Wenn man eine Orchidee kauft, weiß man meistens nicht, wann sie zuletzt umgetopft wurde. Aber in den meisten Fällen kann man davon ausgehen, dass es etwa ein Jahr zurückliegt und dass es in den nächsten 12 Monaten nicht notwendig sein wird. Diese Annahme setzt jedoch voraus, dass die Pflanze keine eindeutigen Anzeichen aufweist, die ein sofortiges Umtopfen erfordern, wie:
– Ein Topf, der im Verhältnis zum Wurzelballen zu klein ist, die Wurzeln wachsen aus dem Topf heraus.
– Pseudobulben entwickeln sich außerhalb oder am Rand des Topfes.
– Ein ungeeignetes Substrat oder eines, das ganz anders ist als das was Sie kennen: Steinwolle, Torf, synthetisches Moos. Manche Anzuchtbetriebe schätzen diese Substrate, da sie viele Vorteile haben, besonders bei automatischer Bewässerung.
– Ein Umtopfen ist ebenfalls erforderlich, wenn die Pflanze beim Transport viele Wurzeln eingebüßt hat. Sind die Wurzeln weniger geworden, ist der Topf im Verhältnis zu deren Umfang zu groß und man sollte ein kleineres Gefäß wählen. Dieser Fall, der leider häufig vorkommt, setzt voraus, dass die Pflanze gerade neue Wurzeln oder einen neuen Trieb ausbildet, der dem Erscheinen der Wurzeln vorausgeht, damit die Pflanze wieder Auftrieb bekommt. Andernfalls sollte man noch warten, wenig gießen und für gute Luftfeuchtigkeit sorgen.

▲ Orchideen, die umgetopft werden müssen: links eine monopodial wachsende Orchidee (*Phalaenopsis*), rechts eine sympodial wachsende Art (*Cattleya*).

Was tun, wenn dringend umgetopft werden muss, aber die Jahreszeit oder der Zustand der Pflanze es nicht erlauben?

Für dieses Problem gibt es eine Übergangslösung: Stellen Sie die Orchidee mit ihrem Topf in ein größeres Gefäß und füllen Sie den Platz zwischen den beiden Töpfen mit Substrat. So ist die Pflanze zunächst versorgt, bis der Zeitpunkt günstiger ist sie umzutopfen.

Auswahl des Substrats

„Aber wie soll die Pflanze in einem Substrat aus Rinde gedeihen, es fehlt ihr doch an Nährstoffen? Sie bräuchte etwas Erde!" Diesen Einwand höre ich oft, was beweist, wie schwierig es ist, die epiphytische Lebensweise der Orchideen wirklich zu verstehen. Man kann nicht oft genug wiederholen, dass sie an ihrem natürlichen Standort auf Baumstämmen oder Ästen sitzen, die ihnen lediglich als Stütze dienen und nicht als Quelle für Nährstoffe (das ist der Unterschied zu schmarotzenden Pflanzen!). Ihre Wurzeln müssen „atmen", Feuchtigkeit aufnehmen und aus dem Regen die notwendigen Mineralstoffe ziehen. Das Substrat dient als eine Wachstumsstütze, die dem natürlichen Standort möglichst ähnlich sein soll.

Substrat auf Rindenbasis

Substrate, die sich aus Kiefernrinde (bis 80/90 %), Blähton (bis 10/20 %) und eventuell etwas Styropor zusammensetzen sind meist am besten für die Orchideenkultur geeignet. Sie sind für die Zimmerkultur ideal und entsprechen vollkommen den Bedürfnissen epiphytischer Orchideen. Rindenstücke, die in verschiedener Körnung angeboten werden, halten ein Minimum an Wasser, das die Pflanzen benötigen, zurück; Blähton und Styropor gewährleisten den Abfluss und eine gute Durchlüftung. Rindensubstrate werden von den meisten der großen Orchideenzüchter der Welt verwendet, die ihnen hervorragende Eigenschaften zusprechen. Vor allem vereinfachen sie das Gießen, auch für Laien. Die Zersetzung der Kiefernrinde nach einiger Zeit (im Durchschnitt zwei Jahre) ist dabei zu verzeihen.

▲ Das ideale Substrat für Orchideenkultur besteht aus Kiefernrinde, Styropor und Blähton.

Sphagnum-Moos

Das Torfmoos oder Sphagnum hat eine hohe Wasserkapazität. Es wird für die Kultur von Orchideen (wie *Paphiopedilum* und *Phragmipedium*) empfohlen, die ein Substrat bevorzugen, das ständig feucht ist. Dieses Moos hat die Eigenschaft, das Gießwasser zurückzuhalten und übermäßige Wassergaben natürlich zu regulieren; Sphagnum tötet auch Keime ab. Wird es in einer Mischung mit 50 % feinem Rindensubstrat verwendet, muss Blattdünger zugegeben und häufiger umgetopft (alle sechs bis 12 Monate) werden. Allein verwendet regt es die Entwicklung von neuen Wurzeln und Trieben stark an. Das Torfmoos wird auch dann empfohlen, wenn man eine Pflanze besitzt, deren Wurzelsystem in schlechtem Zustand ist. Hat sich die Orchidee erholt, muss in gewöhnliches Substrat umgetopft werden. Dieses Moos wird im Allgemeinen in einem entwässerten, kompakten Zustand angeboten und muss vor dem Einsatz gewässert werden. Im Handel ist Torfmoos aus Irland, Holland und Neuseeland erhältlich. In Deutschland steht Sphagnum unter Naturschutz.

▲ Sphagnum (Torfmoos) wird für die Kultur von bestimmen Orchideen wie *Paphiopedilum* und *Phragmipedium* empfohlen.

Andere Materialien für Substrate

Manche Züchter, Amateure und Profis, stellen ihre Orchideensubstrate praktisch nach ihren eigenen Vorstellungen zusammen. Dabei sollte man immer auf Mischungen vertrauen, die auch im Erwerbsgartenbau verwendet werden, denn es ist auch viel ungeeignetes Material im Handel. Wer Kultursubstrate selbst herstellen mag, findet hier einige Beispiele für geeignete Komponenten:

Steinwolle

Es handelt sich um dasselbe Material, das auch zur Isolation von Häusern verwendet wird. Manchmal wird Steinwolle von einigen professionellen Züchtern (zu Unrecht) empfohlen und eingesetzt, es erfordert aber besonders viel Erfahrung beim Gießen. Tatsächlich kann Steinwolle durch ihre Wasserkapazität Wurzelfäule begünstigen. Im trockenen Zustand verwandelt sich dieses Material hingegen in eine Art Löschpapier, welches das Wasser an den Wurzeln aufsaugt und zum Wasserentzug bei der Pflanze führt. Die sehr kompakte Steinwolle schränkt die Luftzirkulation im Bereich der Wurzeln ein und behindert deren Atmungsfunktion. Bei der Handhabung mit diesem Material während des Umpflanzens sind einige Vorsichtsmaßnahmen zu treffen wie das Tragen von Mundschutz und Handschuhen, da die Fasern des watteähnlichen Materials die Haut und die Atemwege reizen können. Steinwolle kann allein oder in Kombination mit feinem Rindensubstrat verwendet werden, besonders zur Kultur von *Paphiopedilum*, *Phragmipedium*, *Lycaste*, *Cymbidium*, aber bitte mit Vorsicht!

Weißtorf

Torf ist oft sehr nass oder sehr trocken. Ohne regelmäßige Wassergaben lässt er sich schwer „gerade noch feucht" halten. Torf neigt dazu, die im Dünger enthaltenen Salze zurückzuhalten und führt daher zur Verbrennung der Wurzeln. Bei Torfsubstraten empfehle ich die Verwendung von Blattdünger. Zwischen den Düngergaben ist dabei mindestens zweimal mit klarem Wasser auszuspülen. Kompakter Weisstorf verhindert die Luftumwälzung im Wurzelbereich und eignet sich weniger für epiphytische Orchideen. Zur Kultur von terrestrischen oder halb-terrestrischen Orchideen ist er dagegen empfehlenswert, da diese seine wasserspeichernde Eigenschaft schätzen.

Lavagestein, Tonscherben, Blähton

In tropischen Breiten können diese Materialien allein verwendet werden. Sie sind ideal bei Fäulnisproblemen bedingt durch gesättigte Luftfeuchtigkeit. In unseren Breiten sind diese Materialien als Zusatz für das Grundsubstrat einzusetzen. Sie werden auf den Topfboden gegeben, um die Dränage und die Luftzirkulation zu verbessern. Außerdem sind sie pH-Wert neutral und begünstigen die Entwicklung der Wurzeln im Innern des Topfes.

Unbehandelte Holzkohle

Ein Stück Holzkohle von einem Kubikmeter Größe hat auf der Oberfläche zwei Milliarden Poren, in denen sich Kohlenstoffatome befinden, die giftige Stoffe binden können. Als Zusatz für das Grundsubstrat im gleichen Verhältnis wie Blähton oder Tonscherben wirkt Holzkohle außerdem keimtötend und hilft gegen Wurzelfäule. Holzkohle wird für Orchideen empfohlen, die häufig gegossen werden müssen und ein recht kompaktes Substrat benötigen (z. B. *Paphiopedilum*, *Phragmipedium*). Dieses ausgezeichnete Material würde von professionellen Züchtern mit Sicherheit häufiger verwendet werden, wenn es nicht so schwer wäre, „unbehandelte" Holzkohle (keine handelsübliche Grillkohle!) zu erwerben. Seien Sie vorsichtig, denn behandelte Kohle verbrennt und zerstört die Wurzeln.

Weinkorken

Die Korken von Rotweinflaschen (die Tannine scheinen den Orchideen zu behagen) können geteilt und mit dem Grundsubstrat vermengt werden. Sie bekommen vor allem *Phalaenopsis* und *Vanda* gut.

▲ Der Korb (mit oder ohne Substrat) eignet sich besonders für *Cattleya*, *Vanda* und *Oncidium*.

Auswahl der Pflanzgefäße

Egal aus welchem Material oder welcher Größe, das Pflanzgefäß muss vor allem gewährleisten, dass das Wasser gut ablaufen kann.

Kunststoff oder Ton?

Aus praktischen und Kostengründen verwenden professionelle Züchter in der Regel Kunststofftöpfe. Bei Hobbygärtnern hingegen spricht nichts gegen Tongefäße. Sie sehen gut aus, stabilisieren die Pflanze, verbessern die Wurzelatmung, begrenzen die Gefahr übermäßiger Wassergaben und schützen die Wurzeln von Orchideen, die aus kühlen Klimaregionen stammen, vor übermäßiger Wärme (z. B. *Masdevallia*, *Dracula* und *Disa*). Sie sind jedoch teurer und machen beim Umtopfen mehr Arbeit, da die Wurzeln teilweise an der porösen Innenwand anhaften; auch muss häufiger gegossen werden, und die Poren verstopfen im Laufe der Zeit (etwa nach einem Jahr), da sich die im Dünger enthaltenen Salze anlagern. Scheuen Sie vor der Mehrarbeit beim Topfen und Gießen, verwenden Sie Tontöpfe einfach als Übertöpfe.

Wie bestimmt man die richtige Größe?

Anfangs glaubt man oft, dass der Topf der Orchidee, die man gekauft hat, viel zu klein ist und die Pflanze darunter leidet. Aber – man darf nicht vergessen, dass sie Epiphyten sind – die Mehrzahl der Orchideen kommt mit ihrem Topf aus und ein Stück Borke der Korkeiche genügt ihnen, wenn sie in unseren Wohnräumen eine Luftfeuchtigkeit vorfinden, die konstant bei 70 bis 80 % liegt. Die Größe des Pflanzgefäßes muss proportional zum Umfang der Wurzeln gewählt werden; die Größe der Pflanze spielt keine Rolle. Wenn die Orchidee keine Wurzeln eingebüßt hat, genügt ein Topf mit einem Durchmesser, der ein oder zwei Zentimeter über dem des alten Topfes liegt. Wenn sie vorher beispielsweise in einem Topf von 12 cm Durchmesser stand, ist ein Topf von 13 oder 14 cm Durchmesser ideal. Um sicher zu gehen, achten Sie darauf, dass die Wurzeln das Gefäß gut ausfüllen und nicht zu viel Luft um sie herum ist. Je größer der Topf ist, desto mehr Substrat wird gebraucht und umso mehr Wurzeln müssen vorhanden sein, sodass die Pflanze das in dem Substrat enthaltene Wasser schnell verbrauchen kann. Je weniger Wurzeln die Pflanze hat, desto weniger Gießwasser kann sie aufnehmen und desto größer ist die Gefahr der Wurzelfäule.

▲ Sympodiale Orchideen (*Cattleya*): Die älteren Pseudobulben müssen entfernt werden.

▲ Das Entfernen beschädigter oder zu zahlreicher Wurzeln ist notwendig.

Wie wird umgetopft?

Die Vorbereitung

Bringen Sie zunächst alles, was Sie zum Umtopfen benötigen, an Ihren Arbeitsplatz: gutes Substrat in ausreichender Menge, neue Töpfe, eine scharfe Schere, einen Abfalleimer für das alte Substrat und einen kleinen Gaskocher, um die Schere nach jedem Umtopfen über der Flamme zu desinfizieren. Breiten Sie das Substrat auf dem Tisch aus, befeuchten Sie es und lassen Sie es eine Weile ruhen, damit es Raumtemperatur annimmt.

Schneiden Sie die Blütentriebe ab, entfernen Sie die alten Blätter mit einer desinfizierten Schere. Halten Sie die Pflanze mit dem Kopf nach unten über dem Abfalleimer und ziehen Sie sie leicht nach unten, bis sie aus ihrem Topf befreit ist. Es kann sein, dass die Wurzeln an der Innenwand des Topfes haften, sodass man die Pflanze nicht herausholen kann. In diesem Fall nehmen Sie den Topf in eine Hand, halten Sie mit der anderen die Pflanze, um die Erschütterung zu dämpfen. Anschließend klopfen Sie den Topfrand gegen die Tischkante, bis Sie merken, dass sich die Wurzeln vom Topfrand gelöst haben. Wenn es Ihnen noch immer nicht gelingt, zerschlagen Sie den Topf oder zerschneiden Sie ihn. Haben Sie keine Angst, wenn einige Wurzeln abbrechen, das ist unvermeidbar.

Entfernen Sie danach das gesamte alte Substrat und versuchen Sie dabei, die Wurzeln zu entwirren, damit der Wurzelballen locker wird. Sobald die Wurzeln freigelegt sind, entfernen Sie alle abgestorbenen, beschädigten oder abgebrochenen Wurzeln (das kommt immer vor) und kürzen Sie sehr lange Wurzeln um einige Zentimeter ein, auch wenn es Ihnen grausam erscheint! Sie können Sie sowieso nicht wieder eintopfen, ohne sie abzubrechen, und dieser Rückschnitt wird ihnen mehr Kraft geben.

Nutzen Sie das Umtopfen, um bei sympodialen Orchideen (*Cymbidium*, *Cattleya*, *Odontoglossum*) alte Pseudobulben zu entfernen, indem Sie sie an der Basis vom Rhizom abtrennen; dabei können Sie auch die Pflanze teilen, wenn sie ausreichend Pseudobulben besitzt (jeder Abschnitt sollte mindestens vier bis fünf kräftige Pseudobulben aufweisen). Nach diesem Vorgang sollten Sie die Wurzeln schnell in eine fungizidhaltige Lösung tauchen. Dieser Schritt ist nicht zwingend notwendig, aber dadurch wird die Fäulnisgefahr gemindert. Damit die kleinen Wunden, die durch das

▲ Sympodiale Orchideen: Es ist wichtig, dass nur die älteren Pseudobulben an den Gefäßrand stoßen, damit die jüngeren Pseudobulben genug Platz für Neuaustriebe haben.

▲ Monopodiale Orchideen (*Phalaenopsis*): Die alten Wurzeln verdichten sich und darüber entwickeln sich neue Wurzelkreise. Der Wurzelballen muss entwirrt und ausgeputzt werden.

Ausputzen der Wurzeln verursacht wurden, verheilen können, warten Sie einige Stunden (8 bis 24 Stunden), bevor Sie die Pflanze wieder eintopfen. An der Luft trocknen diese Stellen an und schützen vor etwaigen Bakterien- oder Pilzinfektionen, die selten vorkommen, aber möglich sind.

Die Pflanze einsetzen

Achten Sie darauf, dass die Größe des Gefäßes dem Umfang des Wurzelballens entspricht. Bedecken Sie den Boden des Gefäßes mit Styroporstücken, um den Abfluss des Wassers und die Luftumwälzung zu verbessern. Decken Sie diese mit etwas Substrat ab.

Halten Sie mit einer Hand die Pflanze über den Topf und setzen Sie sie hinein, während Sie mit der anderen Hand die Wurzeln im Innern des Topfes positionieren. Die Wurzeln müssen ausgebreitet sein und die Pflanze muss unbedingt in die Mitte des Topfes gesetzt werden. Wenn es sich um eine sympodial wachsende Orchidee handelt (z. B. *Cattleya*, *Laelia* und *Dendrobium*), platzieren Sie die Pflanze so, dass die älteste Pseudobulbe an den Gefäßrand stößt und der Neutrieb etwa die Mitte einnimmt. So ist genügend Platz für Zuwachs.

Wenn der Wurzelhals (Verbindungsstelle von Wurzeln und Spross) oder die Neutriebe (erscheinen an der Basis der Pseudobulben) in Topfrandhöhe liegen, wird die Pflanze allseitig mit Substrat umgeben. Sorgen Sie mit der freien Hand dafür, dass das Substrat zwischen alle Wurzeln gelangt und füllen Sie den Topf bis zum Rand auf. Beim Einfüllen des Substrats dürfen keine Hohlräume entstehen und die Wurzeln müssen völlig bedeckt sein. Halten Sie den Topf mit beiden Händen und stoßen Sie ihn auf dem Tisch auf. Dadurch nimmt Ihre Orchidee in ihrem Topf die endgültige Position ein. Prüfen Sie nach, ob auch die Zwischenräume mit Substrat gefüllt sind und fügen Sie gegebenenfalls etwas hinzu.

Manchmal ist es notwendig, die Pflanze zu stützen, damit sie nicht umkippt, da sie noch nicht im Substrat verwurzelt ist. Das ist bei Orchideen der Fall, die eine bestimmte Höhe haben (z. B. *Cattleya*, *Laelia* und *Vanda*). Der Stützstab kann entfernt werden, wenn die Wurzeln sich im Substrat genügend verankert haben, um ihre natürliche Stützfunktion erfüllen zu können. Bei monopodial wachsenden Orchideen (*Vanda*, *Angraecum* u. a.) wird ein Stützstab angebracht, der helfen soll, damit der Spross aufrecht steht. Dieser muss bis zum Topfboden eingesteckt und mit Bast oder Draht befestigt werden. Bei sympodialen Orchideen sollte man mit den Neutrieben vorsichtig umgehen: Der Stützstab darf sie weder verletzen noch in ihrer Entwicklung behindern, daher genügt es, diesen an einer älteren Pseudobulbe zu platzieren. Manchmal sind mehrere Stützen erforderlich. Bringen Sie einen Stützstab nie an der Topfinnenwand an.

⊿ Monopodiale Orchideen: Die Pflanze muss in die Mitte des Topfes gesetzt werden und im Vergleich zur Topfkante etwas höher stehen.

⊿ Das Ergebnis: Diese *Phalaenopsis* sitzt genau richtig in der Mitte des Gefäßes.

Nach dem Umtopfen

Das Umpflanzen bedeutet einen Schock für die Pflanze, daher braucht sie einige Wochen bis sie sich wieder erholt hat. Wichtig ist, dass die Pflanze zunächst nicht gegossen wird. Auch wenn das seltsam erscheinen mag, Sie müssen 10 bis 15 Tage mit der erstmaligen Wassergabe warten. Auch die Düngung muss für einen Monat unterbrochen werden bis sich neue Wurzeln entwickeln. Durch diese Maßnahmen sollen die Wunden völlig verheilen können und die Pflanze vor möglichen Bakterien- oder Pilzinfektionen geschützt werden, die durch das Wasser begünstigt werden. Um die fehlenden Wassergaben auszugleichen, ist es notwendig, die Blattunterseiten und die Substratoberfläche täglich morgens zu übersprühen; auch darf die Pflanze nicht sehr hohen Temperaturen ausgesetzt werden, denn dies begünstigt den Wasserentzug. Sie soll einen hellen, vor der Sonne geschützten Platz bekommen. Dieses Trockenhalten müssen Sie sorgfältig beobachten, besonders wenn es tagsüber ungewöhnlich heiß ist oder wenn es sich um Orchideen handelt, die Trockenheit im Wurzelbereich nicht mögen (z. B. *Phragmipedium*, *Paphiopedilum* und *Paphinia*). Ein leichtes Übersprühen der Substratoberfläche sorgt hier für den Ausgleich.

Darauf muss man beim Verpflanzen achten

- Nicht im Winter oder während der Blühphase umpflanzen.
- Beschädigte oder zu zahlreiche Wurzeln entfernen.
- Gefäße verwenden, deren Größe der des Wurzelballens entspricht.
- Spezielles Orchideensubstrat verwenden.
- Nach dem Umtopfen mit dem Gießen einige Zeit warten.

Die Blockkultur

Die Blockkultur ist eine Kultur von epiphytisch wachsenden Orchideen ohne Substrat, aber aufgebunden auf Holz, Korkeichenrinde oder ähnlichen Unterlagen. Sie kommt der natürlichen Lebensweise der meisten tropischen Orchideen zweifellos am nächsten. Wie jede Kulturart hat auch diese Vor- und Nachteile:

Die Vorteile
– Die Kultur auf Unterlagen ist praktisch, da man Bereiche nutzen kann, die sonst für Pflanzen nicht in Frage kämen. Sie werden aufgehängt und so können auch Pflanzenliebhaber, die für Orchideen in Töpfen wenig Platz haben, ihre Sammlung erweitern.
– Sie ist sehr dekorativ.
– Diese Kulturform bietet eine gewisse Sicherheit, da man alle Pflanzenteile, besonders die Entwicklung der Wurzeln, gut beobachten kann.
– Sie ist ideal für Personen, die zu viel gießen, oder für manche Gattungen, die auf übermäßige Wassergaben empfindlich reagieren (*Oncidium, Laelia, Trichocentrum* u. a.).
– Mit geeigneten Begleitpflanzen lässt sich auf der Unterlage eine dekorative Pflanzengemeinschaft gestalten, die dem natürlichen Vorbild ähnelt.

Die Nachteile
– Die Voraussetzung ist eine helle und feuchte Umgebung (Luftfeuchtigkeit mindestens 70 %), in der man die Pflanze anfeuchten und übersprühen kann, wenn es notwendig ist.
– Die Blockkultur erfordert mehr Zeit und Aufmerksamkeit als die Kultur im Topf, da die Wassergaben täglich erfolgen müssen. Im Handel ist die Auswahl an aufgebundenen Orchideen ziemlich begrenzt. Daher muss man die Orchideen in der Regel selbst auf eine Unterlage aufbinden.

Die ideale Umgebung für eine Kultur aufgebundener Pflanzen
Der Hauptunterschied einer Kultur auf Unterlage besteht darin, dass eine hohe Luftfeuchtigkeit in der Raumluft (mindestens 75 %) herrschen muss, die der unserer Innenräume in keiner Weise entspricht. Natürlich kann man die Pflanze mehrmals am Tag übersprühen, wenn man genügend Zeit hat. Aber im Haus muss ein Bereich gefunden werden, der hell ist und gleichzeitig wenig empfindlich gegenüber hoher Luftfeuchtigkeit.
Daher sind das Gewächshaus, die Veranda und der Wintergarten die ideale Umgebung, oder auch das Badezimmer, sofern es hell genug ist. Hier noch eine Alternative, die aber ihre Grenzen hat: Ein Aquarium oder Terrarium, das man einfach in ein Mini-Gewächshaus verwandeln kann, um darin kleinwüchsige Orchideen aus gemäßigten oder warmen Klimaregionen zu kultivieren. Solche Behältnisse brauchen unbedingt eine gute Luftbewegung (beispielsweise mit Hilfe eines gewöhnlichen Ventilators).

Eine Orchidee aus einem Topf auf eine Kork- oder Holzunterlage aufbinden
Der richtige Zeitpunkt: Wenn die Pflanze einen oder mehrere neue Triebe entwickelt oder neue Wurzeln ausbildet. Pflanzen, die gerade umgetopft wurden oder in Blüte stehen, sollten nicht auf Unterlagen aufgebunden werden.
Es ist auch nicht ratsam, eine ausgewachsene Pflanze auf Blockkultur umzustellen, wenn sie seit mehreren Jahren in einem Topf wächst, da sie einen Wechsel nicht so gut verkraften würde wie eine junge Pflanze, die mehr Anpassungsfähigkeit zeigt.

Die richtige Unterlage und das richtige Bindematerial: Die ideale Unterlage ist die Rinde der Korkeiche, da sie neutral und weich ist und nicht zersetzt wird.
Zum Aufbinden der Pflanzen brauchen Sie ein relativ elastisches Bindegut, das nicht in die Pflanze schneidet und sie verletzt. Zu empfehlen sind in Streifen geschnittene Strumpfhosen oder Nylonstrümpfe (neue oder gebrauchte).

Aufbinden der Pflanze auf die Unterlage: Legen Sie den Wurzelballen frei und schneiden Sie die beschädigten Wurzeln mit einem desinfizierten Werkzeug ab. Legen Sie die flache Unterlage auf einen Tisch. Platzieren Sie darauf etwas *Sphagnum*, dann die Pflanze; achten Sie dabei darauf, dass das *Sphagnum* sich zwischen den Wurzeln und der Unterlage befindet.

Phalaenopsis lindenii ▲

Befestigen Sie die Pflanze, indem Sie das Bindematerial über die Pseudobulben oder den Wurzelhals führen. Dabei darf die Pflanze nicht wackeln und nicht zu fest auf die Unterlage gedrückt werden. Wichtig ist, dass Sie nicht zu viel *Sphagnum* verwenden, denn dieses Moos ist bei der Befestigung der Pflanze auf der Unterlage nicht hilfreich. Es muss entfernt werden, sobald die Wurzeln auf der Unterlage haften. Dazu genügt es, das Moos vorsichtig herauszuziehen. Man könnte es auch auf der Unterlage belassen, aber die Erfahrung zeigt, dass sich das *Sphagnum* durch das häufige Gießen und Sprühen, welches für diese Art von Kultur unerlässlich ist, in Verbindung mit dem Dünger sehr schnell zersetzt und die Pflanze schädigt.

▲ *Rodriguezia secunda*

Aufhängen der Pflanze: Bohren Sie die Oberseite des Rinden- oder Holzstücks an, um etwas Draht durchzufädeln, der zum Aufhängen dient. Beachten Sie beim Aufhängen die natürliche Position der Pflanze. Beispiele: *Phalaenopsis* muss so aufgehängt werden, dass die Blätter nach unten (zum Boden) gerichtet sind. Bei *Oncidium* oder *Cattleya* müssen die Pseudobulben auf der Unterlage senkrecht stehen.

Gießen und Sprühen bei aufgebundenen Orchideen: Unter Einhaltung der etwaigen Ruheperioden ist es wichtig, täglich, während Hitze- und Trockenperioden sogar mehrmals am Tag zu gießen. Auch muss täglich gesprüht werden, wobei das Sprühen den Gießvorgang nicht ersetzt, wenn die Luftfeuchtigkeit unter 70 % liegt. Es ist einfacher zu beurteilen, ob die Wassergaben ausreichend sind, wenn Sie die Wurzeln beobachten, die nicht vertrocknen oder Schäden aufweisen dürfen.

Welche Orchideen eignen sich zum Aufbinden?

Wenn sich auch alle epiphytischen Orchideen auf Unterlagen kultivieren lassen, eignen sich manche Arten oder Gattungen besser für diese Kulturart. Dazu zählen:

Aerangis citrata
– *clavigera*
– *rhodosticta*
– *fastuosa*
Angraecum didieri
– *rutenbergianum*
– *scottianum*
– *viguieri*

Brassavola nodosa
– *perrinii*
Bulbophyllum (Die Mehrzahl der Arten und Hybriden hat kleine Pseudobulben.)

Cattleya acclandiae
– *luteola*

Dendrobium aberrans
– *aggregatum*
– *chrysoxum*
– *thyrsiflorum*
– *griffithianum*

Encyclia mariae
– *citrina*

Leptotes bicolor

Masdevallia (alle Arten und Hybriden)
Miltonia spectabilis

Neofinetia

Oncidium

Paphinia
Paraphalaenopsis
Phalaenopsis (eher die Miniarten oder Halbminiaturen)
Psychopsis

Stanhopea
Sigmatostalix
Sophronitis

Tolumnia
Trichoceros
Tuberolabium

Die Düngung

Im Gegensatz zu ihrem natürlichem Lebensraum werden kultivierte Orchideen über das Substrat und das Wasser nicht ausreichend mit Nährstoffen versorgt. Deshalb muss man ihnen die notwendigen Substanzen zur Verfügung stellen und regelmäßig Dünger verabreichen, damit sie wachsen und blühen. Die Nährelemente sind: Stickstoff (N), der das Wachstum der Pflanze fördert, Phosphor, der die Entwicklung der Blütentriebe anregt und Kalium (K), das die Pflanze stärkt und ihre Abwehrkräfte gegen Krankheiten verbessert. Diese drei wichtigsten Nährstoffe müssen in „größeren Mengen" verabreicht werden.

Dann folgen Elemente, die von geringerer Bedeutung sind, aber in winzigen Mengen verabreicht werden müssen, um etwaige Mängel im Wasser oder Substrat auszugleichen. Sie wirken auf den allgemeinen Stoffwechsel der Pflanze ein. Es sind die Mineralien: Magnesium (Mg), Kalzium (Ca), Schwefel (S) und die Spurenelemente: Eisen (Fe), Mangan (Mn), Bor (Bo), Kupfer (Cu), Zink (Zn) und Molybdän (Mo). Das Fehlen von Düngergaben ist der Hauptgrund dafür, dass keine Blüten gebildet werden; auch ernsthafte Mangelerscheinungen können die Folge unzureichender Nährstoffzufuhr sein.

Auswahl des Düngemittels

Kaufen Sie nicht das reichhaltigste Düngemittel in der Hoffnung, dass irgendwelche Wunder geschehen. Das kann fatale Folgen haben, wenn der Dünger falsch dosiert wird. Der Stoffwechsel der Orchideen läuft langsam ab, daher brauchen sie zwar regelmäßige, aber schwach dosierte Düngergaben. Verwenden Sie Düngemittel, die speziell für die Bedürfnisse empfindlicher Orchideen entwickelt wurden. Im Handel finden Sie verschiedene Arten von Düngemitteln. Manche werden in flüssiger Form angeboten und dem Gießwasser beigemischt, andere sind pulverförmig und müssen gelöst und auf die Blätter und Wurzeln gesprüht werden. Die Letzteren bezeichnet man als Blattdünger; sie sind sehr wirksam, da die Blätter eine sehr große Absorptionsoberfläche darstellen. Die gebräuchlichsten Düngemittel sind die, welche die Nährelemente Stickstoff, Phosphor und Kalium in einem ausgewogenen Verhältnis enthalten und gleichzeitig das Wachstum der Pflanze und die Blütenbildung fördern. Weniger gebräuchlich sind Düngemittel in flüssiger oder Pulverform, entweder reich an Stickstoff und Kalium (zum Beispiel: N:P:K = 3:1,5:5), um die vegetative Entwicklung der Pflanzen zu fördern, oder reich an Phosphor und Kalium (zum Beispiel: N:P:K = 2:3:6), um die Blütenbildung anzuregen und die Zahl der Blüten zu erhöhen. Sie sind besonders für die Kultur auf Rindensubstrat zu empfehlen und können auf zwei unterschiedliche Arten eingesetzt werden, die beide wirksam sind: Wenn Sie nur eine oder zwei Gattungen kultivieren, können Sie die Entwicklung der Pflanze unterstützen, indem Sie ihr fünf bis sechs Monate lang den „Wachstumsdünger" geben, während sie neue Triebe und Wurzeln bildet; danach verwenden Sie einen „Blühdünger", um die Entwicklung von Blütentrieben anzuregen. Eine andere Art der Anwendung beruht darauf, dass man das ganze Jahr über abwechselnd den einen und den anderen Dünger verabreicht, unabhängig von Vegetations- und Blütezeit. Auf die Ausgewogenheit zwischen den beiden Düngemitteln muss geachtet werden, und man darf der Versuchung niemals nachgeben und die Gaben von Blühdünger erhöhen, weil man hofft, dadurch eine üppigere Blüte zu erhalten.

Wie werden die Düngergaben dosiert?

Was die Düngung betrifft, gibt es zwei goldene Regeln, gegen die man niemals verstoßen sollte: Die erste Regel lautet, dass man die Pflanze vor der Düngergabe am Abend zuvor mit reinem Wasser gießen sollte. Die Zweite lautet, dass jeder Düngung mindestens ein- oder zweimaliges Gießen mit reinem Wasser folgen sollte. Alle Düngemittel enthalten Salzkristalle, die die Pflanze nicht aufnehmen kann. Mit der Zeit werden sie im Substrat angehäuft und verursachen Verbrennungen an den Wurzeln und schädigen sie. Das Gießen hat daher auch die Funktion einer Spülung. Der Dünger muss das ganze Jahr bei jeder zweiten oder dritten Wassergabe verabreicht werden. Eine Ausnahme bilden Orchideen mit Ruhephase; in dieser Zeit dürfen diese Arten nicht gedüngt werden.

Darauf muss man beim Düngen achten
- Niemals eine Pflanze mit trockenem Substrat düngen.
- Direkt nach einer Düngergabe muss die Pflanze mindestens einmal bewässert werden.
- Während etwaiger Ruhezeiten nicht düngen.
- Nach dem Umtopfen sollte man etwa drei Wochen lang nicht düngen.

Schädlinge und Krankheiten

Orchideen können, wie alle anderen Pflanzen auch, von Krankheiten und Schädlingen befallen werden. Wie kann man diese Erkrankungen erkennen und vor allem, wie kann man sie bekämpfen?

Schädlinge und ihre Bekämpfung

▲ Spinnmilben auf einem Orchideenblatt

Spinnmilben (Rote Spinne)

Sie befallen die Blattunterseiten und haben eine Vorliebe für Orchideen mit feineren Blättern (*Cymbidium, Lycaste* u. a.). Bei zu trockener Luft vermehren sie sich besonders stark, da sie die Feuchtigkeit geradezu fürchten! Anders als man sich vielleicht vorstellt, färben sie die Blätter nicht rot, sondern überziehen deren Unterseiten mit feinen, silbergrauen Gespinsten mit rötlichem Hauch.

➤ Gegenmaßnahmen: Erhöhen Sie zunächst die Luftfeuchte und vermeiden Sie Zugluft, da die Spinnmilben sich vor allem durch Zugluft oder Ventilatoren verbreiten. Im Zimmer kann man Wasserschalen aufstellen. Bei sehr starkem Befall können Sie auch zu speziellen Spritzmitteln gegen Milben, den so genannten Akariziden, greifen. Mit diesen Mitteln, beispielsweise auf Pyrethrum-Basis, werden die befallen Stellen übersprüht – zweimal im Abstand von drei Wochen, wenn die Raumtemperatur unter 16 °C liegt, und im Abstand von acht Tagen, wenn die Temperatur höher als 25 °C ist.

Woll- oder Schmierläuse

Diese Schädlinge erkennt man an ihren weißen, wolligen Wachsgespinsten auf den Blattunterseiten. Davon befallene Pflanzenteile sehen aus, als wären sie bemehlt. Die winzigen Läuse (2 bis 3 mm) verstecken sich überall und sind schwer zu entdecken. Sie sitzen unter anderem in den Blattwinkeln, zwischen den Pseudobulben und unter Hüllblättern und saugen den Pflanzensaft aus den Zellen. Meistens bemerkt man sie erst, wenn die Pflanze bereits stark befallen ist und die Blätter auf der Oberseite vergilben.

▲ Wollläuse auf einem *Angraecum*-Blatt

⬆ Befall mit Schildläusen

Schildläuse
Anders als die Wollläuse bilden diese ebenfalls saugenden Schädlinge einen braunen oder hell-grauen Schild, der auf den Blättern haftet. Auch sie bevorzugen die Blattunterseiten, die nicht ständig im Blickfeld sind.

➤ Gegenmaßnahmen: Oft wird empfohlen, die Läuse mit Hilfe eines Wattestäbchens, das mit Spiritus getränkt wurde, einzeln zu entfernen. Diese Methode zeigt kaum Wirkung und setzt viel Geduld und Ausdauer voraus. Sie sollten besser die befallenen Pflanzen von den gesunden trennen und sie mit einem speziellen Mittel gegen Schild- und Wollläuse behandeln. Umweltverträgliche Mittel sind Paraffinöle und in gut sortiertem Fachhandel erhältlich. Sie wirken, indem sie die Atmung der Alttiere verschließen und die Jungtiere verkleben. Da die Ölpräparate auch die Spaltöffnungen der Pflanzen verkleben, sollten sie nur an regnerischen Tagen und nur bei ansonsten gesunden Pflanzen angewandt werden. Schild- und Wollläuse sind für Orchideen äußerst gefährlich und eine ernste Bedrohung.

Schnecken
Man unterscheidet Nackt- und Gehäuseschnecken, die vor allem in Gewächshäusern beträchtliche Schäden anrichten können. Sie verspeisen in erster Linie die Luftwurzeln, die zarten jungen Blätter und die Blüten. Nach einer Orchideenkultur im Freien sollten Sie die Pflanzen auf Schneckenbefall untersuchen, bevor Sie sie wieder ins Haus holen. Sonst werden womöglich noch Nachbarpflanzen durch versteckte Schnecken beschädigt. Kleinere Schnecken schaben meist nur oberflächlich, größere sind besonders gefräßig und können in einer Nacht schon eine Menge Blätter verputzen. Silbrige Schleimspuren sind deutliche Hinweise auf Schnecken.

➤ Gegenmaßnahmen: Die beste Methode ist das Absammeln in den Abendstunden, nachdem man die Tiere mit Bierfallen oder Apfelstücken angelockt hat. Giftiges Schneckenkorn sollte man möglichst nicht verwenden, da es auch für nützliche Insekten und Haustiere tödlich sein kann.

Ameisen
Sie sind ausgezeichnete „Anzeiger" für Läusebefall! Tatsächlich werden Ameisen von den zuckerhaltigen Ausscheidungen der Schild- oder Blattläuse, dem Honigtau, angelockt. Die Anwesenheit von Ameisen ist ein Warnsignal, auf das Sie unbedingt reagieren sollten.

➤ Gegenmaßnahmen: Den Grund für ihre Anwesenheit beseitigen!

Tausendfüßler
Wie der Name schon besagt, handelt es sich um kleine Insekten mit einer Vielzahl von Beinen. Sie gehen vor allem auf kompostiertes Substrat. In geringer Zahl bedeuten sie keine Gefahr, ist der Befall jedoch groß, fressen sie die Wurzeln an und beschleunigen die Zersetzung des Substrats.

➤ Gegenmaßnahmen: Am besten wirkt ein sofortiges Umtopfen. Ist das nicht möglich, kann man die Substratoberfläche mit einem Insektizid (auf Malathion-Basis) besprühen. Vorsicht: Malathion ist für Bienen, Vögel und Säugetiere (auch Menschen) giftig!

Blattläuse

Sie befallen alle zarten Pflanzenteile wie Blütenknospen, junge Triebe und werden vor allem von gelben Blüten angezogen. Sie sind 1 bis 6 mm lang, als Jungtiere weiß, ausgewachsen grün. Sie saugen den Saft der Pflanze aus und ernähren sich davon. Wie alle saugenden Insekten sind auch sie Krankheitsüberträger. Blattläuse führen nicht zum Tod der Pflanze, können sie aber schwächen.

➤ Gegenmaßnahmen: Wenn die Blüten oder Knospen befallen sind, kann man kein chemisches Mittel einsetzen, ohne die Blüte zu gefährden. Wenn man die betroffen Blüten mit Wasser abspült, fallen die Blattläuse ab. Sind die Blätter befallen, kann man sie mit einem Insektizid auf Pyrethrum-Basis übersprühen.

▲ Blattläuse auf einer *Paphiopedilum*-Blüte

Vorsichtsmaßnahmen bei der Anwendung von Insektiziden oder Fungiziden:

- Bei den Insektiziden und Fungiziden, die zur Behandlung von Orchideen empfohlen werden, handelt es um Pflanzenschutzmittel, die auch bei anderen Gewächsen eingesetzt werden. Sie sind im gut sortierten Gartenfachhandel erhältlich. Für die richtige Dosierung sollten Sie immer die Herstellerhinweise auf der Verpackung beachten.
- Verwenden Sie möglichst keine Insektizide, die als Spray angeboten werden, sondern solche in Pulver- oder Stäbchenform. Da es sich bei Pflanzenschutzmitteln meist um giftige Substanzen handelt, treffen Sie immer die richtigen Vorsichtsmaßnahmen: Tragen Sie beim Anmischen und Ausbringen Handschuhe, Schutzbrille und Mundschutz. Stellen Sie die behandelten Pflanzen abseits, sodass sie für Kinder oder Haustiere nicht erreichbar sind. Spritzen Sie vor dem Gießen möglichst in den frühen Morgenstunden und warten Sie danach zwei Tage mit dem Gießen.

Krankheiten und ihre Bekämpfung

Grauschimmel (*Botrytis*)

Dieser mikroskopisch kleine Pilz befällt die Blüten, auf denen er durch schwarze Flecken auffällt. Grauschimmel entwickelt sich besonders im Gewächshaus auf feuchten Blüten, wenn die Luftfeuchtigkeit sehr hoch ist, eine ausreichende Luftzufuhr fehlt und die Temperatur zu niedrig ist.

➤ Gegenmaßnahmen: Es hilft, die Luftfeuchte sofort zu senken und Frischluft zuzuführen. Sie können ein Fungizid spritzen, um die Ausbreitung zu verhindern. Schneiden Sie die betroffenen Blüten ab.

Bakterienfäule

Die bei Orchideen am häufigsten auftretenden Bakterien sind *Erwinia* und *Pseudomonas*. Bei einer Infektion durch diese Erreger wird das Blattgewebe weich und schwammig, gefüllt mit einer dunkelgrünen Flüssigkeit. Später verbräunt das ganze Blatt; der Befall breitet sich weiter aus, bis die ganze Pflanze befallen ist und abstirbt.

➤ Gegenmaßnahmen: Vor allem muss man die betroffene Stelle mit einer desinfizierten Rasierklinge entfernen und die erkrankten Pflanzen von den gesunden trennen. Nach der Behandlung einer befallenen Pflanze müssen Sie unbedingt die Hände desinfizieren, um die Krankheit nicht auf andere Pflanzen zu übertragen. Dann wird auf die ausgeschnittene Stelle ein Mittel aus Kupfersulfat aufgetragen. Die Blätter darf man nicht benetzen, solange die Infektion nicht abgeklungen ist.

Schwarzfäule

Im Gegensatz zu der oben genannten Krankheit, handelt es sich hierbei um eine Pilzinfektion, die durch *Phytophthora*-Arten verursacht wird. Der Pilz befällt die Blätter und die Pseudobulben. Schwarzfäule tritt häufig bei *Cattleya* auf und wird oft durch hohe Luftfeuchtigkeit, fehlende Luftbewegung sowie übermäßige Wassergaben begünstigt. Charakteristisch sind schwarze Flecken auf den Blättern und Pseudobulben, die sich über die gesamte Pflanze ausbreiten.
➤ Gegenmaßnahmen: Schneiden Sie die befallenen Pflanzenteile mit einer desinfizierten Rasierklinge heraus und tragen Sie ein Fungizid auf. Wichtig ist eine sofortige Isolation der Pflanze, die Senkung der Luftfeuchte und gute Luftbewegung bei einer Temperatur bis 20 °C. Nach der Behandlung sind alle Werkzeuge über einer Flamme zu desinfizieren.

Wurzelfäule

Hier handelt es sich um eine Pilzerkrankung, die durch *Phytium*- oder *Phytophthora*-Arten verursacht wird. Sie befallen die Wurzeln bei übermäßigem Gießen und können sich auf die gesamte Pflanze ausbreiten; dann ist nicht nur das Wurzelgewebe schwarz, sondern auch die Pseudobulben und das Laub. Diese Infektion tritt bei Orchideen mit Pseudobulben auf
➤ Gegenmaßnahmen: Pflanzen Sie die Orchidee in sauberes Substrat um und schneiden Sie befallene Pflanzenteile mit einem desinfizierten Werkzeug heraus. Tauchen Sie die Wurzeln in eine Fungizidlösung und lassen Sie sie vor dem Eintopfen einen Tag lang trocknen.

▲ Bakteriose bei *Phalaenopsis*

Orchideen von A–Z

Acacallis

Diese Gattung umfasst eine, vielleicht zwei Arten. Alle Informationen, die Sie unten finden, betreffen die schöne *Acacallis cyanea*, deren Blüten am Anfang ihrer Blühzeit bläulich sind, später malvenfarben werden.

Pflanzenbeschreibung

Schwierigkeit der Kultur: Schwierig

Geografische Verbreitung: Kolumbien, Venezuela, Brasilien
Artenzahl: 1
Natürlicher Lebensraum: Epiphytische Art in Regenwäldern in mindestens 460 m Höhe. *Acacallis* kommt auf kleinen Bäumen vor, die hauptsächlich am Rand von Amazonas und Rio Negro wachsen. Man berichtet, dass die Bereiche, die sie besiedeln, regelmäßig unter Wasser stehen und die Pflanzen fast untergetaucht sind. Der Regenzeit folgt eine Trockenperiode.
Wuchsform: Pflanze mit kleinen runden Pseudobulben entwickeln sich entlang eines Rhizoms. Der Blütenstand entspringt an der Basis neuer Pseudobulben.
Pflanzengröße: Klein; 20 bis 25 cm; Pseudobulben 5 cm; Blätter 15 bis 20 cm
Blütengröße: 6 cm
Blütenzahl pro Blütenstand: 2 bis 5
Länge des Blütenstands: 15 bis 20 cm
Duft: Angenehm
Blütezeit: Frühling bis Sommer
Blühdauer: Vier bis sechs Wochen

Kultur

Licht: Diese Art braucht wenig Licht, mag keine direkte Sonne und muss während Hitzeperioden beschattet werden.
Temperatur: Das ganze Jahr warm halten; 18 bis 27 °C am Tag, 15 bis 20 °C in der Nacht, Temperaturunterschied zwischen Tag und Nacht 2 bis 3 °C
Kultur im Freien: 1. Juli bis 15. August, wenn die Temperaturen es erlauben.
Wasser: Kalkfrei
Gießen: Bei Topfkultur wird während der Wachstumsperiode regelmäßig gegossen. Das Substrat muss spürbar feucht sein. Im Herbst und Winter in größeren Abständen gießen (der Topf soll zwischen zwei Wassergaben deutlich leichter werden). Aufgebundene Pflanzen (ideal bei entsprechender Luftfeuchtigkeit) kann man während Hitzeperioden ohne weiteres mehrmals am Tag übersprühen.
Ruheperiode: Keine
Luftfeuchtigkeit: Das ganze Jahr 70 bis 80 %; für gute Luftbewegung sorgen
Umpflanzen: Die Wurzeln dieser Art sind empfindlich gegen einen etwaigen Abbau des Substrats. Regelmäßiges Umtopfen (alle zwei Jahre, manchmal kürzer) und gutes Substrat sind notwendig.
Substrat: Es muss zugleich durchlässig sein und etwas Wasser zurückhalten; ideal sind 60 % feines Rindensubstrat, 20 % Blähton und 20 % Sphagnum.
Düngung: Während der Wachstumsperiode bei jeder zweiten, dann bei jeder dritten Wassergabe, wenn die Pseudobulben ausgebildet sind. Verabreichen Sie das ganze Jahr ein ausgewogenes Düngemittel oder, sobald die Neutriebe erscheinen, drei Monate lang eines mit höherer Stickstoffkonzentration, danach eines mit hohem Phosphor- und Kaliumgehalt, um die Blütenbildung zu fördern.

▲ *Acacallis cyanea*

Ada

Diese Gattung steht der *Brassia* nahe, mit der sie oft Hybriden bildet (*Brassada*).

Pflanzenbeschreibung

Schwierigkeit der Kultur: Mittel

Geografische Verbreitung: Peru, Costa Rica, Venezuela

Artenzahl: Etwa 15

Natürlicher Lebensraum: Epiphytische, manchmal lithophytische (auf Steinen) Art in Wäldern bis 3000 m Höhe

Wuchsform: Sympodial wachsende Orchidee von schnellem Wuchs; schönes, dichtes Laub. Der Blütenstand entspringt an der Basis neuer Pseudobulben; sie erscheinen zahlreich und hängen leicht über.

Blütezeit: Frühling

Blühdauer: Vier bis sechs Wochen

Kultur

Alle Arten der Gattung *Ada* sind ähnlich wie *Odontoglossum* nicht für die Zimmerkultur geeignet.

Licht: *Ada* braucht viel Licht um üppig zu blühen. Die Nordseite ist daher ungeeignet. Kultivieren Sie diese Orchideen im Sommer auf der Ostseite; hier ist es hell genug, aber die Pflanzen verbrennen nicht. Im Winter erhalten sie auf der Südseite ausreichend Licht und Wärme. Auch sind hier die Temperaturunterschiede höher, dies ist für die Blütenbildung notwendig.

Temperatur: 15 bis 20 °C am Tag, 7 bis 14 °C in der Nacht, Temperaturunterschied zwischen Tag und Nacht mindestens 10 °C

Kultur im Freien: Von Juni bis Oktober empfehlenswert

Wasser: Kalkfrei

Gießen: Ausgiebig und regelmäßig während des Wachstums der Pseudobulben wässern, in größerem Abstand, wenn diese voll entwickelt sind (lassen Sie das Substrat nach jeder Wassergabe austrocknen). Im Sommer bei über 28 °C können Sie die Substratoberfläche in der Frühe oder am späten Abend anfeuchten.

Ruheperiode: Keine; vergrößern Sie einfach die Gießabstände, wenn die Pseudobulben sich vollständig entwickelt haben.

Luftfeuchtigkeit: 70 bis 80 %; sie mögen keine trockene Luft.

Umpflanzen: Alle zwei Jahre beim Erscheinen von neuen Trieben. Die Teilung

wird empfohlen, wenn mehr als 15 voll entwickelte Pseudobulben vorhanden sind.

Substrat: Mittlere Körnung; 60 % Kiefernrinde, 20 % Blähton und 20 % Sphagnum

Besondere Anmerkungen: Während der Wachstumsperiode muss das Substrat konstant feucht gehalten werden, darf aber nicht staunass sein.

1 ▲

• *Ada aurantiaca* Bild 1 und 2 (Kolumbien und Venezuela)

Natürlicher Lebensraum: Epiphyt in 2500 bis 3000 m Höhe

Blütezeit: Spätwinter, Vorfrühling

Kultur: Siehe oben

Schwierigkeit der Kultur: Für Zimmerkultur nicht zu empfehlen, wenn Sie keinen kühlen Bereich und keinen Balkon haben, der im Sommer in der heißen Tageszeit vor direkter Sonne geschützt ist.

Pflanzengröße: Mittelgroß; 30 bis 40 cm

Blütengröße: 2 bis 2,5 cm

Blütenzahl pro Blütenstand: 7 bis 12

Länge des Blütenstands: 30 bis 35 cm

2 ▲ *Ada aurantiaca*

Aerangis

Eine verführerische Gattung mit weißen, elfenbein- oder rosafarbenen Blüten in Sternform und mit einem deutlichen Sporn, hinter dem sich der Nektar verbirgt. Der intensive nächtliche Duft der auf Madagaskar oder im tropischen Afrika heimischen Orchideen lockt die Nachtfalter an.

▲1

Pflanzen-beschreibung

Schwierigkeit der Kultur: Bei kleinen Arten einfach, bei größeren Arten schwieriger

Blühdauer: Je nach Art drei bis acht Wochen
Geografische Verbreitung: Madagaskar und tropisches Afrika
Natürlicher Lebensraum: Fast alle sind Epiphyten und wachsen in der Nähe von fließenden Gewässern, wo es regelmäßig regnet.
Pflanzenwuchs: Monopodial wachsende Orchideen von ähnlicher Erscheinung wie *Phalaenopsis*. Fast alle *Aerangis*-Arten sind Mini-Orchideen, die man in zwei Gruppen einteilt: Arten mit zarten Blättern und feinen Wurzeln (*A. citrata, A. clavigera, A. biloba, A. luteoalba* u. a.) und Arten mit festen Blättern und dicken Wurzeln (*A. platyphylla, A. cryptodon* Bild 5 *A. modesta, A. articulata, A. ellisii* u. a.).
Kleinwüchsige Aerangis: *A. punctata* Bild 1, *A. fastuosa, A. pumilio, A. luteoalba* Bild 2
Hochwüchsige Aerangis: *A. ellisii, A. platyphylla*
Blütezeit: Vorwiegend Frühling und Sommer
Blühdauer: Vier bis sechs Wochen
Duft: Alle *Aerangis*-Arten mit Ausnahme von *A. pumilio, A. luteoalba* und *A. citrata* haben einen sehr angenehmen Duft, der nachts intensiver wird. Da jede Spezies eine eigene Duftnote hat, eignet sich diese Gattung sehr gut für Sammler von Duftorchideen.

Ethnobotanik
In Gabun wurden die Blätter von *Aerangis biloba* als Brechmittel verwendet; die Wurzeln derselben Art dienten als Gitarrensaiten. In Ostafrika lautet ein Aberglaube: Platziert man eine *Aerangis thomsonii* in die Nähe eines Geleges mit Hühnereiern, schlüpfen die Küken sicher aus.

Kultur

Licht: *Aerangis*-Arten mit zartem Laub mögen nicht zu viel Helligkeit und lassen sich sehr gut neben *Phalaenopsis* kultivieren. Sie eignen sich für alle Standorte außer der Südseite. Arten mit dickem Laub hingegen brauchen mehr Licht ohne direkte Sonne und müssen das ganze Jahr über auf der Südseite stehen. Die Nähe zu *Cattleya* wäre sinnvoll.
Temperatur: Temperiert bis warm; 18 bis 30 °C am Tag, 15 bis 25 °C in der Nacht
Kultur im Freien: Ja, bei Arten mit dickem Laub vom 1. Juli bis 15. August
Wasser: Kalkfrei
Gießen: Das ganze Jahr über regelmäßig gießen (der Topf braucht zwischen zwei Wassergaben kaum leichter zu werden). Bestimmte *Aerangis*-Arten werden in sehr kleinen Töpfen oder aufgebunden kultiviert; sie müssen bei höheren Temperaturen sehr oft, sogar täglich gegossen werden.
Ruheperiode: Keine
Luftfeuchtigkeit: 60 bis 80 %; *Aerangis*-Arten verlieren rasch Wasser, wenn sie nicht täglich, in einer trockenen und warmen Umgebung sogar mehrmals am Tag, gesprüht werden. Dieser Punkt ist besonders für die Arten mit dickem Laub wichtig. In einer sehr feuchten Umgebung neigen die Blätter zur Fleckenbildung, wenn die Lüftung nicht ausreichend ist.
Umpflanzen: Die Arten mit dicken Wurzeln alle zwei Jahre in Töpfe oder Körbe umpflanzen (*A. ellisii, A. platyphylla, A. verdickii*). Die Kultur auf Unterlage ist bei bestimmten kleinen Arten einfacher (*A. lueoalba, A. fastuosa, A. punctata*).
Substrat: Eine Mischung aus 80 % Rindensubstrat und 20 % Blähton. Für hochwüchsige Spezies von mittlerer, für junge Pflanzen oder kleinere Arten von feiner Körnung. Bei kleinen Arten kann man etwas Sphagnum beimischen.
Düngung: Das ganze Jahr über ausgewogen düngen; von Februar bis November bei jeder zweiten und von Dezember bis Ende Januar bei jeder dritten Wassergabe.
Besondere Anmerkungen: Alle *Aerangis*-Arten, besonders die Minis und solche mit dicken Wurzeln bevorzugen die Kultur auf Naturkork, wenn man für hohe Luftfeuchtigkeit sorgen

Aerangis luteoalba (Syn. A. rhodosticta) ▲ **2**

kann. Ihre langen Blütenstände und die überhängende Form kommt bei der Blockkultur
besser zur Geltung.

Für eine abwechslungs-
reiche Sammlung

• *Aerangis citrata* Bild 3 (Madagaskar)
Natürlicher Lebensraum: Epiphytisch, kommt
nur auf Madagaskar in bis zu 1500 m Höhe vor
Blütezeit: Manche blühen öfter im Jahr, aber
die Hauptblütezeit ist zwischen Sommer und
Herbst.
Kultur: Obwohl sie in höheren Lagen wächst,
mag sie warme bis temperierte Bedingungen.
Schwierigkeit der Kultur: Sehr einfach
Pflanzengröße: Kleine Pflanze (15 bis 20 cm
Blattspannweite) auf kurzem Spross
Blütengröße: 2 cm
Blütenzahl pro Blütenstand: 10 bis 20
Länge des Blütenstands: 20 bis 25 cm
Länge des Sporns: 3 cm
Besonderheit: Die Mehrzahl hat einen Blüten-
stand von 20 bis 25 cm, eine Varietät bildet
längere Blütentriebe (bis zu 50 cm).
• *Aerangis ellisii* (Madagaskar)
Natürlicher Lebensraum: Epiphytische oder
lithophytische (auf Steinen) Art, in regen-
reichen Wäldern der Küste bis zu den Hoch-
ebenen (von 0 bis 1500 m)
Blütezeit: Winter bis Frühling
Kultur: Temperiert bis warm
Schwierigkeit der Kultur: Mittel
Pflanzengröße: Große Pflanze von 40 bis
60 cm Höhe und 30 cm Blattspannweite
Blütengröße: 6,5 cm
Blütenzahl pro Blütenstand: 10 bis 20
Länge des Blütenstands: 50 bis 60 cm
Länge des Sporns: 15 cm
Besonderheit: Petalen und Sepalen scheinen
sich nach hinten zu strecken, die Blüten erin-
nern an auffliegende Vögel. Besonders weiße
und leuchtende Blüten.
• *Aerangis fastuosa* Bild 4 (Madagaskar)
Sehr schöne Art mit erstaunlich großen Blüten
im Verhältnis zur Pflanzengröße.
Natürlicher Lebensraum: Epiphyt in feuchten
regenreichen Wäldern von 1000 bis 1500 m
Höhe von der Ostküste der Insel bis zu den
zentralen Hochebenen
Blütezeit: Frühling
Kultur: Temperiertes Gewächshaus, mittlere
Helligkeit; aufgebunden einfacher zu kultivieren

Schwierigkeit der Kultur: Bei hoher Luftfeuch-
tigkeit und guter Luftbewegung einfach
Pflanzengröße: Sehr kleine Pflanze, nicht über
8 cm hoch, bei älteren Exemplaren 10 bis
15 cm Blattspannweite
Blütengröße: 4,5 cm
Blütenzahl pro Blütenstand: 2 bis 4
Länge des Sporns: 10 cm
Besonderheit: Wegen der kurzen Blütenstände
wirken die Blüten wie ein Strauß.
• *Aerangis hyaloides* (Syn. *A. pumilio*) Bild 5
(Madagaskar)
Natürlicher Lebensraum: Epiphytische Art auf
Ost- und Zentralmadagaskar; sie wächst in bis
zu 1000 m Höhe, in feuchten regenreichen
Wäldern, im Schatten auf moos- und flechten-
bedeckten Ästen.
Blütezeit: Januar
Kultur: Sie bevorzugt temperierte Gewächs-
häuser mit wenig Licht.
Schwierigkeit der Kultur: Sehr einfach
Pflanzengröße: Extrem kleine Pflanze von
weniger als 15 cm Blattspannweite
Blütengröße: 0,5 cm
Länge des Sporns: 0,8 cm
Blütenzahl pro Blütenstand: 15 bis 20
Länge des Blütenstands: 5 bis 7 cm
Besonderheit: Sehr einfach zu kultivierende
Art, die den Orchideenliebhaber durch ihre
Blütenfülle (bis zu 200 Blüten!) belohnt und
das Laub nahezu unsichtbar macht. Ältere
Exemplare bilden zahlreiche Neutriebe.
• *Aerangis luteoalba* Bild 2 (Kenia, Kamerun,
Äthiopien, Uganda)
Natürlicher Lebensraum: Epiphyt feuchter Wäl-
der in 910 bis 1500 m Höhe, unter warmen und
feuchten Bedingungen; im Allgemeinen in
Flussnähe, auf moosbedeckten Ästen
Blütezeit: Winter bis Frühling
Kultur: Bevorzugt aufgebunden kultivieren und
häufig wässern
Schwierigkeit der Kultur: Einfach
Pflanzengröße: Kleine Pflanzen von etwa
15 cm Blattspannweite
Blütengröße: 3 cm
Länge des Sporns: 1 cm
Blütenzahl pro Blütenstand: 5 bis 10
Länge des Blütenstands: 15 bis 20 cm
Besonderheit: Bestimmte Hybriden haben
besonders große Blüten (mehr als 2 cm größer
als bei der Art).

Aerangis citrata ▲ **3**

Aerangis fastuosa ▲ **4**

Aerangis hyaloides (Syn. *A. pumilio*) ▲ **5**   **6** ▲ *Aerangis cryptodon*

Aeranthes

Ihre originellen Blüten in Form kleiner faszinierender Elfen hängen an langen, feinen Stielen wie an einem Faden herab und erwecken die Illusion, als würden sie in der Luft schweben.

▲1

Pflanzen-beschreibung

Schwierigkeit der Kultur: Mittel

Geografische Verbreitung: Madagaskar, Komoren und Reunion
Artenzahl: 44
Natürlicher Lebensraum: *Aeranthes*-Arten sind Epiphyten und wachsen in den Regenwäldern in 1000 bis 1500 m Höhe.
Wuchsform: Monopodial wachsende Orchideen, die nie sehr groß werden. Nur der Blütenstand kann über 150 cm lang werden. Mit Ausnahme von *A. henrici* (grünlich weiß) sind die Blüten immer grün und mehr oder weniger durchscheinend.
Die auffallendsten Arten: *A, henrici, A. ramosa*
Blütezeit: Sommer, Herbst
Blühdauer: Zwei bis drei Monate

Kultur

Licht: Sie lieben viel Licht, aber die Blätter mögen keine direkte Sonne. Von der Nordseite rate ich ab.
Temperatur: Temperiert bis warm; 15 bis 25 °C am Tag, 14 bis 18 °C in der Nacht, Unterschied Tag und Nacht 3 bis 5 °C
Kultur im Freien: Bei Arten aus gemäßigten Breiten vom 1. Juli bis 15. August, aus kühlen Regionen bis 15. September möglich
Wasser: Kalkfrei
Gießen: Während der Wachstumsperiode ausgiebig und regelmäßig, danach in größeren Abständen gießen.
Ruheperiode: Keine
Luftfeuchtigkeit: 60 bis 80 %; in trockener Umgebung verlieren die Pflanzen schnell Wasser, daher täglich sprühen und darauf achten, dass kein Wasser an den Blättern bleibt. In einer sehr feuchten Umgebung ist gute Luftbewegung erforderlich.
Umpflanzen: Alle zwei Jahre in Tontöpfe umpflanzen, um das Gewicht der Blütenstiele auszugleichen. Im Gewächshaus oder auf einer sehr feuchten Veranda eignet sich die Blockkultur besser.
Substrat: Mittlere Körnung; 80 % Rinde und 20 % Blähton
Düngung: Das ganze Jahr einen ausgewogenen Dünger verabreichen, im Frühjahr, Sommer und Herbst bei jeder zweiten, im Winter bei jeder dritten Wassergabe.

Für eine abwechslungsreiche Sammlung

• *Aeranthes ramosa* Bild 1 (Madagaskar)
Die Blütenstände dieser Art sind stark verzweigt.
Natürlicher Lebensraum: Endemische Art auf Zentralmadagaskar, in feuchten Wäldern, auf Baumstämmen mit besonders starkem Moosbewuchs; bis 1400 m Höhe
Blütezeit: Sommer bis Herbst
Kultur: Temperiert bis warm bei hoher Luftfeuchtigkeit (80 %) und guter Luftbewegung
Schwierigkeit der Kultur: Mittel
Pflanzengröße: 30 bis 40 cm Blattspannweite
Blütengröße: 7 cm
Länge des Sporns: 2 cm
Blütenzahl pro Blütenstand: 8 bis 10
Länge des Blütenstands: 150 cm! Bei ausgewachsenen Pflanzen ist dieser sehr fein, geschmeidig und verzweigt.
Duft: Angenehm
Besonderheit: Ungewöhnlich zarte Wurzeln
• *Aeranthes henrici* Bild 2 (Madagaskar)
Unbestritten eine der schönsten *Aeranthes*-Arten, aber nicht einfach zu kultivieren.
Natürlicher Lebensraum: Diese im Norden Madagaskars endemische Art wächst in 1000 m Höhe in feuchten Wäldern des Landes, wo konstante kühle Luftbewegungen herrschen.
Blütezeit: Herbst
Kultur: Kühl bis temperiert; 15 bis 25 °C am Tag, 12 bis 16 °C in der Nacht, Unterschied Tag und Nacht 5 bis 8 °C. Aufgebunden einfacher zu kultivieren, braucht eine feuchte Umgebung (80 bis 90 %) und gute Lüftung.
Schwierigkeit der Kultur: Schwierig
Pflanzengröße: 10 bis 15 cm lang, 40 bis 60 cm breit
Blütengröße: 9 cm
Länge des Sporns: 10 bis 12 cm
Blütenzahl pro Blütenstand: 2 bis 4
Länge des Blütenstands: 25 bis 30 cm
Besonderheit: Besonders dicke (4 mm) Wurzeln, daher im Topf nicht einfach zu kultivieren.

Aeranthes henrici ▲ **2**

▲ 3

• *Aeranthes filipes* Bild 3
(Madagaskar)
Eine sehr kleine Art, die für Hobby-
züchter mit wenig Platz hervorragend geeignet
ist. Sie blüht oft, die Blüte kann sich über 5 bis
6 Monate erstrecken.
Natürlicher Lebensraum: Diese Art wächst in
1400 m Höhe auf Zentralmadagaskar.
Blütezeit: Herbst
Kultur: Lässt sich im Topf und aufgebunden
kultivieren.
Schwierigkeit der Kultur: Mittel

Pflanzengröße: Blattspannweite
20 bis 30 cm
Blütengröße: 2,5 bis 3 cm
Länge des Sporns: 0,6 cm
Blütenzahl pro Blütenstand: 3 bis 4
Länge des Blütenstands: 30 bis 40 cm
Besonderheit: Ein und derselbe Blütenstand
kann mehrere Jahre lang Blüten hervorbringen.

Amesiella

Diese Gattung wurde früher zu *Angraecum* gezählt. Die Blüten der einzigen Art sind rein weiß oder weiß mit einem goldgelben Punkt in der Mitte der Lippe.

▲ 1

Pflanzenbeschreibung

Schwierigkeit der Kultur: Einfach

Geografische Verbreitung: Endemische Art auf den Philippinen
Artenzahl: 1; *Amesiella philippinensis* Bild 1 und 2
Natürlicher Lebensraum: Epiphyt in dichten Regenwäldern in 800 bis 1600 m Höhe. Sie wächst in Regionen mit großer Luftfeuchtigkeit, wo es das ganze Jahr regelmäßig regnet.
Wuchsform: Monopodial wachsende Orchidee ohne Speicherorgane. Die Blätter sind dick.
Pflanzengröße: Kleine Pflanze von 10 bis 15 cm Blattspannweite
Blütengröße: 3 cm
Blütenzahl pro Blütenstand: 3 bis 4
Länge des Blütenstands: 4 bis 5 cm
Länge des Sporns: 10 cm
Blütezeit: Winter
Blühdauer: Vier bis fünf Wochen

Kultur

Licht: Sie mag weder direktes Sonnenlicht noch viel Helligkeit.
Temperatur: Temperiert; 18 bis 25 °C am Tag, 13 bis 16 °C in der Nacht, Unterschied Tag und Nacht 5 bis 7 °C. Während Hitzeperioden mehrmals am Tag sprühen und den Kulturraum gut lüften.
Kultur im Freien: Nicht möglich
Wasser: Kalkfrei
Gießen: Das ganze Jahr über regelmäßig gießen, damit das Substrat immer leicht feucht bleibt.
Ruheperiode: Keine
Luftfeuchtigkeit: 80 bis 85 %; diese Art verliert rasch Wasser.
Umpflanzen: Alle zwei Jahre im Frühjahr umtopfen, aufgebundene Pflanzen seltener.
Substrat: Fein; 50 % Kiefernrinde, 30 % Sphagnum und 20 % Blähton
Düngung: Das ganze Jahr über einen ausgewogenen Dünger geben, im Frühjahr, Sommer und Herbst bei jeder zweiten, im Winter bei jeder dritten Wassergabe.

Amesiella philippinensis ▲ 2

Angraecum

Eine sehr schöne Gattung, deren Blüten meist nachts einen herrlichen Duft verströmen. Die Blüte, oft im Winter oder Frühling, ist spektakulär.

1 ▲

Pflanzenbeschreibung

Schwierigkeit der Kultur: Mittel, wenn sich auch manche Arten bei Zimmerkultur als recht einfach erweisen (*A. didieri, A. ramosum, A. rutenbergianum, A. distichum*). Eine Kultur der hohen *Angraecum*-Arten (*A. sesquipedale, A. eburneum*) ist außerhalb vom Gewächshaus oder einer Veranda nicht zu empfehlen.

Geografische Verbreitung: Die meisten Arten wachsen endemisch auf Madagaskar. Die anderen kommen im Osten des tropischen Afrikas, auf den Komoren, auf Réunion und Nosy Bé vor.

Artenzahl: 200

Natürlicher Lebensraum: Obwohl einige Arten lithophytisch (wachsen auf Steinen) oder halbterrestrisch sind, kann man diese Gattung als epiphytisch bezeichnen. Sie kommen in 200 bis 2000 m Höhe vor. Die Lebensbedingungen können auf Moosen in feuchten Wäldern recht mild sein oder sich auf Felsen in der prallen Sonne in 2000 m Höhe außerordentlich rau gestalten.

Wuchsform: *Angraecum* ist eine monopodial wachsende Orchidee ohne Speicherorgane. Unter den Arten herrscht eine erstaunlich große Vielfalt an Umfang, Formen, Größe der Blüten und Blatttypen. Der einzige gemeinsame Punkt: Die Blütenfarbe ist weiß, elfenbeinfarben, manchmal grünlich, aber immer hell und nachts mit herrlichem Duft, der Nachtfalter wie den berühmten *Xanthophan morgani praedicta* anlockt, von dem später wieder die Rede sein wird.

Duft: Alle Arten duften abends herrlich. Nur der Duft einer Art (*A. sesquipedale*) ist für manche Menschen unangenehm.

Blütezeit: Herbst, Winter, Frühling

Blühdauer: Vier bis acht Wochen

1 ▲ *A. eburneum* var. *seychellarum*

Ethnobotanik

Im tropischen Afrika wurden manche Arten von *Angraecum* zur Behandlung von Augenkrankheiten verwendet. Man hat die Wurzeln zerdrückt und sie als Breiumschlag aufgetragen.

Kultur

Licht: *Angraecum*-Arten mit dicken Blättern und einer Form, die an die der *Vanda* erinnert, brauchen viel Helligkeit, um blühen zu können. Das ist der Fall bei *A. eburneum, A. sesquipedale, A. sororium*, die sich nur an einem Südfenster oder in einem Gewächshaus wohl fühlen. Die kleinwüchsigen Arten hingegen und die mit feinerem Laub brauchen weniger Licht und sind im Zimmer einfach zu kultivieren. Zu diesen zählen *A. distichum, A. rutenbergianum, A. calceolus, A. scottianum, A. didieri*. Alle *Angraecum*-Arten (außer *A. sororium*) mögen von März bis November zwischen 12.00 und 18.00 Uhr keine direkte Sonne.

Temperatur: Trotz der vielfältigen Klimabedingungen und den unterschiedlichen Höhenlagen in ihren Heimatländern lassen sich die meisten Arten in einer temperierten Umgebung kultivieren: 18 bis 25 °C am Tag, 13 bis 16 °C in der Nacht, Unterschied zwischen Tag und Nacht von 5 bis 8 °C. Die bekanntesten darunter sind: *Angraecum eburneum* var. *seychellarum, A. e.* var. *typicum, A. e.* var. *longicalcar, A. e.* var. *superbum, A. e.* var. *nosy-be, A. sesquipedale, A. viguieri*

Bestimmte Arten wie *A. distichum, A. germinyanum, A. leonis, A. scottianum, A. birrimense* brauchen höhere Temperaturen (warmes Gewächshaus): 18 bis 30 °C am Tag, 16 bis 25 °C in der Nacht (Unterschied zwischen Tag und Nacht 2 bis 5 °C)

Einige seltene Ausnahmen, wie die berühmte *Angraecum sororium*, müssen in einem kalten Gewächshaus mit viel Licht und Sonne kultiviert werden.

Zur Auswahl

Die größten Arten: *A. eburnum, A. sesquipedale*

Die kleinsten Arten: *A. didieri, A. rutenbergianum, A. equitans, A. elephantinum*

Arten mit den auffallendsten Blüten: *A. elephantinum, A. didieri, A. sesquipedale*

Arten mit einfachster Kultur: *A. distichum, A. elephantinum, A. scottianum*

Arten mit dem schönsten Laub: *A. distichum, A. ramosum, A. germinyanum, A. leoni, A. superbum*

Angraecum calceolus ▲ **2**

Kultur im Freien: Bei Spezies, die unter temperierten Bedingungen wachsen vom 1. Juli bis 15. August empfehlenswert; kühl kultivierte Arten können vom 1. Juli bis 15. Oktober ins Freie, wenn die Nachttemperatur nicht unter 10 °C sinkt.

Wasser: Kalkfrei

Gießen: Während der Wachstumsphase regelmäßig und ausgiebig, danach in etwas größeren Abständen gießen.

Ruheperiode: Keine

Luftfeuchtigkeit: *Angraecum*-Arten benötigen eine hohe Luftfeuchtigkeit von 75 bis 80 %. Bei einer Kultur außerhalb des Gewächshauses müssen die Luftwurzeln und Blattunterseiten täglich übersprüht werden, während Hitzeperioden sogar mehrmals am Tag.

Umpflanzen: Die meisten *Angraecum*-Arten mögen das Verpflanzen nicht, und dennoch müssen sie es über sich ergehen lassen. Um unangenehmen Folgen vorzubeugen, besonders bei hohen Arten, sollte man das Umtopfen dann vornehmen, wenn die Pflanze gerade neue Wurzelkreise ausbildet, andernfalls besteht die Gefahr, dass sie in ihrem neuen Topf verkümmert und eingeht. Nach dem Umtopfen darf man sie zwei Wochen lang nicht gießen, aber stattdessen die Substratoberfläche alle zwei bis drei Tage etwas anfeuchten. Denken Sie daran, die Blätter weiterhin täglich zu überprühen. Für kräftige Pflanzen empfiehlt sich der Einsatz von Tontöpfen.

Substrat: Kiefernrinde (80 %) und Blähton (20 %) von mittlerer Körnung bei hohen *Angraecum*-Arten, von grober Körnung bei sehr kräftigen Pflanzen. Kleine Arten und solche, deren Wurzeln warzig sind, bevorzugen ein feines Substrat, dem man etwas Sphagnum beimischt.

Düngung: Das ganze Jahr über bei jeder zweiten Wassergabe einen ausgewogenen Dünger geben; vor der Blüte vier Monate lang eventuell durch einen Dünger mit höherer Phosphor- und Kaliumkonzentration ersetzen.

Besondere Anmerkungen: Beim Übersprühen der Blätter darauf achten, dass sich das Wasser nicht an den Ansatzstellen der Blätter sammelt. Bei sehr hoher Luftfeuchtigkeit gut durchlüften. Sehr kleine Arten wie *A. didieri*, *A. rutenbergianum*, *A. ramosum* lassen sich aufgebunden sehr gut kultivieren.

Für eine abwechslungsreiche Sammlung

• *Angraecum calceolus* Bild 2 (Madagaskar)
Natürlicher Lebensraum: Die Art wächst in den Wäldern auf bemoosten Felsen oder auf Bäumen in 1700 bis 1800 m Höhe.

Blütezeit: Sommer
Kultur: In kühler sowie temperierter Umgebung
Schwierigkeit der Kultur: Sehr einfach
Pflanzengröße: Die Pflanze mit kurzem Spross verzweigt sich leicht, bildet hübsche Büschel; 20 cm hoch, 30 bis 40 cm breit.
Blütengröße: 0,5 cm
Blütenzahl pro Blütenstand: 6 bis 10
Länge des Blütenstands: 20 bis 30 cm
Länge des Sporns: 1,2 bis 1,7 cm
Duft: Sehr zart
Besonderheit: Pflanze hat sehr kleine Blüten, aber sie ist von gewisser Anmut.

• *Angraecum compactum* Bild 3 (Madagaskar)
Diese Art wird selten kultiviert.
Natürlicher Lebensraum: Überall in den Wäldern Madagaskars in 700 bis 2000 m Höhe
Blütezeit: Frühling
Kultur: Unter warmen oder temperierten Bedingungen und geschützt von extremer Helligkeit. Die Pflanze mag keine trockene Luft und braucht ein Substrat, das Feuchtigkeit hält. Dazu gibt es zwei gute Möglichkeiten: Auf reinem Sphagnum kultivieren oder eine Mischung aus feiner Komposterde (50 %) und aus Sphagnum (50 %) verwenden.
Schwierigkeit der Kultur: Mittel
Pflanzengröße: Die Pflanze mit kurzem Spross verzweigt sich leicht; 30 cm hoch, 15 bis 20 cm breit.
Blütengröße: 5 bis 6 cm
Blütenzahl pro Blütenstand: 2 selten 3
Länge des Blütenstands: 10 bis 11 cm
Länge des Sporns: 10 bis 11 cm
Duft: Ja, in der Nacht
Besonderheit: Pflanze mit sehr dicken Blättern

• *Angraecum didieri* Bild 4 (Madagaskar)
Dies ist eine kleinwüchsige, auffallende Art.
Natürlicher Lebensraum: Epiphyt in den Wäldern von Zentral- und Ostmadagaskar, wo es im Winter ziemlich kühl und trocken ist; 600 bis 1500 m Höhe.
Blütezeit: Frühling
Kultur: Temperierte oder warme Umgebung, im Topf oder aufgebunden bei hoher Luftfeuchtigkeit und guter Luftbewegung.
Schwierigkeit der Kultur: Einfach
Pflanzengröße: 15 bis 20 cm hoch, 10 bis 15 cm breit
Blütengröße: 5 bis 6 cm
Blütenzahl pro Blütenstand: 1
Länge des Blütenstands: 8 bis 10 cm
Länge des Sporns: 13 bis 15 cm
Duft: Ja, in der Nacht
Besonderheit: Dicke warzige Wurzeln, am Ende rein weiß und grün

• *Angraecum eburneum* (Madagaskar)
Von dieser Art gibt es mehrere Varietäten. Die mit größeren Blüten sind *A. eburneum* var. *superbum* und *A. e.* var. *longicalcar*.

Angraecum compactum ▲ **3**

Angraecum didieri ▲ **4**

Die folgende Beschreibung betrifft die Varietät *A. e.* var. *typicum*, aber die Kultur ist bei allen gleich.

Natürlicher Lebensraum: Epiphyt auf Madagaskar und Seychellen

Blütezeit: Winter

Kultur: Obwohl in niedrigen Lagen heimisch, kann man *Angraecum eburneum* in temperierter Umgebung mit viel Licht kultivieren, um die Blüte anzuregen.

Schwierigkeit der Kultur: Mittel

Pflanzengröße: Kräftige ausgewachsene Pflanzen bilden zahlreiche Keikis; 100 bis 150 cm hoch, 80 bis 100 cm breit.

Blütengröße: 9 bis 10 m

Blütenzahl pro Blütenstand: 15 bis 30

Länge des Blütenstands: 50 bis 60 cm

Länge des Sporns: 5 bis 6 cm

Duft: Verströmt abends einen herrlichen Duft. *A. e.* var. *seychellarum* Bild 1 duftet auch am Tag.

Besonderheit: *A. e.* var. *longicalcar*, höchst selten auf Madagaskar, trägt die auffallendsten Blüten mit einem Sporn von 30 cm Länge.

• *Angraecum germinyanum* Bild 5 (Madagaskar)
Die Form der Pflanze und der Blüten ist besonders anmutig.

Natürlicher Lebensraum: Epiphyt in bemoosten Wäldern auf Madagaskar und Komoren in 1000 bis 2000 m Höhe

Blütezeit: Die Blüte erstreckt sich im Sommer und Herbst über mehrere Wochen.

Kultur: Temperiert oder warm; braucht hohe Luftfeuchtigkeit und gute Luftbewegung sowie wenig Licht. Sie gedeiht gut auf Korkunterlage.

Schwierigkeit der Kultur: Sehr einfach

Pflanzengröße: Kleine Pflanze, die Triebe bildet. Langer, gebogener Spross; 80 bis 100 cm hoch, 15 bis 20 cm breit.

Blütengröße: 7 bis 10 cm

Blütenzahl pro Blütenstand: 1

Länge des Blütenstands: 5 bis 7 cm

Länge des Sporns: 12 bis 13 cm

Besonderheit: Die Lippe ist nach oben gerichtet.

• *Angraecum scottianum* Bild 6 (Madagaskar)

Natürlicher Lebensraum: Diese Orchidee wächst auf Madagaskar und Komoren in 400 bis 600 m Höhe auf Ästen, die nach Osten gerichtet sind.

Blütezeit: Herbst

Kultur: An einem warmen Platz mit hoher Luftfeuchtigkeit und guter Lüftung. Obwohl diese Art in ihrer natürlichen Umgebung Vollsonne verträgt, blüht sie am besten bei wenig Licht.

Sie gedeiht gut auf Korkunterlage bei häufigem Sprühen.

Schwierigkeit der Kultur: Einfach

Pflanzengröße: Kleine, überhängende Pflanze; 20 bis 30 cm hoch, 10 bis 15 cm breit

Blütengröße: 6 cm

Blütenzahl pro Blütenstand: 1 bis 2

Länge des Blütenstands: 6 bis 10 cm

Länge des Sporns: 12 bis 15 cm

Duft: Ja, in der Nacht

Besonderheit: Runde Blätter

• *Angraecum sesquipedale* Bild 7 (Madagaskar)
Eine der schönsten Arten, sie wird auch „Stern von Madagaskar" genannt.

Natürlicher Lebensraum: Epiphyt in weniger als 100 m Höhe auf Madagaskar

Blütezeit: Spätwinter

Kultur: Warm oder temperiert. Pflanze im Herbst und Winter an einen vollsonnigen Platz stellen und einen phosphor- und kaliumreichen Dünger verabreichen; braucht hohe Luftfeuchtigkeit und Luftzufuhr.

Schwierigkeit der Kultur: Mittel, ungeeignet für Zimmerkultur

Pflanzengröße: Hochwüchsige Pflanze, 90 bis 120 cm hoch, 70 bis 80 cm breit

Blütengröße: 21 cm

Blütenzahl pro Blütenstand: 1 bis 2

Länge des Blütenstands: 30 cm

Länge des Sporns: 30 cm

Duft: In der Nachts duftet sie wenig angenehm.

Besonderheit: Wegen der Pflanzengröße und der starren Wurzeln schwer umzutopfen

• *Angraecum viguieri* Bild 8 (Madagaskar)
Ich finde diese *Angraecum*-Art am schönsten.

Natürlicher Lebensraum: Sie wächst gewissermaßen in vollsonniger Lage auf 900 m Höhe.

Blütezeit: Frühling

Kultur: Temperiert oder warm kultivieren mit viel Licht im Herbst und Winter, um die Zahl der Blüten zu erhöhen. In einem Hängetopf oder aufgebunden bei hoher Luftfeuchtigkeit und guter Luftbewegung.

Schwierigkeit der Kultur: Einfach

Pflanzengröße: Mittlere Wuchshöhe, 70 bis 80 cm hoch, 20 cm breit

Blütengröße: 15 cm

Blütenzahl pro Blütenstand: 1 manchmal 2

Länge des Blütenstands: 7 bis 8 cm

Länge des Sporns: 10 bis 1 cm

Duft: Ja

Besonderheit: Lippe löffelartig geformt; bernsteinfarbene Blüte

Angraecum germinyanum ▲5   6▲ Angraecum scottianum

Angraecum sesquipedale ▲7   8▲ Angraecum vigueri

Anguloa

Diese wunderschöne Orchidee wird wegen der Form ihrer Blüten manchmal auch „Tulpenorchidee" genannt. Sie wird oft mit der Gattung *Lycaste* gekreuzt (*Angulocaste*).

Pflanzenbeschreibung

Schwierigkeit der Kultur: Einfach

Geografische Verbreitung: Kolumbien, Peru, Bolivien und Venezuela
Artenzahl: 9, sowie 3 natürliche Hybriden
Natürlicher Lebensraum: Terrestrische Orchideen in lichten Wäldern inmitten von Dickichten in 1200 bis 2300 m Höhe
Wuchsform: Hochwüchsige, sympodial wachsende Pflanzen, die ihre Blätter abwerfen, wenn die Neutriebe oder Blüten erscheinen. An der Basis der Pseudobulben entspringen mehrere aufrechte einblütige Blütenstände.
Duft: Ja
Blütezeit: Winter oder Frühjahr
Blühdauer: Fünf bis sieben Wochen

Kultur

Diese Art stellt hohe Ansprüche an den Kulturstandort.
Licht: Sie mag im Sommer keine Mittagssonne und bevorzugt die Morgen- oder Nachmittagssonne. Im Winter ist viel Licht erforderlich, um die Entwicklung der Blütenstände anzuregen.
Temperatur: 15 bis 21 °C am Tag, 10 bis 16 °C in der Nacht, Unterschied Tag und Nacht mindestens 8 °C. Diese Arten werden in einem temperierten oder kühlen Gewächshaus kultiviert. Bei Zimmerkultur brauchen sie einen kühlen und hellen Bereich. Im Sommer vertragen sie auch höhere Tagestemperaturen, wenn die Luftfeuchtigkeit hoch und die Luftbewegung ausreichend ist. Im Winter, wenn die Wassergaben stark reduziert sind, kann die Temperatur nachts auf 4 oder 5 °C zurückgehen.
Kultur im Freien: Von Juni bis September unter einem Baum in Ost- oder Westseite
Wasser: Kalkfrei
Gießen: Während der Entwicklung der Pseudobulben ausgiebig und regelmäßig gießen, um das Substrat leicht feucht zu halten. Danach die Abstände vergrößern und das Substrat zwischen den Wassergaben austrocknen lassen, aber die Pseudobulben dürfen nicht schrumpfen.

Ruheperiode: Ja; nach dem Ausreifen der Pseudobulben seltener gießen.
Luftfeuchtigkeit: 50 bis 60 % oder mehr bei ausreichend Luftzufuhr, um der Pilzbildung auf den Blättern vorzubeugen (die Schwäche von *Anguloa* und *Lycaste*)
Umpflanzen: Alle zwei Jahre, zum Zeitpunkt, wenn das Wachstum eingestellt wird, besser in Tontöpfen
Substrat: Eine Mischung aus 60 % Rinde (fein oder mittel), 30 % Sphagnum und 10 % Blähton
Düngung: Sobald Neutriebe erscheinen, drei Monate lang einen Stickstoffdünger, danach einen phosphor- und kaliumreichen Dünger verabreichen, der die Blütenbildung begünstigt. Keine Düngergaben in der Ruheperiode.
Besondere Anmerkungen: Während Hitzeperioden die Blattunterseiten gründlich übersprühen, um einem Wasserentzug der Pflanze sowie dem Befall von Spinnmilben vorzubeugen.

Für eine abwechslungsreiche Sammlung

• *Anguloa clowesii* Bild 1 und 2 (Venezuela, Kolumbien)
Natürlicher Lebensraum: Terrestrische Art in lichten Wäldern in 1800 m Höhe
Blütezeit: Winter
Kultur: Wie oben
Schwierigkeit der Kultur: Einfach
Pflanzengröße: 80 bis 90 cm hoch, Pseudobulben 12 bis 18 cm lang
Blütengröße: Große Blüte von 7 cm Höhe
Blütenzahl pro Blütenstand: 1
Länge des Blütenstands: 12 bis 17 cm
Duft: Nach Anis, Fenchel
• *Anguloa uniflora* (in Peru endemisch) Bild 3
Blütezeit: Winter bis Frühjahr
Kultur: Wie oben
Schwierigkeit der Kultur: Einfach
Pflanzengröße: 40 bis 60 cm hoch; Pseudobulben 15 cm, Blätter 55 cm lang
Blütengröße: Große Blüte von 5 bis 6 cm Höhe
Blütenzahl pro Blütenstand: 1
Länge des Blütenstands: 11 cm
Duft: Nicht aufdringlich

Zur Auswahl
Stark duftende Arten: *A. clowesii*, *A. brevilabris*, *A. cliftonii*, *A. eburnea*, *A. hohenlohii*

Anguloa clowesii ▲ **1**

2 ▲ *Anguloa clowesi*

Anguloa uniflora ▲ **3**

4 ▲ *Anguloa brevilabris*

▲ 1

Ansellia

Die Pflanze ist wegen ihrer Größe und ihrer Blütenstände besonders auffallend. Ihren gelben Blüten mit braunen Flecken verdankt sie den Beinamen „Leopardenorchidee".

Pflanzenbeschreibung

Schwierigkeit der Kultur: Mittel; Blütenbildung ist bei Zimmerkultur schwierig.

Geografische Verbreitung: Tropisches Afrika
Artenzahl: Eine Art in mehreren Farbvarianten
Natürlicher Lebensraum: *Ansellia africana* wächst auf Bäumen, seltener auf exponierten Felsen oder auf dem Boden in lichten, warmen und ziemlich trockenen Wäldern. Sie ist fast das ganze Jahr mäßigen Regenfällen ausgesetzt und kommt unter 700 m Höhe vor.
Wuchsform: Große Pflanze mit hohen Pseudobulben, denen mehrere große verzweigte Blütenstände entspringen, die eine Vielzahl kleiner Blüten tragen.
Pflanzengröße: 90 bis 150 cm
Blütengröße: 3 cm
Blütenzahl pro Blütenstand: 10 bis 100
Länge des Blütenstands: 30 bis 45 cm
Duft: Intensiv
Blühdauer: Acht bis zehn Wochen

Kultur

Licht: *Ansellia* liebt viel Licht, besonders im Winter, mag aber von Februar bis Mitte November keine direkte Sonne während der heißen Stunden. Außerhalb dieser Periode wird die Blütenbildung durch Vollsonne begünstigt.

Temperatur: Sie mag es warm; 18 bis 30 °C am Tag, 16 bis 25 °C in der Nacht, Unterschied Tag und Nacht 3 bis 4 °C.
Kultur im Freien: In warmen Sommern vom 1. Juli bis 15. August möglich
Wasser: Kalkfrei
Gießen: Während der Entwicklung der Pseudobulben regelmäßig und ausgiebig gießen. Das Substrat muss zwischen den Wassergaben leichter werden. Nach der Entwicklung der Pseudobulben Gießabstände vergrößern, um die Blüte anzuregen. Die Pseudobulben dürfen nicht schrumpfen.
Ruheperiode: Keine
Luftfeuchtigkeit: 70 bis 75 %; gut lüften und die jungen Triebe nicht benetzen.
Umpflanzen: Alle zwei Jahre bevorzugt in Tontöpfe umtopfen, damit die Pflanze nicht umfällt (außerhalb der Blütezeiten, wenn die Neutriebe erscheinen).
Substrat: Für mittelgroße Pflanzen ein Substrat von mittlerer Körnung verwenden, für hohe Pflanzen gröberes Substrat; 80 % Kiefernrinde und 20 % Blähton.
Düngung: Während der Entwicklung der Pseudobulben drei Monate lang bei jeder zweiten Wassergabe düngen. Das ganze Jahr über einen ausgewogenen Dünger geben oder ab dem Erscheinen der Neutriebe drei Monate lang einen stickstoffreichen, dann einen phosphor- und kaliumreichen Dünger verabreichen, um die Blütenbildung zu fördern.

Ethnobotanik

Es wird berichtet, dass bestimmte Stämme einen Aufguss aus den Pseudobulben tranken oder die Wurzeln der Pflanze verbrannten und den Rauch inhalierten, um böse Träume zu vertreiben.
Andere Stämme gewannen aus den Pseudobulben einen Klebstoff, um damit die Federn an ihre Pfeile zu kleben. In Senegal wurde ein Absud der Pflanze dazu verwendet, kranke Elefanten damit zu befeuchten.
Der Pflanzensaft und der Saft der Wurzeln sollen gegen Malaria helfen.
Einige Tropfen heißen Pflanzensafts in die Ohren geträufelt, lindert Ohrenschmerzen.

Besondere Anmerkung

In unseren Gewächshäusern wächst eine *Ansellia africana* Bild 1 und 2 seit mehr als 45 Jahren. Diese prächtige Pflanze erregte die Bewunderung eines unserer Kunden, der in Afrika war und ein so schönes Exemplar in seiner natürlichen Umgebung noch nie gesehen hatte.

Ansellia africana ▲ **2**

Ascocentrum

Eine bezaubernde Gattung mit vielen Qualitäten: Die Blüten der Miniaturpflanze erscheinen zahlreich und sind sehr farbenfroh. Durch die Kreuzung von *Ascocentrum* mit der verwandten *Vanda* erhält man kompakte Pflanzen, die einfacher zu kultivieren sind als *Vanda* und blühfreudiger, aber bunter und größer als *Ascocentrum*.

Pflanzenbeschreibung

Schwierigkeit der Kultur: Einfacher als bei *Vanda*, sie braucht aber höhere Luftfeuchtigkeit.

Geografische Verbreitung: Himalaya, Thailand, Myanmar, Malaysia, Borneo, Philippinen, Indien
Artenzahl: 5
Natürlicher Lebensraum: Epiphyten in Wäldern mit alten Bäumen, in 100 bis 1000 m Höhe. Im Frühjahr und Sommer nutzen sie die täglichen Regenfälle, danach überstehen sie eine Trockenzeit von vier Monaten. Die Orchideen ohne Pseudobulben speichern die nächtliche Feuchtigkeit in ihren dicken Blättern.
Wuchsform: Die kleine sympodial wachsende Pflanze entwickelt zahlreiche Luftwurzeln. Mehrere Blütenstände werden an der Sprossachse zwischen den Blättern gebildet.
Die meisten Arten verzweigen sich und bilden hübsche Büschel.
Blütezeit: Frühling bis Sommer
Blühdauer: Drei bis vier Wochen

Kultur

Licht: Sie braucht viel Licht, um zu blühen. Von Mitte Februar bis Ende Oktober mag sie kein direktes Sonnenlicht am Mittag und sollte an einem Ost- oder Westfenster stehen. Im Winter wächst sie auf der Südseite besser.
Temperatur: Sie mag es warm; 20 bis 30 °C am Tag, 18 bis 20 °C in der Nacht, Unterschied Tag und Nacht 2 bis 5 °C.
Kultur im Freien: 1. Juli bis 15. August unter einem Baum
Wasser: Kalkfrei
Gießen: Im Frühjahr und Sommer regelmäßig und ausgiebig gießen. Im Herbst und Winter die Gießabstände vergrößern und den Topf dazwischen deutlich leichter werden lassen.
Ruheperiode: Keine in der Kultur
Luftfeuchtigkeit: 80 bis 85 % bei guter Luftbewegung. In trockenen und warmen Perioden mehrmals am Tag gründlich sprühen und dabei darauf achten, dass das Wasser sich nicht an den Ansatzstellen der Blätter ansammelt.
Umpflanzen: Alle zwei Jahre nach der Blüte. Pflanzen in Körben oder auf Unterlage sind ideal bei konstanter und hoher Luftfeuchtigkeit.
Substrat: Mittlere Körnung; 80 % Kiefernrinde, 20 % Blähton
Düngung: Das ganze Jahr über einen ausgewogenen Dünger geben, im Frühjahr, Sommer und Herbst bei jeder zweiten, im Winter bei jeder dritten Wassergabe.
Besondere Anmerkungen: Man sollte die Pflanzen aufhängen, da sie sehr lange Luftwurzeln bilden.

Für eine abwechslungsreiche Sammlung

• *Ascocentrum ampullaceum* Bild 1 (Nepal, Myanmar, Thailand, Laos)
Natürlicher Lebensraum: Epiphytische Art in alten Wäldern in 100 bis 1000 m Höhe
Blütezeit: Frühling
Kultur: Wie oben
Schwierigkeit der Kultur: Im Gewächshaus oder auf Veranda einfach
Pflanzengröße: 15 bis 20 cm hoch, 25 bis 30 cm breit
Blütengröße: 1,5 bis 2 cm
Blütenzahl pro Blütenstand: 10 bis 20
Länge des Blütenstands: 15 bis 20 cm
Besonderheit: Neben der fuchsiaroten *A. ampullaceum* gibt es auch eine Variätät mit orangefarbenen Blüten (*A. a.* var. *aurantiacum*). Die Blätter sind braun gepunktet.
• *Ascocentrum miniatum* Bild 2 (Malaysia, Thailand, Vietnam, Java, Philippinen)
Natürlicher Lebensraum: Epiphytische Art in alten Wäldern in bis zu 1000 m Höhe
Blütezeit: Frühling
Kultur: Wie oben
Schwierigkeit der Kultur: Im Gewächshaus oder auf Veranda einfach
Pflanzengröße: 15 bis 30 cm hoch, 15 bis 40 cm breit
Blütengröße: 1,2 bis 1,5 cm
Blütenzahl pro Blütenstand: 10 bis 20
Länge des Blütenstands: 10 bis 25 cm
Besonderheit: Bei den Hybriden dominiert das lebhafte Orange der Blüten, welches über mehrere Generationen weitergegeben wird.

Ascocentrum ampullaceum ▲ 1

Ascocentrum miniatum ▲ 2

Barkeria

Eine Gattung mit anmutigen und blühfreudigen Pflanzen.

Pflanzenbeschreibung

Schwierigkeit der Kultur: Einfach

Geografische Verbreitung: Costa Rica, Venezuela, Mexiko, Guatemala, Nicaragua
Artenzahl: 10
Natürlicher Lebensraum: Die meisten Arten wachsen epiphytisch auf Eichen in den lichten Wäldern in 800 bis 2000 m Höhe. Sie durchstehen eine Periode ziemlich heftiger Regenfälle, danach eine Trockenzeit. Nur wenige sind lithophytisch.
Wuchsform: Pflanzen mit langen, dünnen Pseudobulben, an deren Spitzen die Blütenstände entspringen.
Pflanzengröße: Sie variiert je nach Art von 60 bis 120 cm.
Blütengröße: 4 bis 6 cm
Blütenzahl pro Blütenstand: Außer bei *Barkeria uniflora* viele Blüten (bis 20)
Länge des Blütenstands: Je nach Art 40 bis 60 cm
Blütezeit: Acht Wochen

Kultur

Die Kultur ist bei allen *Barkeria*-Arten gleich.
Licht: Sie brauchen viel Licht im Winter, der einzigen Zeit, in der sie Vollsonne vertragen. Im Frühjahr, Sommer und Herbst müssen sie in der warmen Tageszeit beschattet werden.
Temperatur: Sie wachsen sehr gut in einem kühlen bis temperierten Gewächshaus bei 15 bis 27 °C am Tag, 10 bis 16 °C in der Nacht, Unterschied Tag und Nacht 5 bis 10 °C. Bei entsprechender Wasserversorgung halten Sie im Sommer die Hitze aus und bevorzugen im Winter während der Ruheperiode die Kühle.
Kultur im Freien: Von Juni bis September an einem Baum auf der Ost- oder Westseite aufhängen.
Wasser: Kalkfrei

Gießen: Während der gesamten Wachstumsperiode ausgiebig und regelmäßig gießen. Am natürlichen Standort können sie die Trockenzeit aushalten, in Kultur müssen sie im Winter etwas gewässert werden. Die Pseudobulben dürfen nicht schrumpfen. Nach Beendigung der Wachstumsphase werden die Blätter teilweise abgeworfen.
Ruheperiode: In dieser Zeit (im Winter) werden die Pflanzen ziemlich trocken und kühl gehalten.
Luftfeuchtigkeit: 60 bis 65 %; die Blätter während Hitzeperioden gründlich übersprühen.
Umpflanzen: *Barkeria*-Arten eignen sich nicht gut für die Topfkultur, da sie nur Luftwurzeln außerhalb des Gefäßes bilden und selten Wurzeln im Substrat entwickeln. Die ausgewachsenen Exemplare fühlen sich aufgebunden wohler.
Substrat: Für Jungpflanzen ein feines (60 % Kiefernrinde, 20 % Sphagnum, 10 % Blähton), für ältere Pflanzen im Topf ein Substrat von mittlerer Körnung im selben Verhältnis verwenden.
Düngung: Während der Wachstumsphase bei jeder zweiten, wenn die Pseudobulben voll entwickelt sind, bei jeder dritten Wassergabe düngen. Wenn die Neutriebe erscheinen drei Monate lang einen ausgewogenen oder stickstoffreichen, dann einen phosphor- und kaliumreichen Dünger geben, um die Blütenbildung zu fördern. Im Winter nicht düngen.

▲ 1

▲ **2** *Barkeria skinneri*

> **Zur Auswahl**
> Arten, die häufig kultiviert werden:
> *B. skinneri* Bild **2**, *B. lindleyana* Bild **1** und **3**, *B. uniflora* Bild **4**

Barkeria lindleyana 'Alba' ▲ 3

Barkeria uniflora ▲ 4

Bifrenaria

Eine Gattung, deren Arten große, oft duftende Blüten tragen. Die bekanntesten unter ihnen sind *Bifrenaria atropurpurea* Bild 1, *Bifrenaria harrisoniae* und *Bifrenaria harrisoniae* var. *alba*. Alle duften herrlich.

▲1

Pflanzenbeschreibung

Schwierigkeit der Kultur: Einfach zu kultivieren, aber schwierig zum Blühen zu bringen. Eine Zimmerkultur ist nicht zu empfehlen.

Geografische Verbreitung: Tropisches Amerika
Artenzahl: 30
Natürlicher Lebensraum: Epiphytische oder lithophytische Pflanzen der Breiten mit regelmäßigen Regen- und Trockenzeiten
Wuchsform: Sympodial wachsende Pflanzen, die sich ziemlich schnell entwickelt. Die Blütenstände entspringen an der Basis der Pseudobulben.
Duft: Bei den meisten Arten
Blütezeit: Frühling bis Sommer
Blühdauer: Vier bis fünf Wochen

Kultur

Licht: Das ist mit Sicherheit die Schwachstelle dieser Pflanzen, die sehr viel Licht benötigen, um zu blühen. Im Winter ist eine vollsonnige Lage erforderlich, im Frühjahr, Sommer und Herbst morgens und abends direkte Sonne; in den Mittagsstunden vor Sonnenstrahlen schützen.
Temperatur: Temperiert; 18 bis 25 °C am Tag, 13 bis 16 °C in der Nacht, Unterschied Tag und Nacht 5 bis 10 °C
Kultur im Freien: 1. Juni bis 15. September oder länger, wenn die Temperaturen es erlauben
Wasser: Kalkfrei
Gießen: Während der Entwicklung der Pseudobulben regelmäßig gießen und das Substrat sollte etwas feucht bleiben. Danach in größeren Abständen gießen (der Topf sollte zwischen den Wassergaben leichter werden). Die Neutriebe dürfen wegen ihrer offenen Form nicht benetzt werden, da sie leicht faulen können.
Ruheperiode: Keine
Luftfeuchtigkeit: Das ganze Jahr über 75 bis 80 %
Umpflanzen: *Bifrenaria* mag das Umtopfen nicht, das nur erforderlich wird, wenn das Substrat sich zersetzt oder der Topf zu klein ist.

In jedem Fall darf man während der aktiven Wachstumsphase nicht umpflanzen. Diese Gattung gedeiht aufgebunden besser, wenn die Luftfeuchtigkeit der Umgebung hoch genug ist (mindestens 80 %).
Substrat: Mittlere Körnung; 60 % Rinde, 20 %Blähton, 20 % Sphagnum
Düngung: Außer im Winter einen ausgewogenen Dünger geben; im Frühjahr und Sommer bei jeder zweiten, im Herbst bei jeder dritten Wassergabe.
• *Bifrenaria harrisoniae* Bild 2, 3 und 4 (Brasilien, Umgebung von Rio)
Natürlicher Lebensraum: Die Art wächst an den Osthängen von Felsen in 200 bis 800 m Höhe. Die ständigen Luftbewegungen in diesen Breiten schützen sie vor Verbrennungen durch die Sonne.
Blütezeit: Frühling
Kultur: Wie oben
Schwierigkeit der Kultur: Außerhalb des Gewächshauses schwierig
Pflanzengröße: 25 bis 30 cm; einblättrige Pseudobulben 5 bis 9 cm, Blätter 15 bis 20 cm lang
Blütengröße: 7 bis 8 cm
Blütenzahl pro Blütenstand: 1, manchmal 2
Länge des Blütenstands: 5 cm
Duft: Nach Zitrone
Besonderheit: Lange Blütezeit

►2

Bifrenaria harrisoniae var. *rosea* ▲ **3**

Bifrenaria harrisoniae var. *alba* ▲ **4**

Bollea

Eine Gattung mit großen, auffallend bizarren Blüten.

Pflanzenbeschreibung

Schwierigkeit der Kultur: Mittel

Geografische Verbreitung: Brasilien, Kolumbien, Ecuador, Venezuela, Guyana
Artenzahl: 6
Natürlicher Lebensraum: Epiphyten tropischer Wälder in weniger als 2000 m Höhe. Sie wachsen auf Bäumen an fließenden Gewässern in warmen, feuchten und schattigen Breiten.
Wuchsform: *Bollea*-Arten bilden keine Pseudobulben Die Blütenstände entspringen an der Basis der dichten Blätter.
Pflanzengröße: Mittelgroß, 20 bis 30 cm hoch, 30 bis 60 cm breit
Blütengröße: 7 bis 8 cm
Blütenzahl pro Blütenstand: 1
Länge des Blütenstands: 10 bis 15 cm
Duft: Bei einigen Arten
Blütezeit: Winter bis Frühling
Blühdauer: Vier Wochen

Kultur

Licht: Sie brauchen wenig Licht und eignen sich für alle Standorte mit Ausnahme der Südseite in den Sommermonaten. Zu viel Licht hat das Vergilben der Blätter zur Folge.
Temperatur: Sie mögen es warm; 18 bis 30 °C am Tag, 18 bis 25 °C in der Nacht, Unterschied Tag und Nacht 2 bis 5 °C.
Kultur im Freien: 1. Juli bis 15. August, wenn die Temperaturen es erlauben und die Luft nicht zu trocken ist. Pflanze an einem Baum aufhängen.
Wasser: Kalkfrei
Gießen: Den Temperaturen und dem Licht entsprechend das ganze Jahr über regelmäßig gießen. Im Frühjahr und Sommer das Substrat nicht austrocknen lassen, junge Triebe nicht benetzen.
Ruheperiode: Keine
Luftfeuchtigkeit: 80 bis 85 %; während Hitzeperioden die Substratoberfläche regelmäßig befeuchten, die Blätter übersprühen, die Pflanze in den Schatten stellen.
Umpflanzen: Alle zwei Jahre im Frühjahr umtopfen.
Substrat: Mittlere Körnung; 70 % Kiefernrinde, 20 % Sphagnum, 10 % Blähton
Düngung: Das ganze Jahr über regelmäßig düngen, im Frühjahr und Sommer bei jeder zweiten, im Herbst und Winter bei jeder dritten Wassergabe. Einen ausgewogenen Dünger verwenden.

Bollea violacea ▲ 1

Bollea cœlestis ▲ 2

Brassavola

Eine Gattung, die bei Sammlern sowohl wegen des Duftes der Blüten als auch wegen ihrer Anmut beliebt ist.

▲1

Pflanzenbeschreibung

Schwierigkeit der Kultur: Im Gewächshaus oder auf Veranda einfach, im Haus schwieriger

Geografische Verbreitung: Mittelamerika, Brasilien, Argentinien
Artenzahl: 15
Natürlicher Lebensraum: Epiphyten tropischer Wälder, in bis zu 1800 m Höhe. Sie mögen Lichtungen, wo es sehr hell ist.
Wuchsform: Ziemlich kleine Pflanzen ohne Pseudobulben (durch Sprosse ersetzt). Die Blätter sind dick, rund oder halbrund.
Duft: Abends sehr angenehm
Blütezeit: Frühling, Sommer, Herbst
Blühdauer: Zwei bis drei Wochen

Kultur

Licht: Die dicken Blätter weisen darauf hin, dass die Pflanzen viel Licht brauchen, um Blüten zu bilden. Sie müssen auf der Südseite kultiviert und von März bis November in den Mittagsstunden beschattet werden.
Temperatur: Manche Arten mögen es warm: 18 bis 30 °C am Tag, 16 bis 25 °C in der Nacht, Unterschied Tag und Nacht 2 bis 5 °C; andere Arten eher temperiert: 18 bis 25 °C am Tag, 13 bis 16 °C in der Nacht, Unterschied Tag und Nacht 5 bis 8 °C.
Kultur im Freien: 1. Juli bis 15. August
Wasser: Kalkfrei
Gießen: Im Topf muss das Substrat im Sommer feucht sein, im Winter zwischen den Wassergaben austrocknen, wobei das Laub nicht runzelig werden darf. Aufgebundene Pflanzen öfter übersprühen, auch mehrmals am Tag bei einer Luftfeuchtigkeit unter 60 % und hohen Temperaturen.
Ruheperiode: Keine
Luftfeuchtigkeit: 60 bis 70 %; wenn darüber, gut durchlüften.
Umpflanzen: Alle zwei Jahre in ein Substrat von mittlerer Körnung. Wegen der Länge der Blätter, die den Topf instabil machen, ist eine Kultur auf Unterlage oder in einem Hängetopf praktischer.
Substrat: Durchlässiges Substrat mittlerer Körnung, um Fäulnis vorzubeugen; 80 % Kiefernrinde, 20 % Blähton. Sie können Rinde feiner und mittlerer Körnung mischen, wenn die Letztere Ihnen zu grob erscheint.
Düngung: Ausgewogener Dünger. Topfkulturen im Frühjahr, Sommer und Herbst bei jeder zweiten, im Winter bei jeder dritten Wassergabe düngen. Aufgebundene Pflanzen im Frühjahr und Sommer alle acht Tage, im Winter alle 14 Tage düngen.

Für eine abwechslungsreiche Sammlung

• *Brassavola nodosa* Bild 2 und 3 (Mexiko, Kolumbien, Venezuela, Guyana)
Natürlicher Lebensraum: Im Allgemeinen epiphytisch, manchmal lithophytisch; sie wächst in feuchten und sehr hellen Lagen unter 500 m Höhe.
Blütezeit: Sommer bis Herbst
Kultur: Bei warmen Temperaturen. Bei einer Kultur in sehr feuchter Umgebung mit guter Lüftung darf die Pflanze im Sommer nach und nach in die pralle Sonne.
Schwierigkeit der Kultur: Einfach
Pflanzengröße: 25 bis 35 cm
Blütengröße: 9 cm
Blütenzahl pro Blütenstand: 5 bis 6
Länge des Blütenstands: 20 cm
Duft: Nachts sehr angenehm
• *Brassavola cucullata* Bild 1 (von Mexiko bis Venezuela)
Natürlicher Lebensraum: Epiphytisch oder lithophytisch, in bis zu 1800 m hohen Lagen
Blütezeit: Sommer, Herbst
Kultur: Warm oder temperiert
Schwierigkeit der Kultur: Einfach
Pflanzengröße: 25 bis 30 cm
Blütengröße: 15 cm
Blütenzahl pro Blütenstand: 2 bis 3
Länge des Blütenstands: 15 cm
Duft: Nachts sehr angenehm
Besonderheit: Blüten haben überhängende Petalen und Sepalen.

Brassavola nodosa ▲ 2

Brassavola nodosa ▲ 3

Brassia

Manche Menschen finden, dass die *Brassia*-Arten unheimliche, animalische, bizarre Formen aufweisen, andere sind von ihnen fasziniert und finden sie prächtig.

Pflanzen-beschreibung

Schwierigkeit der Kultur: Mittel
Geografische Verbreitung: Brasilien, Peru, Costa Rica, Mexiko, Guatemala, Ecuador, Panama
Artenzahl: Etwa 25
Natürlicher Lebensraum: In Regenwäldern auf bemoosten Bäumen, in 0 bis 1800 m Höhe. Sie profitieren von den starken Regenfällen im Frühling und Sommer.
Wuchsform: Flache Pseudobulben werden von ein bis drei feinen Blättern überragt; an der Basis entspringen die Blütenstände. Schnelles Wachstum.
Duft: Bei den meisten Arten
Blütezeit: Frühling, Sommer, Herbst
Blühdauer: Vier bis sechs Wochen

Kultur

Licht: Bevorzugt Südseite ohne direkte Sonne zwischen 11.00 bis 18.00 Uhr von Mitte Februar bis Mitte November. Mittags beschatten.
Temperatur: 18 bis 25 °C am Tag, 13 bis 16 °C in der Nacht, Unterschied Tag und Nacht 5 bis 10 °C. Alle im temperierten Gewächshaus, *B. verrucosa* im Winter kühler stellen.
Kultur im Freien: Von Juni bis September
Wasser: Kalkfrei
Gießen: Ausgiebig und regelmäßig während der Bildung von Pseudobulben, im Winter seltener wässern (Topf zwischen den Wassergaben leichter werden lassen).
Ruheperiode: Keine
Luftfeuchtigkeit: 70 bis 80 % bei Luftzufuhr
Umpflanzen: Alle zwei Jahre, wenn neue Pseudobulben erscheinen.
Substrat: Mittlere Körnung, gut durchlässig; 60 % Kiefernrinde, 20 % Sphagnum, 20 % Blähton
Düngung: Im Wachstum bei jeder zweiten, danach bei jeder dritten Wassergabe. Beim Erscheinen der Neutriebe drei Monate lang einen stickstoffreichen, danach phosphor- und kaliumreichen Dünger geben, um die Blüte zu fördern.

▲1 *Brassia edvah*

Für eine abwechslungs-reiche Sammlung

• *Brassia arcuigera* Bild 2 (Costa Rica, Kolumbien, Panama, Venezuela)
Natürlicher Lebensraum: Epiphyt feuchter Regenwälder in Höhen bis zu 1800 m
Blütezeit: Sommer bis Herbst
Kultur: Siehe oben
Schwierigkeit der Kultur: Einfach
Pflanzengröße: 30 bis 50 cm hoch; flache Pseudobulben von 4 bis 16 cm
Blütengröße: Bis zu 30 cm lang
Blütenzahl: 6 bis 15
Länge des Blütenstands: 25 bis 40 cm
Duft: Angenehm
Besonderheit: Die Blüten sind aneinander gereiht.
• *Brassia caudata* (Guatemala, Florida, Mexiko, Costa Rica, Peru, Bolivien, Honduras) Bild 3
Natürlicher Lebensraum: Auf bemoosten Bäumen in feuchten Wäldern unter 1200 m Höhe
Blütezeit: Sommer
Kultur: Siehe oben
Schwierigkeit der Kultur: Einfach
Pflanzengröße: 40 bis 50 cm hoch; flache Pseudobulben von 6 bis 15 cm Länge mit 2 oder 3 Blättern
Blütenzahl: 3 bis 12
Länge des Blütenstands: 30 bis 40 cm
Duft: Angenehm
• *Brassia verrucosa* Bild 4 (Guatemala, Honduras, Nicaragua, Venezuela)
Natürlicher Lebensraum: Epiphyt oder Lithophyt in den Regenwäldern in bis zu 1600 m Höhe
Blütezeit: Frühling bis Sommer
Kultur: Im Winter 15 bis 20 °C am Tag, 8 bis 14 °C in der Nacht (Unterschied Tag und Nacht 8 bis 10 °C) für schöne Blütenbildung. Weniger gießen, die Pseudobulben etwas schrumpfen lassen; bis zum Erscheinen von Neutrieben viel Licht bieten, danach temperierte Bedingungen.
Schwierigkeit der Kultur: Art blüht nicht so leicht.
Pflanzengröße: 40 bis 50 cm; dicke Pseudobulben von 6 bis 15 cm mit zwei Blättern
Blütengröße: Bis zu 20 cm lang
Blütenzahl: 5 bis 15
Länge des Blütenstands: 40 bis 65 cm
Duft: Unangenehmer Moschusduft
Besonderheit: Beiname „Spinnenorchidee"

Brassia arcuigera ▲ 2

Brassia caudata ▲ 3   4 ▲ Brassia verrucosa

Bulbophyllum, Cirrhopetalum und Megaclinium

Diese drei Gattungen sind heute zu einer einzigen Gattung vereint: *Bulbophyllum*. Ich bevorzuge jedoch die Unterscheidung nach der ehemaligen Klassifizierung:
– *Cirrhopetalum* mit doldenförmig angeordneten Blüten;
– *Bulbophyllum* mit ährenförmig angeordneten oder endständigen Blüten;
– *Megaclinium* mit Blüten, die an einem etwas merkwürdigen flachen Blütenstand auf beiden Seiten angeordnet sind.

▲1

Pflanzenbeschreibung

Schwierigkeit der Kultur: Bei den meisten Arten einfach, auch im Zimmer

Geografische Verbreitung: In ganz Asien (vor allem Malaysia und Neuguinea), aber auch in Afrika, Australien, Mittelamerika und Südamerika
Artenzahl: 1200
Natürlicher Lebensraum: Epiphyten in mehr oder weniger dichten Wäldern, in bis zu 2000 m Höhe
Wuchsform: Sympodial wachsende Pflanzen; Pseudobulben entwickeln sich an einem langen, kriechenden Rhizom und tragen je ein feines oder dickes Blatt, manchmal zwei oder drei Blätter. Die Blütenstände entspringen nur an der Basis der Pseudobulben, nie an deren Ende oder Seite. Die neuen Pseudobulben entwickeln sich auf denen des Vorjahres.
Besondere Form der Blüten: Die Lippe ist mit einem Staubfaden an der Basis der Säule befestigt. Sie ist daher sehr beweglich und dient dazu, das bestäubende Insekt zu den Geschlechtsorganen der Blüte zu führen. Diese Insekten werden vom Duft der Blüten angelockt, den wir oft als unangenehm empfinden. Die seitlichen Sepalen von manchen Arten sind zusammengewachsen und geben der Blüte eine eher langgestreckte als breite Form.
Duft: Angenehm duftende Arten sind selten, die meisten riechen entsetzlich!
Blütezeit: Vor allem im Frühling und Sommer, aber auch im Herbst und Winter
Blühdauer: Drei bis acht Wochen

▲1 *Bulbophyllum lobbii*

Kultur

Man kann mit Recht annehmen, dass nicht alle dieser unterschiedlichen Pflanzen von großer Vielfalt einfach zu kultivieren sind. Manche Arten brauchen kühle Temperaturen und können im Zimmer nicht kultiviert werden.
Licht: Ein Südfenster ist ideal für alle Arten, um schöne Blüten zu bekommen. Im Gewächshaus werden sie oben aufgehängt.
Temperatur: Warm, temperiert oder kühl.
Warm: 18 bis 30 °C am Tag, 16 bis 25 °C nachts
Temperiert: 18 bis 25 °C, 14 bis 16 °C nachts
Kühl: 15 bis 20 °C am Tag, 8 bis 14 °C nachts
Kultur im Freien: Arten aus dem Warmhaus vom 1. Juli bis 15. August; aus dem temperiertem Haus vom 1. Juni bis 15. September; aus dem Kalthaus vom 1. Juni bis 15. Oktober
Wasser: Kalkfrei
Gießen: Während des Wachstums ausgiebig und regelmäßig, danach in größeren Abständen (Substrat austrocknen lassen) gießen.
Ruheperiode: Keine; einfach weniger gießen.
Luftfeuchtigkeit: 40 bis 60 %; wenn sie höher ist, gut lüften.
Umpflanzen: Am besten alle zwei Jahre, wenn die Neutriebe erscheinen. Manche Arten entwickeln sich schnell außerhalb des Topfes und das Rhizom bekommt eine krumme Form, was das Umtopfen erschwert. In diesem Fall ist eine Teilung der Pflanze die einzige Lösung, damit man sie im neuen Topf richtig positionieren kann. Möglich ist auch das Aufbinden der Pflanze auf einer Korkunterlage. Dann muss sie nicht umgetopft werden, wenn sie zu groß wird; man kann sie zurückschneiden und mit den Pflanzenstücken Freunde beglücken.

Zur Auswahl
Arten mit den auffallendsten Blüten:
B. lobbii Bild 1, B. medusae Bild 2,
B. purpureorachis.
Arten mit angenehmem Duft:
B. lobbii, B. medusae, B. dearei Bild 5,
B. cocoinum Bild 4, B. makoyanum Bild 10

Ethnobotanik
In Neuguinea wurden die bunten Sprosse mancher Arten geflochten und zu Gürteln verarbeitet.

Bulbophyllum medusae ▲ 2

Substrat: Für kleine Arten feine, für die anderen mittlere Körnung, 80 % Kiefernrinde, 20 % Blähton und eventuell etwas Sphagnum
Düngung: Im Frühjahr, Sommer und Herbst bei jeder zweiten Wassergabe. Um die Neutriebe zu fördern, drei Monate lang einen stickstoffreichen, danach einen phosphor- und kaliumreichen Dünger verabreichen (um die Blütenbildung anzuregen).

Für eine abwechslungsreiche Sammlung

• *Bulbophyllum falcatum* (Syn. *Megaclinium falcatum*) Bild 3 (Uganda, Guinea, Kamerun)
Natürlicher Lebensraum: Epiphyt der Regenwälder in bis zu 1200 m Höhe
Blütezeit: Frühling
Kultur: Warm oder temperiert, feucht, nicht zu viel Licht; im Topf, Korb oder aufgebunden
Schwierigkeit der Kultur: Einfach
Pflanzengröße: Kleine Pflanze; Pseudobulben 5 bis 6 cm hoch, Blätter 10 bis 15 cm
Blütengröße: 1 cm
Blütenzahl pro Blütenstand: 10 bis 40
Länge des Blütenstands: 20 bis 25 cm
Duft: Unangenehm
Besonderheit: Originelle und sehr blühfreudige Art
• *Bulbophyllum cocoinum* Bild 4 (Zaire, Uganda)
Natürlicher Lebensraum: Epiphyt der Regenwälder in bis zu 1500 m Höhe
Blütezeit: Sommer bis Herbst
Kultur: Warm, wenig Licht; aufgebunden einfach
Schwierigkeit der Kultur: Einfach
Pflanzengröße: Kleine Pflanze; Pseudobulben 2 bis 3 cm
Blütengröße: 0,5 cm
Blütenzahl pro Blütenstand: 50 bis 100
Länge des Blütenstands: 40 cm
Duft: Angenehmer Duft nach Kokosnuss
Besonderheit: Eine besonders anmutige Art. Eines der schönsten Exemplare, die je von

Hobbysammlern gezeigt wurden, war aufgebunden und hatte 41 Blütenstände mit insgesamt 3441 Blüten!
• *Bulbophyllum dearei* Bild 5 (Malaysia, Philippinen, Borneo)
Natürlicher Lebensraum: Epiphytische Art der Regenwälder in bis zu 1000 m Höhe
Blütezeit: Frühling bis Sommer
Kultur: Warm oder temperiert, feucht, nicht zu viel Licht; im Topf oder Korb
Schwierigkeit der Kultur: Einfach
Pflanzengröße: Klein; wulstige Pseudobulben 2 bis 3 cm hoch, Blätter 10 bis 13 cm
Blütengröße: 6 cm
Blütenzahl pro Blütenstand: 1
Länge des Blütenstands: 7 bis 10 cm
Duft: Angenehm
Besonderheit: Diese Art wird oft mit *Bulbophyllum lobbii* gekreuzt.
• *Bulbophyllum graveolens* (Syn. *Cirrhopetalum graveolens* oder *Cirrhopetalum robustum*) Bild 6 (Neuguinea)
Natürlicher Lebensraum: Epiphytische Art der Regenwälder in niedrigen Lagen
Blütezeit: Frühling
Kultur: Warm, feucht, nicht zu viel Licht; im Topf oder Korb
Schwierigkeit der Kultur: Einfach
Pflanzengröße: Mittelgroß; Pseudobulben 8 bis 10 cm hoch, Blätter 40 bis 60 cm
Blütengröße: 5 bis 6 cm lang
Blütenzahl pro Blütenstand: 6 bis 8
Länge des Blütenstands: 15 bis 20 cm
Duft: Sehr unangenehm
Besonderheit: Extrem lange Blütezeit
• *Bulbophyllum frostii* Bild 8 (Vietnam, Thailand und Mayasia)
Natürlicher Lebensraum: Stark verbreiteter Epiphyt der Regenwälder in niedrigen Lagen
Blütezeit: Sommer
Kultur: Warm oder temperiert, feucht, viel Licht; im Topf, Korb oder aufgebunden
Schwierigkeit der Kultur: Einfach
Pflanzengröße: Klein

▲ 3

Bulbophyllum coccinum ▲ **4**   **5** ▲ *Bulbophyllum dearei*

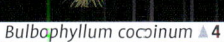

Bulbophyllum graveolens ▲ **6**

Blütenzahl pro Blütenstand: 5 bis 6
Länge des Blütenstands: 7 cm
Besonderheit: Erst kürzlich entdeckte Art, noch selten in Sammlungen; hat schuhförmige Blüten.

• *Bulbophyllum lobbii* Bild 1 (Thailand, Malaysia, Philippinen, Borneo)
Natürlicher Lebensraum: Epiphyt der Regenwälder in bis zu 2000 m Höhe
Blütezeit: Sommer
Kultur: Warm oder temperiert, feucht, nicht viel Licht; im Topf oder Korb
Schwierigkeit der Kultur: Einfach
Pflanzengröße: Mittelgroß; wulstige Pseudobulben 5 cm hoch, Blätter 15 bis 25 cm
Blütengröße: 8 cm
Blütenzahl pro Blütenstand: 1
Länge des Blütenstands: 10 cm
Duft: Angenehm
Besonderheit: Eine schöne Art, die wegen der Größe ihrer Blüten beliebt ist.

• *Bulbophyllum makoyanum* (Syn. *Cirrhopetalum makoyanum*) Bild 10 und 11 (Vietnam, Malaysia, Philippinen, Borneo)
Natürlicher Lebensraum: Epiphyt der Regenwälder in bis zu 1200 m Höhe
Blütezeit: Frühling
Kultur: Warm oder temperiert, feucht, nicht viel Licht; im Topf, Korb oder aufgebunden
Schwierigkeit der Kultur: Einfach
Pflanzengröße: Klein; Pseudobulben 2 cm hoch, Blätter 10 cm
Blütengröße: 4 cm lang
Blütenzahl pro Blütenstand: 8 bis 10
Länge des Blütenstands: 20 cm
Duft: Leicht und angenehm
Besonderheit: Eine besonders anmutige Art; sie mag kein übermäßiges Gießen.

• *Bulbophyllum medusae* Bild 2 (Thailand, Singapur, Sumatra, Malaysia, Philippinen, Borneo)
Natürlicher Lebensraum: Epiphyt oder Lithophyt der Regenwälder in niedrigen Lagen
Blütezeit: Herbst
Kultur: Warm, feucht, viel Licht; im Topf oder aufgebunden
Schwierigkeit der Kultur: Einfach
Pflanzengröße: Mittelgroß; runde Pseudobulben 3 cm hoch, Blätter bis 20 cm lang
Blütengröße: Bis zu 12 cm lang
Blütenzahl pro Blütenstand: 5 bis 10
Länge des Blütenstands: 10 bis 20 cm
Duft: Intensiv und sehr angenehm
Besonderheit: Blüte in Form einer „Meduse" mit verlängerten seitlichen Sepalen

• *Bulbophyllum purpureorachis* (Syn. *Megaclinium purpureorachis*) Bild 9 (Elfenbeinküste, Zaire, Gabun)
Natürlicher Lebensraum: Epiphyt der Regenwälder in niedrigen Lagen
Blütezeit: Sommer bis Herbst
Kultur: Warm, nicht viel Licht; im Topf
Schwierigkeit der Kultur: Einfach
Pflanzengröße: Mittelgroß; Pseudobulben 10 bis 11 cm hoch, Blätter bis 20 bis 30 cm
Blütengröße: 0,8 bis 1 cm
Blütenzahl pro Blütenstand: 20 bis 30
Länge des Blütenstands: 100 cm
Duft: Angenehm nach Kokosnuss duftend
Besonderheit: Eine der eindrucksvollsten Arten, beinahe etwas unheimlich

• *Bulbophyllum umbellatum* (Syn. *Cirrhopetalum umbellatum* oder *Cirrhopetalum longiflorum*) Bild 7 (Afrika, Madagaskar, Malaysia, Philippinen, Fidschi, Australien)
Natürlicher Lebensraum: Stark verbreiteter Epiphyt der Regenwälder in bis zu 1700 m Höhe
Blütezeit: Sommer
Kultur: Warm oder temperiert, feucht, viel Licht; besser aufgebunden
Schwierigkeit der Kultur: Einfach
Pflanzengröße: Mittelgroß; wulstige Pseudobulben 5 cm hoch, Blätter 15 cm lang
Blütengröße: 4 cm
Blütenzahl pro Blütenstand: 10 bis 12
Länge des Blütenstands: 15 bis 20 cm

Bulbophyllum frostii ▲ **8**

Bulbophyllum purpureorachis ▲ **9**

10 ▲ *Bulbophyllum makoyanum*

11 ▲ *Bulbophyllum makoyanum* (Syn. *Cirrhopetalum makoyanum*)

Catasetum

Es ist erstaunlich, dass diese Gattung nicht häufiger kultiviert wird. Ihre etwas fremd anmutenden Merkmale verleihen ihr einen märchenhaften Charme.

Pflanzenbeschreibung

Schwierigkeit der Kultur: Mittel, aber es lohnt sich.

Geografische Verbreitung: Ganz Südamerika, mit Schwerpunkt Brasilien

Artenzahl: Etwa 100

Natürlicher Lebensraum: Wenige Orchideen haben ein so raues Leben wie die *Catasetum*-Arten. Die Epiphyten (manchmal Lithophyten) wachsen in den Baumkronen, besonders auf Palmen in bis zu 1500 m Höhe in der prallen Sonne, in Breiten mit sehr ausgeprägten Regen- und Trockenzeiten, die aufeinander folgen. Der Erfolg der Kultur hängt von der Wasserversorgung ab.

Wuchsform: Man könnte sagen, dass *Catasetum* eine sehr weit entwickelte Gattung ist. Die Blüten öffnen sich alle auf einmal oder nacheinander. Im Gegensatz zu allen anderen Orchideen, die zwittrige Blüten haben, bilden diese eingeschlechtliche Blüten. Ein und dieselbe Pflanze kann männliche oder weibliche Blüten produzieren, aber nie beide auf einmal. Daher müssen die bestäubenden Insekten den Pollen einer männlichen Blüte auf eine weibliche übertragen. Da greift eine weitere Besonderheit dieser Gattung ein: Ein in den Zellen der Lippe vorhandener Duftstoff lockt Bienen an. Diese lösen einen Mechanismus aus, der den Pollen mit einer Geschwindigkeit von 300 cm/s auf den Kopf der Biene schleudert. Deshalb können blühende *Catasetum*-Pflanzen nicht versandt werden und sind bei Ausstellungen selten vertreten. Die Pseudobulben haben je nach Art eine unterschiedliche Form und Größe. Sie sind von einer Art Haut überzogen, die sie im Laufe des Jahres vor Trockenheit schützt; sie tragen mehrere breite, feine Blätter, die abfallen. Sie bilden mehrere Ringe, an denen die Blütenstände entspringen. Die Wurzeln sind sehr blass und dick. Die Seitenwurzeln sind sehr fein und erinnern an Fäden (wie bei *Cyrtopodium*).

Duft: Auffallend und angenehm

Blütezeit: Frühling, Sommer, manchmal Herbst

Blühdauer: Drei bis vier Wochen

> **Arten mit den auffallendsten Blüten:**
> *C. pileatum* Bild **3**, *C. macrocarpum* Bild **2**

Kultur

Licht: Trotz der Bedingungen an ihrem natürlichen Standort mögen *Catasetum*-Arten von März bis November keine Vollsonne in den Mittagsstunden und müssen daher beschattet werden. Im Winter hingegen brauchen sie Sonne.

Temperatur: Warm; 18 bis 30 °C am Tag, 16 bis 25 °C in der Nacht

Kultur im Freien: In warmen Sommern vom 1. Juli bis 15. August

Wasser: Kalkfrei

Gießen: Hier liegt der Schlüssel zum Erfolg. Man muss auf die Pflanze einfach aufpassen: Wenn sie gerade Neutriebe bildet, muss sie ausgiebig und regelmäßig gegossen werden. Nach der Entwicklung der Pseudobulben ist es sehr wichtig, dass die Pflanze eine Ruhephase hat. *Catasetum*-Arten können in dieser Zeit ganz ohne Wassergaben auskommen,

▲1 *Catasetum costatum*

Wie unterscheidet man eine männliche Blüte von einer weiblichen?
Die Lippe der männlichen Blüte ist nach unten gerichtet, während die der weiblichen Blüte nach oben zeigt. Die männlichen Blütenstände tragen mehr Blüten als die weiblichen.

Kann man das Geschlecht der Blüte beeinflussen?
Es ist kein sicheres Rezept, aber es gab ernsthafte Experimente: Die Lichtintensität beeinflusst das Geschlecht der Blüte. Intensives Licht regt die Bildung weiblicher Blüten an, während schwächere Lichtintensität die Bildung männlicher Blüten begünstigt.

Catasetum macrocarpum ▲ **2**

wenn die Luftfeuchtigkeit bei etwa 60 % liegt. Weder die Neutriebe noch die neuen Blütentriebe dürfen benetzt werden.

Ruheperiode: Im Winter sehr ausgeprägt, wenn die Pflanze keine Anforderungen stellt, das heißt wenn sie keine Neutriebe bildet. Jungpflanzen werden in dieser Zeit weniger gegossen.

Luftfeuchtigkeit: 50 bis 70 % bei guter Lüftung

Umpflanzen: Alle zwei Jahre, wenn das Wachstum wieder einsetzt. In einem Plastiktopf oder kompaktem Substrat ersticken die brüchigen Wurzeln. In einen Korb oder Tontopf umpflanzen oder aufbinden.

Substrat: Mittlere Körnung; 70 % Kiefernrinde, 10 % Blähton und 20 % Sphagnum (außer im Plastiktopf)

Düngung: *Catasetum*-Arten sind immer hungrig. Wenn das Wachstum einsetzt bei jeder zweiten Wassergabe einen stickstoffhaltigen, danach, wenn die Pseudobulben zwei Drittel ihrer Endgröße erreicht haben, einen phorphor- und kaliumreichen Dünger verabreichen. Niemals in Ruhephasen düngen!

Besondere Anmerkungen: Die Blätter werden bei schlechter Luftzufuhr von Pilzen und bei sehr trockener Luft von Spinnmilben befallen. Den Letzteren kann man vorbeugen, indem man in heißen Trockenperioden die Blattunterseiten besprüht. Das Abwerfen der Blätter hilft oft gegen den Befall.

Eine gute Pflege zeigt sich darin, dass die neuen Pseudobulben kräftiger sind als die älteren. Manche *Catasetum*-Arten haben ein langes und langsames Wachstum, wodurch sich ihre Ruheperiode verschiebt. Im Gewächshaus ist es nicht immer einfach, auf ihre Ruhezeit zu achten, wenn sie zusammen mit anderen Orchideen kultiviert werden. In diesem Fall genügt es die Töpfe wegzustellen, damit das Gießwasser für Nachbarpflanzen nicht auf deren Substrat gelangt.

Ethnobotanik

Die Pseudobulben bestimmter Arten enthalten einen zähflüssigen Saft. Manche Völker kochen ihn und erhalten auf diese Weise Klebstoff. Man berichtet auch, dass Indianer diesen Saft benutzten, um das Pfeilgift Kurare an ihren Pfeilen zu fixieren.

Für eine abwechslungsreiche Sammlung

• *Catasetum barbatum* Bild 4 (Brasilien, Venezuela, Guyana, Kolumbien)

Natürlicher Lebensraum: Epiphyt in bis zu 300 m Höhe

Blütezeit: Fast das ganze Jahr

Kultur: Warme und feuchte Umgebung mit guter Luftbewegung

Schwierigkeit der Kultur: Relativ einfach

Pflanzengröße: Große Pflanze, 25 bis 60 cm Höhe

Blütengröße: 3,5 bis 4,5 cm

Blütenzahl pro Blütenstand: 6 bis 10

Länge des Blütenstands: 20 bis 30 cm

Duft: Angenehm

• *Catasetum macrocarpum* Bild 2 (Brasilien, Venezuela, Guyana)

Natürlicher Lebensraum: Epiphyt auf toten Bäumen in bis zu 1200 m Höhe

Blütezeit: Herbst

Kultur: Warme und feuchte Umgebung mit guter Luftzufuhr; während der Wachstumszeit wenig Licht; bevorzugt im Korb oder aufgebunden kultivieren; kurze Ruheperiode bei viel Licht.

Schwierigkeit der Kultur: Relativ einfach

Pflanzengröße: Große Pflanze, 25 bis 60 cm Höhe

Blütengröße: 5 bis 6 cm

Blütenzahl pro Blütenstand: 8 bis 12

Länge des Blütenstands: 30 cm

Duft: Sehr angenehm

Besonderheit: Die Lippe der Blüten ist nicht nach unten gerichtet; männliche Blüten mit starkem Duft.

• *Catasetum pileatum* Bild 3 (Brasilien, Venezuela, Ecuador, Kolumbien)

Natürlicher Lebensraum: Epiphyt in niedrigen Lagen in Regionen mit besonders langer Regenzeit und kurzer Trockenperiode

Blütezeit: Hauptsächlich im Herbst; oft mehrmals im Jahr

Kultur: Warme und feuchte Umgebung mit viel Licht; kurze Ruheperiode

Schwierigkeit der Kultur: Relativ einfach

Pflanzengröße: Mittelgroße Pflanze von 25 bis 60 cm Höhe

Blütengröße: 10 cm

Blütenzahl pro Blütenstand: 6 bis 12

Länge des Blütenstands: 25 bis 30 cm

Duft: Sehr angenehm

Besonderheit: Große Lippe (6 cm × 7 cm); Art gibt es in mehreren Farbvarietäten.

Catasetum pileatum 'Imperial' ▲ 3

Catasetum barbatum ▲ 4

Cattleya

Im 19. Jahrhundert verdrehte sie mit ihren Blüten von außergewöhnlicher Schönheit den großen europäischen Sammlern den Kopf und löste die berühmte „Orchidomanie" aus. Wenige Orchideen können so viel Leidenschaft hervorrufen, die auch von Dauer ist. Die *Cattleaya* fasziniert heute noch und wird es auch noch lange Zeit tun.

▲1

Pflanzenbeschreibung

Schwierigkeit der Kultur: Leider ist die Zimmerkultur sehr schwierig und erfordert sehr große Aufmerksamkeit. Im Gewächshaus oder auf der Veranda hingegen wird die *Cattleya* Sie erfreuen.

Geografische Verbreitung: Mexiko, Guatemala, Honduras, Costa Rica, Nicaragua, Panama, Venezuela, Kolumbien, Ecuador, Peru, Brasilien, Bolivien
Artenzahl: 50
Natürlicher Lebensraum: Die meisten Arten sind Epiphyten und wachsen auf Bäumen oder den Ästen mitten unter den Farnen und Moosen. Angesichts ihrer ausgedehnten geografischen Verbreitung ist es ganz normal, dass die *Cattleya*-Arten unter ganz unterschiedlichen Bedingungen vorkommen. In der Tat findet man sie in 0 bis 2000 m Höhe. Obwohl die meisten Arten Epiphyten sind und in feuchten Wäldern in höheren Lagen leben, wachsen einige wie *C. guttata, C. porphyroglossa, C. forbesii, C. aclandiae* in feuchten küstennahen Wäldern und in den sumpfigen Wäldern Brasiliens. Auch gedeihen manche Arten in der prallen Sonne wie beispielsweise *Cattleya walkeriana, C. intermedia, C. guttata.* Welche Lage auch immer, man sollte wissen, dass *Cattleya*-Arten tagsüber hohen Temperaturen ausgesetzt sind, während die Nächte sehr kühl und extrem feucht sind. Morgens scheint die Sonne voll auf die Pflanzen, ohne sie zu verbrennen; am Tag schwächen das Blätterdach und die Wolken die Intensität der Sonne. Ein weiterer wichtiger Punkt am Naturstandort ist die kurze Trockenperiode.
Wuchsform: Sympodial wachsende Orchideen. Die neuen Pseudobulben erscheinen an der Basis der vorjährigen Pseudobulben. Sie sind von Brakteen, einer Art Haut umhüllt, die sie

▲1 *C. maxima*

Ethnobotanik

In Guatemala nennt man *Cattleya skinneri* „Blume von Sankt Sebastian" und schmückt die Kirchen zu Ehren dieses Heiligen.

vor dem Austrocknen schützt. An der Ansatzstelle von Blatt und Pseudobulbe wird ein Hochblatt (Spatha) gebildet, in dessen Innern sich die Blütenknospen entwickeln. Das ist ein Merkmal, das alle Arten gemeinsam haben. Man teilt diese Gattung entsprechend ihrer Pflanzenform und der Form ihrer unterschiedlichen Blüten in zwei Gruppen ein:
Bifoliate *Cattleya*: Sie haben schlanke, kurze (*C. aclandiae*) oder lange (*C. guttata*) Pseudobulben mit zwei dicken Blättern, die an deren Spitze im Allgemeinen waagerecht angeordnet sind. Die Blüten sind mittelgroß und zahlreich, von kräftiger Textur; die Lippe ist im Vergleich zu der der anderen Gruppe ziemlich unterentwickelt.
Unifoliate *Cattleya*: Die Pseudobulben sind kurz und in der Mitte verdickt (*C. labiata*) und durch ein großes, lederiges Blatt verlängert. Die Blüten sind sehr groß und von sehr feiner und durchscheinender Textur. Die Lippe ist groß und oft prächtig bunt gemustert.
Duft: Besonders bei einblättrigen *Cattleya*-Arten
Blütezeit: Herbst, Winter, Frühling
Blühdauer: Zwei bis vier Wochen

Kultur

Cattleya-Arten waren die ersten Orchideen, die nach Europa importiert wurden, und haben in der Züchtung exotischer Orchideen in unseren Breiten eine ausschlaggebende Rolle gespielt.

Die größten Arten: *C. amethystoglossa* Bild 5, *C. guttata* Bild 7
Die kleinsten Arten: *C. nobilior, C. aclandiae* Bild 3, *C. schilleriana, C. luteola* Bild 9
Arten mit den auffallendsten Blüten: *C. dowiana* Bild 6, *C. maxima* Bild 1, *C. labiata* Bild 8, *C. aclandiae* Bild 3
Am einfachsten zu kultivieren: *C. labiata* Bild 8, *C. guttata* Bild 7, *C. trianae, C. mossiae*
Arten mit dem schönsten Laub: *C. aclandiae* Bild 3, *C. schilleriana*

Cattleya walkeriana ▲ 2

Licht: Wenn man ihnen nicht ein Maximum an Licht bieten kann, blühen *Cattleya*-Arten nicht. Nur ein Südfenster, ein Gewächshaus, Wintergarten oder Veranda eignen sich für ihre Kultur. Von März bis November müssen Pflanzen, die in den Mittagsstunden praller Sonne ausgesetzt sind, beschattet werden. Von Dezember bis Februar sind vollsonnige Lagen ideal. Genauso wichtig wie die Lichtintensität ist die Dauer der Lichteinstrahlung, da sie die Blüte beeinflussen kann. In der Tat erleben *Cattleya*-Arten an ihrem Naturstandort wegen der Äquatornähe ihrer Heimatländer im Allgemeinen 12 Stunden Tag und 12 Stunden Nacht. Das Nichtbeachten dieses ausgewogenen Verhältnisses, worauf manche *Cattleya*-Spezies besonders empfindlich reagieren, kann die fehlende Blütenbildung leicht erklären. Es ist offensichtlich, dass sie sich in unseren Breiten in dieser Hinsicht nicht wohl fühlen, aber auf jeden Fall ist eine künstliche Beleuchtung in der Nacht zu meiden und der Tag-und Nacht-Zyklus unserer Breiten einzuhalten.

Temperatur: Trotz ihrer unterschiedlichen Heimatregionen lassen sich *Cattleya*-Arten am besten in einem temperierten Gewächshaus kultivieren. Ideal sind 18 bis 28 °C am Tag, 13 bis 16 °C in der Nacht und ein Unterschied zwischen Tag und Nacht von 5 bis 8 °C.

Kultur im Freien: Juli und August

Wasser: Bei jeder dritten Wassergabe kalkhaltiges, zum Sprühen kalkfreies Wasser verwenden.

Gießen: Während der Wachstumsphase der Pseudobulben ausgiebig und regelmäßig gießen. Wenn diese voll entwickelt sind, in größeren Abständen wässern und dazwischen den Topf leichter werden lassen; die Pseudobulben dürfen nicht schrumpfen. Im Sommer an heißen Tagen und bei trockener Luft, die Substratoberfläche mehrmals in der Woche befeuchten. Niedrige Temperaturen und übermäßiges Gießen kann zu Wurzelfäule führen.

Ruheperiode: Mäßig; in dieser Zeit nur die Wassergaben reduzieren.

Luftfeuchtigkeit: Sommer wie Winter 70 bis 80 %. *Cattleya*-Arten mögen trockene Luft überhaupt nicht. Wenn sie nicht im Gewächshaus kultiviert werden, müssen sie über einem mit Wasser gefüllten Behälter stehen und die Blattunterseite sowie die Luftwurzeln sind mindestens einmal am Tag zu übersprühen. Im Gewächshaus kann die Luftfeuchtigkeit im Sommer abnehmen. In diesem Fall wird der Boden nass gemacht und die Substratoberfläche nachts befeuchtet. Wenn die Luftfeuchtigkeit steigt, achten Sie auf ausreichende Luftzufuhr.

Umpflanzen: Alle zwei Jahre, wenn die Pflanze Neutriebe bildet. Die Pflanze gut stützen, warten, bis die Wurzeln in das Substrat wachsen um wieder regelmäßig zu gießen, aber täglich die Blattunterseiten und die Substratoberfläche übersprühen. Um der Gefahr der Wurzelfäule vorzubeugen, verwenden Sie Ton- oder Gittertöpfe, die nicht zu groß sein sollten.

Substrat: Eine Mischung aus 80 % Rinde (mittel) und 20 % Blähton. Die kleinen bifoliaten Arten und Jungpflanzen mögen den Zusatz von etwas Sphagnum (60 % feine Rinde, 20 % Blähton, 20 % Sphagnum). Zu empfehlen ist auch der Zusatz von etwas unbehandelter Holzkohle, um der Fäulnis frisch abgeschnittener Wurzeln vorzubeugen.

Besondere Anmerkungen: Je dicker die Blätter von *Cattleya*-Arten sind, umso mehr Licht braucht die Pflanze. Achten Sie darauf, dass der Kulturraum ihrer *Cattleya* nachts nicht von einer Straßenlaterne oder einer Lampe angestrahlt wird. Die Brakteen, die die Pseudobulben umhüllen, dürfen nicht entfernt werden, denn sie sind nützlich. Man muss jedoch aufpassen, denn sie bilden den idealen Herd für Wollläuse.

Für eine abwechslungsreiche Sammlung

• *Cattleya aclandiae* Bild 3 (Brasilien)
Bifoliate Art; auffallende Blüten
Natürlicher Lebensraum: Epiphyt im Bundesstaat Bahia in bis zu 500 m Höhe. Sie wächst in den Küstenebenen mit hohen Temperaturen und hoher Feuchtigkeit.
Blütezeit: Frühling, Sommer; zwei Blüten im Jahr sind möglich.
Kultur: Sie braucht eine warme, luftige, feuchte Umgebung. Zwischen den Wassergaben das Substrat austrocknen lassen.
Schwierigkeit der Kultur: Aufgebunden auf Kork oder im Korb einfacher
Größe der Pseudobulben: 7 bis 12 cm hoch, Durchmesser 0,5 bis 0,8 cm
Blütengröße: 8 bis 10 cm
Blütenzahl pro Blütenstand: 1 bis 2
Duft: Unaufdringlich
Besonderheit: Herrliche rot gefleckte Blätter. Die Art wird häufig gekreuzt, um große, gepunktete Blüten zu erhalten.
• *Cattleya amethystoglossa* Bild 5 (Brasilien)
Bifoliate Art
Natürlicher Lebensraum: Sie führt ein raues Leben und wächst auf den Felsen in der prallen Sonne in den Küstenregionen Bahias. Dadurch sind die Pflanzen besonders leicht zugänglich und wurden in großer Zahl

Cattleya aclandiae ▲ **3**

gesammelt, sodass sie in dieser Gegend sehr selten geworden sind. Man findet sie dennoch auf den Palmen entlang des Strandes. Die Blüten entwickeln sich auf den Palmenwedeln, während sich die Wurzeln an den Stämmen festhalten. In der Natur begünstigt die feuchte Umgebung die Entwicklung von Flechten auf der Oberfläche der Blätter, die vor den Sonnenstrahlen schützen. Diese Flechten treten bei einer Gewächshauskultur nicht auf. Auch sind die Wurzeln am natürlichen Standort immer von einer dicken feuchten Moosschicht umgeben. So müssen die Pflanzen außerhalb der Regenzeit mit starken und häufigen Niederschlägen nicht unter Trockenheit leiden.

Blütezeit: Frühling
Kultur: Temperiertes Gewächshaus mit 80 % Luftfeuchtigkeit und sehr viel Licht ohne direkte Sonne. Wenn die Neutriebe erscheinen, ausgiebig und regelmäßig, danach, wenn sie voll entwickelt sind, in größeren Abständen gießen.
Schwierigkeit der Kultur: Mittel; unbedingt im Gewächshaus oder auf Veranda kultivieren
Größe der Pseudobulben: 25 bis 50 cm hoch oder höher, Durchmesser 1,5 bis 2 cm
Blütengröße: 7 cm
Blütenzahl pro Blütenstand: 7 bis 12
Länge des Blütenstands: 7 bis 18 cm
Duft: Intensiv und würzig
Besonderheit: Die Pflanze wird sehr hoch, wenn sie sehr alt ist (bis zu 120 cm).
• *Cattleya dowiana* Bild 6 (Costa Rica und Kolumbien)
Unifoliate Art
Natürlicher Lebensraum: Epiphyt feuchter Regionen in bis zu 1400 m Höhe
Kultur: Warmes und feuchtes Gewächshaus
Schwierigkeit der Kultur: Im Gewächshaus oder Veranda kultivieren
Pflanzengröße: 28 bis 40 cm hoch
Blütengröße: 15 cm
Blütenzahl pro Blütenstand: 2 bis 6
Duft: Säuerlicher Duft am Tag
Besonderheit: Elternpflanze aller großblütigen Hybriden mit gelben oder orangefarbenen Blüten. Eine der schönsten Arten.
• *Cattleya forbesii* Bild 4 (Brasilien)
Bifoliate Art
Natürlicher Lebensraum: Epiphyt sumpfiger Wälder in bis zu 200 m Höhe. Sie wächst dicht über der Wasseroberfläche an den niedrigen Ästen. Mäßiges Licht und starke Regenfälle während ihrer Wachstumszeit begünstigen sie.
Blütezeit: Sommer
Kultur: Warmes und feuchtes Gewächshaus, mäßig Licht, etwa 80 % Luftfeuchtigkeit
Schwierigkeit der Kultur: Einfach, sie eignet sich auch für Zimmerkultur, wenn die Feuchtigkeit hoch ist.

Größe der Pseudobulben: 10 bis 20 cm hoch, Durchmesser 1 bis 1,5 cm
Blütengröße: 6 bis 10 cm
Blütenzahl pro Blütenstand: 2 bis 5
Duft: Ja
Besonderheit: Das Innere der Lippe mit schönem Streifenmuster. Bevor das Pflücken der Orchideen verboten wurde, waren die lokalen Märkte voll von dieser Art, die eigentlich niemand wollte. Sie waren nicht „schön" genug. Inzwischen sind sie durch Rodung der Wälder selten geworden und zählen heute zu den begehrtesten Arten.
• *Cattleya guttata* Bild 7 (Brasilien)
Bifoliate Art
Natürlicher Lebensraum: Epiphytische Art der Wälder an der Atlantikküste in bis zu 500 m Höhe. Man findet sie vorwiegend im Bundesstaat Esperito Santo. Die Pflanzen wachsen an niedrigen Ästen nahe dem Wasser. Während ihrer Wachstumszeit sind sie starken Regenfällen, danach einer ziemlich ausgeprägten Trockenzeit ausgesetzt.
Blütezeit: Sommer, Herbst
Kultur: Warmes Gewächshaus; im Winter etwas Ruhe, im Frühjahr und Sommer viel Licht ohne direkte Sonne
Schwierigkeit der Kultur: Im Gewächshaus oder auf Veranda einfach
Größe der Pseudobulben: 30 bis 120 cm hoch, Durchmesser 1,5 bis 2 cm
Blütengröße: 7 cm
Blütenzahl pro Blütenstand: 3 bis 20 oder mehr
Länge des Blütenstands: 7 bis 30 cm
Duft: Ja
Besonderheit: Sehr schöne Art mit gepunkteten Blüten; Lippe ist weiß und fuchsiafarben.

▲ **4** *Cattleya forbesii*

Cattleya amethystoglossa ▲ **5**   **6** ▲ *Cattleya dowiana*

Cattleya guttata ▲ **7**

• *Cattleya labiata* Bild 8 (Brasilien)
Unifoliate Art
Natürlicher Lebensraum: Epiphyt in Wäldern in 500 bis 1000 m Höhe. Sie sind einer ausgeprägten Trockenzeit, danach einer Regenzeit von mehreren Monaten ausgesetzt.
Blütezeit: Herbst
Kultur: Temperiertes Gewächshaus mit viel Licht, aber ohne direkte Sonne im Sommer und Herbst. Im Frühjahr und Sommer ausgiebig gießen. Im Winter, nach der Blüte, das Gießen stark reduzieren und die Temperatur senken.
Schwierigkeit der Kultur: Einfach
Pflanzengröße: 30 bis 50 cm hoch
Blütengröße: 12 bis 17 cm
Blütenzahl pro Blütenstand: 2 bis 5
Duft: Süßer Duft
Besonderheit: Diese Art umfasst etwa 70 verschiedene Varietäten.
• *Cattleya luteola* Bild 9 (Brasilien, Bolivien, Peru, Ecuador)
Unifoliate Art
Natürlicher Lebensraum: Epiphyt regenreicher Wälder in 600 bis 1800 m Höhe
Blütezeit: Herbst, Winter
Kultur: Kühl bis temperiert auf Korkunterlage; diese Art braucht nicht viel Licht, aber etwas Ruhe im Winter. Im Frühjahr und Sommer ausgiebig gießen.
Schwierigkeit der Kultur: Im kalten oder temperierten Gewächshaus einfach
Pflanzengröße: 15 bis 18 cm hoch
Blütengröße: 4 bis 4, 5 cm

Blütenzahl pro Blütenstand: 3 bis 4
Besonderheit: Zweifellos eine der schönsten kleinen *Cattleya*-Arten. Die Länge der Blätter übertreffen die der Pseudobulben.
• *Cattleya maxima* Bild 1 (Kolumbien, Ecuador, Peru, Venezuela)
Unifoliate Art
Natürlicher Lebensraum: Epiphytische Art in 0 bis 1200 m Höhe. Die in niedrigen Lagen wachsenden Pflanzen haben längere Pseudobulben und tragen mehr Blüten (7 bis 10) als die in höheren Lagen (5 bis 6 Blüten).
Blütezeit: Herbst, Winter
Kultur: Temperiertes Gewächshaus; im Winter nach der Blüte die Wassergaben etwas reduzieren.
Schwierigkeit der Kultur: Einfach
Pflanzengröße: 30 bis 40 cm hoch
Blütengröße: 15 cm
Blütenzahl pro Blütenstand: 3 bis 10
Duft: Zart
Besonderheit: Regional „Weihnachtsblume" genannt. Das Innere der Lippe ist herrlich gezeichnet.
• *Cattleya percivaliana* Bild 10 (Venezuela, Kolumbien, Anden)
Unifoliate Art
Natürlicher Lebensraum: In 1400 bis 2000 m Höhe auf bemoosten Felsen oder auf Bäumen in der prallen Sonne, in der Nähe von fließenden Gewässern. Die Blätter sind von Flechten überzogen, die sie vor direkter Sonne schützen.
Blütezeit: Winter

Cattleya labiata ▲ 8

Cattleya luteola ▲ **9**

Cattleya percivaliana ▲ **10**

Kultur: Im Kalthaus bei viel Licht ohne direkte Sonne. Nach der Blüte die Wassergaben etwas reduzieren. In der Wachstumszeit ausgiebig gießen. Kultur im Tontopf mit durchlässigem Substrat ist ideal.
Schwierigkeit der Kultur: Einfach, da sie niedrige Luftfeuchtigkeit braucht.
Pflanzengröße: 45 bis 50 cm hoch
Blütengröße: 12 bis 13 cm
Blütenzahl pro Blütenstand: 2 bis 4
Duft: Unaufdringlich, aber nicht sehr angenehm
Besonderheit: Schnelles Wachstum, Pflanze wird schnell büschelig.

• *Cattleya rex* Bild 11 (Peru, Kolumbien, Anden)
Unifoliate Art
Natürlicher Lebensraum: Epiphyt feuchter Wälder in etwa 1200 m Höhe
Blütezeit: Sommer
Kultur: Temperiert; während der Wachstumsphase warm und feucht halten. Ausgeprägte Ruhezeit, kühl und viel Licht im Winter. In einen Tontopf mit durchlässigem Substrat umpflanzen.
Schwierigkeit der Kultur: Schwierig
Pflanzengröße: 45 bis 50 cm hoch
Blütengröße: 20 cm
Blütenzahl pro Blütenstand: 3 bis 5
Duft: Unaufdringlich
Besonderheit: Nicht zu oft umtopfen, denn diese Art mag keine Wurzelstörung.

• *Cattleya skinneri* Bild 12 (Kolumbien, Guatemala, Mexiko, Costa Rica)
Bifoliate Art

Natürlicher Lebensraum: Epiphytische, manchmal lithophytische Art feuchter Wälder in bis zu 1200 m Höhe
Blütezeit: Mai, Juni
Kultur: Temperiert mit viel Licht, ohne direkte Sonne. In der Wachstumszeit ausgiebig gießen, im Winter in größerem Abstand. Durchlässiges Substrat.
Schwierigkeit der Kultur: Einfach
Größe der Pseudobulben: 30 bis 50 cm hoch, Durchmesser 2 bis 3 cm
Blütengröße: 7 cm
Blütenzahl pro Blütenstand: 4 bis 12 Blüten in einem herrlichen leuchtenden Fuchsia. Es gibt eine Varietät mit weißen Blüten.
Duft: Sehr zurückhaltend
Besonderheit: Die Pflanze entwickelt sich schnell und bildet hübsche Büschel. Früher sehr selten, ist sie heute viel häufiger erhältlich.

• *Cattleya walkeriana* Bild 3 und 13 (Brasilien)
Unifoliate Art
Natürlicher Lebensraum: Sie wächst in bis zu 2000 m Höhe auf Bäumen und bemoosten Felsen entlang der Flüsse in der prallen Sonne. Ein seltenes Phänomen für eine *Cattleya*: Der Blütenstand (3 bis 5 cm) erscheint nur in Ausnahmefällen an der Spitze der Pflanze, aber häufiger an der Basis der Pseudobulben.
Blütezeit: Winter
Kultur: Temperiert; in der Wachstumszeit ausgiebig, danach mäßig gießen. Sie mag viel Licht, aber von März bis November keine direkte Sonne in den Mittagsstunden. Eine Pflanze, die viel Licht bekommt, entwickelt kurze Pseudobulben, während die einer Pflanze in schattiger Lage länger sind.
Schwierigkeit der Kultur: Eine Art, die sich verschiedenen Kulturbedingungen anpasst.
Pflanzengröße: Mini-Pflanze, 20 bis 25 cm hoch
Blütengröße: 9 bis 10 cm
Blütenzahl pro Blütenstand: 1 bis 2
Duft: Herrlich duftend
Besonderheit: Für eine *Cattleya* außergewöhnlich lange Blühdauer (vier bis fünf Wochen). Die Art umfasst mehrere Varietäten in verschiedenen Farben.

Cattleya rex ▲ **11**

Cattleya skinneri ▲ **12**

Cattleya wolkeriana var. alba ▲ **13**

▲1

Chysis

Eine sehr schöne Gattung mit spektakulären Blüten, die hängend kultiviert wird.

Pflanzenbeschreibung

Schwierigkeit der Kultur: Ziemlich einfach

Geografische Verbreitung: Mittelamerika, Anden, Peru und Venezuela
Artenzahl: 6
Natürlicher Lebensraum: Epiphyten, manchmal Lithophyten in bis zu 1700 m Höhe
Wuchsform: Laub abwerfende Gattung. Große Pflanze mit langen, überhängenden Pseudobulben, die zahlreiche große, feine Blätter tragen. Sie entwickeln sich oft auf den alten. Die Blütenstände erscheinen gleichzeitig mit den neuen Trieben.
Duft: *C. leavis* und *C. aurea* duften leicht.
Blütezeit: Frühling bis Sommer
Blühdauer: Zwei bis drei Wochen

Kultur

Licht: Viel Licht ohne direkte Sonne
Temperatur: Während der Wachstumsphase warm: 18 bis 30 °C am Tag, 16 bis 20 °C in der Nacht, Unterschied Tag und Nacht 2 bis 3 °C. In der Ruhezeit kühl: 15 bis 20 °C am Tag, 10 bis 14 °C in der Nacht, Unterschied Tag und Nacht 8 bis 10 °C
Kultur im Freien: Vom 1. Juli bis 15. August an einem Baum aufhängen.
Wasser: Kalkfrei
Gießen: Während der Wachstumszeit oft und ausgiebig gießen; wenn die Pseudobulben ihre Endgröße erreichen, Wassergaben reduzieren, dann ganz einstellen.
Ruheperiode: Sehr ausgeprägt, bei kühleren Temperaturen
Luftfeuchtigkeit: 75 bis 85 % während der Wachstumsphase, in der Ruheperiode trockener (65 bis 70 %)
Umpflanzen: Alle zwei Jahre nach der Blüte, bevorzugt in einem nicht sehr tiefen Korb oder Tontopf. Ausgewachsene Pseudobulben

richtig stützen. Am besten sind sie epiphytisch zu kultivieren.
Substrat: Mittlere Körnung; 70 % Kiefernrinde, 10 % Blähton und 20 % Sphagnum
Düngung: Sobald die Neutriebe erscheinen etwa vier Monate lang einen stickstoffreichen, dann einen phosphor- und kaliumreichen Dünger verabreichen. Während der Ruhezeit nicht düngen.
Besondere Anmerkungen: Die Wuchsform der Pflanze erfordert eine hängende Kultur, da sie sonst durch das Gewicht der Pseudobulben umfallen kann. Außerdem kann eine hängende *Chysis* das Licht besser ausnutzen, wenn sie in einem Gewächshaus oder auf einer Veranda höher platziert wird. Ihre Blütenstände fallen dann mehr auf.

Zwei Arten werden häufig angeboten:

• *Chysis aurea* (von Mexiko bis Panama, Kolumbien, Venezuela)
Natürlicher Lebensraum: Epiphyt in bis zu 1700 m Höhe
Blütezeit: Frühling
Kultur: Siehe Temperaturen, die für die Gattung angegeben sind.
Schwierigkeit der Kultur: Einfach
Pflanzengröße: Pseudobulben 40 bis 45 cm, Blätter 45 cm
Blütengröße: 5 bis 7 cm
Blütenzahl pro Blütenstand: 6 bis 12 Blüten
Länge des Blütenstands: 20 bis 30 cm
• *Chysis bractescens* Bild 2 (Mexiko, Guatemala)
Natürlicher Lebensraum: Epiphyt in bis zu 850 m Höhe
Blütezeit: Frühling
Kultur: Siehe Temperaturen, die für die Gattung angegeben sind.
Schwierigkeit der Kultur: Einfach
Pflanzengröße: Pseudobulben 30 bis 40 cm, Blätter 40 cm
Blütengröße: 7 bis 8 cm
Blütenzahl pro Blütenstand: 4 bis 8 Blüten
Länge des Blütenstands: 20 bis 30 cm

▲1 *Chysis limminghei*

Chysis bractescens ▲ **2**

Chysis laevis ▲ **3**

Cochleanthes

Es handelt sich um Hybriden oder Arten, die üppig blühen und ideal sind, um mit einer ausgefallenen Sammlung zu beginnen.

▲1 *C. amazonica × discolor*

Pflanzenbeschreibung

Schwierigkeit der Kultur: Sehr einfach, ideal für Zimmerkultur

Geografische Verbreitung: Peru, Kolumbien, Costa Rica, Guyana
Artenzahl: 15
Natürlicher Lebensraum: Epiphyt in den Wäldern in 500 bis 1200 m Höhe
Wuchsform: Kleine Pflanze ohne Pseudobulben und daher ohne Speicherkapazität. Diese Orchideen wachsen in den Breiten, wo es kaum Trockenzeit gibt.
Pflanzengröße: Kleine Pflanzen, 20 bis 25 cm
Blütengröße: 4 bis 7 cm
Blütenzahl pro Blütenstand: 1
Länge des Blütenstands: 10 bis 20 cm
Duft: Bei manchen Arten sehr angenehm
Blütezeit: Frühling bis Sommer, blühen oft mehrmals im Jahr.
Blühdauer: Zwei bis drei Wochen

Kultur
(betrifft alle 15 Arten)

Licht: Sie mag kein grelles Licht und direkte Sonne. Im Sommer nicht an ein Südfenster stellen.
Temperatur: Warm; 18 bis 30 °C am Tag, 16 bis 25 °C in der Nacht, Unterschied Tag und Nacht 2 bis 5 °C
Kultur im Freien: Bei hohen Temperaturen und nicht zu trockener Luft vom 1. Juli bis 15. August möglich. An einem Baum aufhängen, um vor Schneckenbefall zu schützen.

Wasser: Kalkfrei
Gießen: *Cochleanthes*-Arten haben keine Pseudobulben oder dicke Blätter, die Wasser speichern können, um die Pflanze zu „versorgen". Entsprechend ihrer Wachstumsaktivität müssen sie das ganze Jahr über regelmäßig gegossen werden. Das Substrat darf nicht austrocknen. Junges Laub nicht benetzen.
Ruheperiode: Keine
Luftfeuchtigkeit: Mindestens 60 bis 65 %, wenn höher, ausreichend lüften, Blätter nicht benetzen.
Umpflanzen: Alle zwei Jahre, wenn die Neutriebe erscheinen, umtopfen. Ideal für Blockkultur, aber schwierig außerhalb eines Gewächshauses.
Substrat: Mittelere Körnung; 70 % Kiefernrinde, 20 % Sphagnum, 10 % Blähton
Düngung: Das ganze Jahr über einen ausgewogenen Dünger geben, im Frühjahr und Sommer bei jeder zweiten, im Herbst und Winter bei jeder dritten Wassergabe.

Arten mit den auffallendsten Blüten: *C. amazonica* Bild 2 (Lippe 7 cm), *C. flabelliformis*
Stark duftende Arten: *C. marginata*, *C. discolor*, *C. candida*

▲2
C.amazonica

Coelia

Eine wenig bekannte Gattung, die jeden begeistert, der sie entdeckt. Ganz besonders ist *Coelia bella*, deren Blüten in bestimmten Augenblicken des Tages nach Bittermandeln duften.

Pflanzenbeschreibung

Schwierigkeit der Kultur: Einfach

Geografische Verbreitung: Mexiko, Guatemala
Artenzahl: 5; *C. bella, C. densiflora, C. guatemalensis, C. macrostachya, C. triptera*
Natürlicher Lebensraum: Epiphytische, lithophytische oder terrestrische Orchideen der Regenwälder in 0 bis 2500 m Höhe
Wuchsform: Pflanze mit eiförmigen, olivgrünen Pseudobulben, die 3 bis 5 Blätter tragen. Die Blütenstände entwickeln sich zur gleichen Zeit wie die Neutriebe.
Duft: Bei bestimmten Arten
Blütezeit: Frühling bis Herbst
Blühdauer: Zwei bis drei Wochen
Besonderheit: Sehr blühfreudige Gattung

Kultur
(betrifft alle fünf Arten)

Licht: Sie mögen keine sehr helle Umgebung, da sonst das Laub vergilbt. Die Lichtstrahlen beeinflussen die Anordnung der Blütenstände an der Pflanze; tatsächlich entwickeln sich die meisten Blütentriebe auf der Seite, die das meiste Licht erhält. Doch diese Hürde ist im Zimmer schwierig zu überwinden; im Gewächshaus oder auf der Veranda ist es einfacher, da man die Pflanze regelmäßig zur Hauptlichtquelle hin drehen kann.
Temperatur: 18 bis 25 °C am Tag, 13 bis 16 °C in der Nacht (Unterschied Tag und Nacht 3 bis 4 °C)
Kultur im Freien: 1. Juli bis 15. August
Wasser: Kalkfrei
Gießen: Während der Entwicklung der Pseudobulben regelmäßig und ausgiebig, im Winter mäßig gießen. Blätter nicht benetzen, wenn die Neutriebe erscheinen.
Ruheperiode: Keine
Luftfeuchtigkeit: 50 bis 70 %
Umpflanzen: Die schnellwüchsigen Orchideen müssen regelmäßig umgetopft werden (alle zwei Jahre nach der Blüte). Die Pflanze darf nicht zu buschig werden, daher wird sie geteilt, wenn sie mehr als 20 Pseudobulben hat.
Substrat: Sehr durchlässig, mittlere Körnung; 80 % Kiefernrinde und 20 % Blähton
Düngung: Das ganze Jahr über bei jeder zweiten Wassergabe einen ausgewogenen Dünger verabreichen.

Für eine abwechslungsreiche Sammlung

• *Coelia bella* (Mexiko, Guatemala)
Natürlicher Lebensraum: Terrestrische, manchmal epiphytische Orchidee der Regenwälder in bis zu 1500 m Höhe
Blütezeit: November, Dezember
Pflanzengröße: 40 bis 50 cm
Blütengröße: 3 bis 5 cm
Blütenzahl pro Blütenstand: 8 bis 20
Länge des Blütenstands: 15 cm
Duft: Bittermandel
Besonderheit: Die Blüten sind ährenförmig angeordnet.
• *Coelia triptera* Bild 1 (Mexiko, Guatemala)
Natürlicher Lebensraum: Epiphytische oder lithophytische Orchidee der Regenwälder in 500 bis 1500 m Höhe
Blütezeit: Frühling
Pflanzengröße: 40 bis 50 cm
Blütengröße: 2 bis 4 cm
Blütenzahl pro Blütenstand: 10 bis 20
Länge des Blütenstands: 12 bis 18 cm
Duft: Ja

▲ **1** *C. triptera*

Coelogyne

Innerhalb dieser Gattung trifft man auf eine interessante Vielfalt an Pflanzen- und Blütenformen. Die Regionen, die sie besiedeln, sind sehr unterschiedlich, daher gibt es immer eine *Coelogyne*, die den Temperaturen entspricht, die ein Orchideenliebhaber bieten kann. Wenn auch ihre Blüten keine sehr attraktive Farbe haben, die Lippen sind kammartig und oft bunt gemustert.

Pflanzenbeschreibung

▲1

Schwierigkeit der Kultur: Einfach, wenn man den ursprünglichen Standort der Arten kennt, um ihnen die richtigen Temperaturen zu bieten.

Geografische Verbreitung: Ganz Südostasien, Indien, Indonesien, China und die Pazifikinseln
Artenzahl: 100
Natürlicher Lebensraum: Epiphytische, lithophytische oder terrestrische Orchideen in 0 bis 2600 m Höhe. Sie wachsen in feuchten, mehr oder weniger lichten Wäldern.
Wuchsform: Sympodial wachsende Orchideen, die ihre Pseudobulben während der Regenzeit entwickeln; danach, vor der Blüte, eine ausgeprägte Ruhezeit. Die Blütenstände entspringen an der Basis der Pseudobulben oft zur selben Zeit wie die Neutriebe (Unterscheidung manchmal schwierig).
Duft: Bei manchen Arten
Blütezeit: Je nach Art unterschiedlich
Blühdauer: Vier bis sechs Wochen

Kultur

Licht: Alle Arten lieben das Licht, manche mehr als andere. Diese brauchen bei Zimmerkultur unbedingt die Südseite, im Gewächshaus brauchen sie diese Lage im Winter.
Temperatur: Bei manchen Arten warme, bei den anderen temperierte oder kühle Kultur.
Warm: 18 bis 30 °C am Tag, 16 bis 25 °C in der Nacht, Unterschied Tag und Nacht 2 bis 5 °C
Temperiert: 18 bis 25 °C an Tag, 14 bis 16 °C in der Nacht, Unterschied Tag und Nacht 5 bis 7 °C
Kühl: 15 bis 20 °C am Tag, 8 bis 14 °C in der Nacht, Unterschied Tag und Nacht 8 bis 10 °C

Kultur im Freien: 1. Juli bis 15. August für warm kultivierte Arten, 1. Juni bis 15. September für Spezies aus temperierter Kultur, von Juni bis Oktober für alle *Coelogyne* aus dem Kalthaus empfohlen
Wasser: Kalkfrei
Gießen: Arten mit Ruheperiode (*C. cristata*) in der Wachstumsphase ausgiebig und regelmäßig, andere weniger gießen (*C. speciosa*, *C. ovalis* Bild 2, *C. pandurata*, *C. bufordiense*). In der Wachstumszeit, besonders im Sommer, muss das Substrat leicht feucht bleiben.
Ruheperiode: Nur bei einigen Arten
Luftfeuchtigkeit: 75 bis 85 %, gute Lüftung
Umpflanzen: Sie mögen das Verpflanzen nicht. Alle drei Jahre umtopfen, wenn sich neue Pseudobulben entwickeln, vorausgesetzt, das Substrat wird nicht vorher abgebaut. Große Pflanzen fühlen sich in Körben wohler, da sie leicht aus ihrem Topf herauswachsen. Kleine Pflanzen lassen sich aufgebunden gut kultivieren.
Substrat: Mittlere Körnung für gute Durchlässigkeit, muss aber in der Wachstumsphase zwischen den Wassergaben etwas feucht bleiben; 60 % Kiefernrinde, 20 % Sphagnum, 20 % Blähton.
Düngung: In der Wachstumsphase bei jeder zweiten, dann bei jeder dritten Wassergabe, wenn die Pseudobulben voll entwickelt sind. Das ganze Jahr einen ausgewogenen oder ab dem Erscheinen der Neutriebe drei Monate lang einen stickstoffreichen Dünger, danach einen phosphor- und kaliumreichen Dünger verabreichen, um die Blüte zu fördern. Arten mit Ruhephase in dieser Zeit nicht gießen.

Die größten Arten: *C. pandurata* Bild 5, *C. bufordiense*, *C. cristata* Bild 3
Die kleinsten Arten: *C. virescens*, *C. speciosa* Bild 8, *C. ovalis*
Arten mit den auffallendsten Blüten: *C. mooreana* Bild 6, *C. bufordiense*, *C. cristata* Bild 3, *C. dayana* Bild 7, *C. massangeana* Bild 1, *C. ochracea*
Arten mit der einfachsten Kultur: *C. ovalis* Bild 2, *C. virescens*, *C. cristata* Bild 3

Coelogyne ovalis ▲ **2**   **3** ▲ *Coelogyne cristata*

Coelogyne massangeana ▲ **4**

Für eine abwechslungs-reiche Sammlung

Coelogyne pandurata ▲ 5

• *Coelogyne cristata* Bild 3 (Nordhimalaya, Thailand)
Natürlicher Lebensraum: Wächst epiphytisch auf bemoosten Bäumen in sehr feuchten Wäldern in 1600 bis 2300 m Höhe. Ausgeprägte Trockenzeit in einer Umgebung mit gesättigter Luftfeuchte und Winden.
Blütezeit: Spätwinter, Vorfrühling
Kultur: Das ganze Jahr kühl oder temperiert in der Wachstumszeit und kühl im Winter. Im Herbst weniger, im Winter gar nicht gießen. Pseudobulben dürfen nicht schrumpfen. Pflanze auf der Südseite, von November bis Januar in Sonnenlage platzieren. In Körben, Hängetöpfen oder aufgebunden kultivieren, wenn die Luftfeuchtigkeit konstant hoch ist.
Schwierigkeit der Kultur: Einfach
Pflanzengröße: 15 bis 20 cm, kann aber Büschel von bis zu 1 m Breite bilden.
Blütengröße: 7,5 bis 10 cm
Blütenzahl pro Blütenstand: 5 bis 8
Länge des Blütenstands: 12 bis 30 cm
Duft: Angenehm
Besonderheit: *C. cristata* var. *hololeuca* bildet schneeweiße Blüten.
• *Coelogyne massangeana* Bild 1 und 4 (Malaysia, Thailand, Java, Sumatra)
Natürlicher Lebensraum: Epiphyt in schattigen und feuchten Wäldern in 1400 m Höhe
Blütezeit: Sommer bis Herbst
Kultur: Temperiert; während der Entwicklung der Pseudobulben etwas weniger gießen. Die Pflanze braucht wenig Licht und bevorzugt eine Lage mit Morgensonne oder eine schattige Umgebung. Höher platzieren, um die überhängenden Blütenstände nicht zu beschädigen.
Schwierigkeit der Kultur: Einfach
Pflanzengröße: 55 bis 60 cm
Blütengröße: 4 bis 5 cm
Blütenzahl pro Blütenstand: 15 bis 20
Länge des Blütenstands: 30 bis 40 cm
Duft: Ja
Besonderheit: Die langen Blütenstände sind mit Blüten bedeckt, die an eine Kette erinnern.
• *Coelogyne mooreana* Bild 6 (Vietnam)
Natürlicher Lebensraum: Epiphytische Art in 1200 bis 1300 m Höhe
Blütezeit: Frühling
Kultur: Sie braucht wenig Licht und wächst in einer temperierten Umgebung. Während der Entwicklung der Pseudobulben weniger gießen (der Topf soll zwischen den Wassergaben leichter werden).
Schwierigkeit der Kultur: Sehr einfach
Pflanzengröße: 30 bis 45 cm hoch
Blütengröße: 7 bis 10 cm

Blütenzahl pro Blütenstand: 30 bis 35
Länge des Blütenstands: 12 bis 30 cm
Duft: Angenehm
Besonderheit: Eine der schönsten und am einfachsten zu kultivierenden Arten
• *Coelogyne pandurata* Bild 5 (Malaysia, Borneo, Sumatra, Philippinen)
Natürlicher Lebensraum: Sie wächst in niedrigen Lagen auf Bäumen an fließenden Gewässern oder in heißen und sumpfigen Ebenen.
Blütezeit: Frühling bis Sommer
Kultur: Warm mit viel Feuchtigkeit und ausreichend Luftzufuhr. Sie wächst sehr gut in einer Umgebung mit wenig Licht, blüht aber nur, wenn sie in vollem Licht ohne direkte Sonne steht, bis die Blütentriebe sich entwickelt haben. Im Gewächshaus sollte sie höher platziert werden, im Zimmer an einem Südfenster stehen. Während der Entwicklung neuer Pseudobulben reichlich, danach mäßig gießen.
Schwierigkeit der Kultur: Einfach
Pflanzengröße: 40 bis 50 cm hoch
Blütengröße: 7,5 bis 12 cm
Blütenzahl pro Blütenstand: 30 bis 35
Länge des Blütenstands: 30 bis 45 cm
Duft: Ja
Besonderheit: Diese Art kann mehrmals im Jahr blühen.
• *Coelogyne speciosa* Bild 8 (Borneo, Sumatra, Java)
Natürlicher Lebensraum: Epiphyt in dichten und feuchten Wäldern in 750 bis 1800 m Höhe
Blütezeit: Sommer bis Herbst
Kultur: In warmer oder temperierter Umgebung wie *Phalaenopsis*. Während der Wachstumsphase ausgiebig und regelmäßig, dann etwas weniger gießen.
Schwierigkeit der Kultur: Sehr einfach
Pflanzengröße: 25 bis 30 cm hoch
Blütengröße: 5 bis 6 cm
Blütenzahl pro Blütenstand: 2 bis 3
Länge des Blütenstands: 10 bis 15 cm
Besonderheit: Die Blüten sind nach unten gerichtet.

Coelogyne mooreana ▲ **6**   **7** ▲ *Coelogyne dayana*

Coelogyne speciosa ▲ **8**

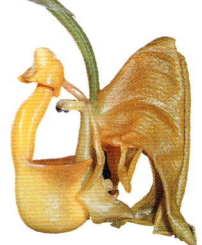

Coryanthes

Eine Gattung mit bizarren und faszinierenden Blüten, die bedauerlicherweise sowohl in der Natur als auch in Kultur selten vorkommt.

▲ 1

Pflanzenbeschreibung

Schwierigkeit der Kultur: Einfach, auch als Zimmerpflanze geeignet, wenn die Luftfeuchtigkeit hoch genug ist.

Geografische Verbreitung: Guyana, Peru, Venezuela, Brasilien, Trinidad
Artenzahl: 15 bis 20
Natürlicher Lebensraum: Epiphyt warmer und feuchter Wälder in niedrigen Lagen, auf Ästen, die über den Flüssen oder in Mangrovenwäldern herabhängen. Zieht Ameisen an, die für eine saure und nahrhafte Umgebung sorgen, die die Pflanze braucht.
Wuchsform: Kurze Pseudobulben, die zwei bis drei große Blätter mit hervorstehender Nervatur tragen. Das Wurzelsystem enthält sehr viele feine Wurzeln.
Besonderheit der Blüten: Die Blüte scheidet in der großen Lippe, die wie ein umgedrehter Helm aussieht, eine Flüssigkeit aus. Wenn das bestäubende Insekt, angelockt vom Duft, in die Lippe fällt, wird es durch seine feucht gewordenen Flügeln am Wegfliegen gehindert. Es kann dann nur durch einen bestimmten Kanal aus der Blüte klettern, wobei der Pollen an seinem Kopf haften bleibt. Bei der nächsten Blüte, die es besucht, wird der Pollen auf dem weiblichen Geschlechtsorgan zurückgelassen.
Duft: Ja
Blütezeit: Von Sommer bis zum Winteranfang
Blühdauer: Drei Tage

Kultur

Licht: Lichter Schatten ist ideal. Im Sommer die Südseite bitte meiden.
Temperatur: Warm; 20 bis 30 °C am Tag, 18 bis 25 °C in der Nacht (Unterschied Tag und Nacht 2 bis 3 °C)
Kultur im Freien: In warmen und feuchten Sommern die Pflanze an einem Baum aufhängen.
Wasser: Kalkfrei
Gießen: Während der gesamten Wachstumsphase regelmäßig gießen, um das Substrat gut feucht zu halten; wenn die Pseudobulben sich entwickelt haben in größeren Abständen gießen, damit das Substrat nur leicht feucht bleibt.
Ruheperiode: Keine
Luftfeuchtigkeit: 80 bis 85 % in einer Umgebung mit ausreichend Luftbewegung. Die Jungtriebe beim Gießen nicht benetzen.

Umpflanzen: Alle zwei Jahre, wenn die Neutriebe sich zeigen, in einen Korb oder einen Hängetopf umpflanzen oder besser aufbinden.
Substrat: Fein; 70 % Kiefernrinde und 30 % Sphagnum oder 100 % Sphagnum in einem Tontopf
Düngung: Während der Wachstumsphase bei jeder zweiten, wenn die Pseudobulben sich voll entwickelt haben, bei jeder dritten Wassergabe düngen. Das ganze Jahr über einen ausgewogenen oder ab dem Erscheinen der Neutriebe drei Monate lang einen stickstofffreichen Dünger geben, dem ein phosphor- und kaliumreicher Dünger folgt, um die Blütenbildung zu fördern.

Für eine abwechslungsreiche Sammlung

• *Coryanthes macrantha* Bild 2 und 3 (Guyana, Brasilien, Peru, Venezuela)
Natürlicher Lebensraum: Epiphyt
Blütezeit: Frühling bis Sommer
Kultur: Warm und feucht (Gewächshaus)
Schwierigkeit der Kultur: Einfach
Pflanzengröße: 60 bis 75 cm hoch
Blütengröße: 12 cm
Blütenzahl pro Blütenstand: 2
Länge des Blütenstands: 20 bis 30 cm
Duft: Angenehm
• *Coryanthes maculata* (Kolumbien, Panama, Guyana, Brasilien, Peru, Venezuela)
Natürlicher Lebensraum: Epiphyt in Wassernähe
Blütezeit: Frühling
Kultur: Warm und feucht (Gewächshaus)
Schwierigkeit der Kultur: Einfach
Pflanzengröße: 60 bis 70 cm hoch
Blütengröße: 10 cm
Blütenzahl pro Blütenstand: 2 bis 5
Länge des Blütenstands: 30 bis 50 cm
Duft: Angenehm
• *Coryanthes speciosa* Bild 1 und 4 (Kolumbien, Panama, Guyana, Brasilien, Peru, Venezuela)
Natürlicher Lebensraum: Epiphyt in unter 1000 m Höhe
Blütezeit: Sommer
Kultur: Warm und feucht (Gewächshaus)
Schwierigkeit der Kultur: Einfach
Pflanzengröße: 60 bis 70 cm hoch
Blütengröße: 12 bis 13 cm
Blütenzahl pro Blütenstand: 2 bis 5
Länge des Blütenstands: 30 bis 50 cm
Duft: Angenehm

Coryanthes macrantha ▲ 2

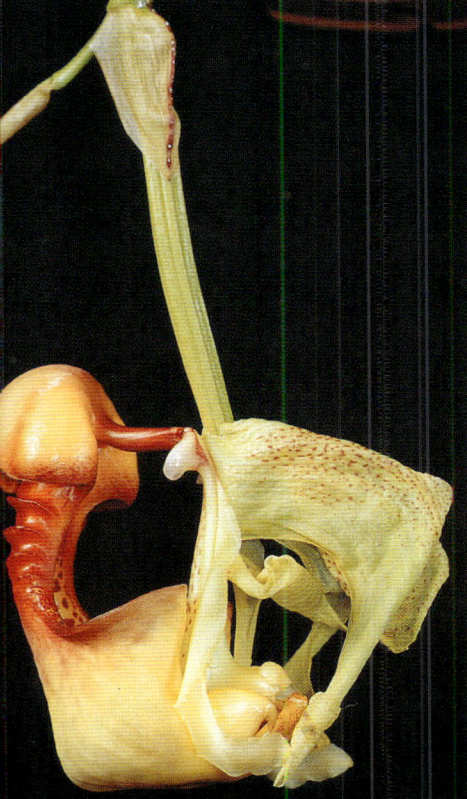

Coryanthes macrantha ▲ 3    4 ▲ *Coryanthes speciosa*

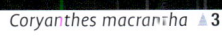

Cycnoches

Eine prächtige Gattung, deren Name die Blütenform sehr gut beschreibt: Auf Griechisch bedeutet „kynos" Schwan und „auchen" Nacken. So bezieht sich der Name auf die besondere Form der langen und gebogenen Säule, die wie ein Schwanenhals aussieht. Diese Orchideen werden auch „Schwanenorchideen" genannt.

Pflanzen-beschreibung

Schwierigkeit der Kultur: Mittelschwer

▲1

Geografische Verbreitung: Tropisches Amerika
Artenzahl: 12
Natürlicher Lebensraum: Epiphytische, manchmal terrestrische Orchidee warmer und feuchter Wälder in bis zu 600 m Höhe, mit ausgeprägten Regen- und Trockenzeiten
Wuchsform: Längliche Pseudobulben mit drei bis vier Blättern, die abfallen. Wie bei *Catasetum* werden männliche und weibliche Blüten gebildet, die auf den Pseudobulben erscheinen. Die Gattung wird in zwei Sektionen eingeteilt: *Cychnoches* (*C. loddigesii*, *C. ventricosum*, *C. chlorochilum*), bei denen sich die männlichen und weiblichen Blüten nicht wesentlich voneinander unterscheiden; und *Heteranthae* (*C. egertonianum*, *C. maculatum*, *C. pantadactylon*), bei denen die Lippe der männlichen und weiblichen Blüten unterschiedlich ist.
Duft: Angenehm
Blütezeit: Hauptsächlich im Sommer
Blühdauer: Zwei bis vier Wochen

Kultur

Der Kultur von *Catasetum* sehr ähnlich.
Licht: Sie mag Licht, aber nicht im Übermaß und vor allem keine pralle Sonne. Im Sommer keine Südseite.
Temperatur: Während der Wachstumsphase warm; 18 bis 28 °C am Tag, 16 bis 20 °C in der Nacht (Unterschied Tag und Nacht 2 bis 3 °C). In der Ruhezeit temperiert; 18 bis 22 °C am Tag, 14 bis 18 °C in der Nacht (Unterschied Tag und Nacht 4 bis 5 °C)
Kultur im Freien: 1. Juli bis 15. August, an einem Baum aufhängen. Bei trockener Luft besprühen, um Spinnmilben vorzubeugen.
Wasser: Kalkfrei
Gießen: Beim Erscheinen der Neutriebe ausgiebig und regelmäßig gießen. Wenn die Pseudobulben ausgebildet sind, Wassergaben reduzieren, dann einstellen, bis neue Triebe oder Blüten erscheinen.
Ruheperiode: Ja

Luftfeuchtigkeit: Während der Wachstumsphase 75 bis 85 %, in der Ruhezeit trockener (65 bis 70 %) halten.
Umpflanzen: Alle zwei Jahre zu Beginn der Wachstumsphase in Gitter- oder Tontöpfe umsetzen und aufhängen.
Substrat: Sehr durchlässig, mittlere Körnung; 60 % Kiefernrinde, 30 % Sphagnum, 10 % Blähton
Düngung: Beim Erscheinen der Neutriebe etwa drei Monate lang einen Stickstoffdünger, danach einen phosphor- und kaliumreichen Dünger geben. In der Ruhezeit nicht düngen.
Besondere Anmerkungen: Die Jungtriebe sind vor Schnecken sicher, wenn man die Töpfe höher hängt.

Für eine abwechslungs-reiche Sammlung

• *Cycnoches loddigesii* Bild 2 (Venezuela, Kolumbien, Brasilien, Guyana, Surinam)
Natürlicher Lebensraum: Epiphyt
Blütezeit: Juli bis August
Kultur: Wie oben
Schwierigkeit der Kultur: Mittel
Pflanzengröße: 15 bis 30 cm hohe Pseudobulben tragen 5 bis 7 Blätter von 30 bis 40 cm Länge.
Blütengröße: 12 bis 13 cm
Blütenzahl pro Blütenstand: Höchstens 10
Länge des Blütenstands: 30 bis 40 cm
Duft: Sehr angenehm
• *Cycnoches ventricosum* Bild 3 (Venezuela, von Mexiko bis Panama)
Natürlicher Lebensraum: Epiphyt in Höhen selten über 1000 m
Blütezeit: Juli bis August
Kultur: Wie oben
Schwierigkeit der Kultur: Mittel
Pflanzengröße: 15 bis 30 cm hohe Pseudobulben tragen 5 bis 7 Blätter von 30 bis 40 cm Länge.
Blütengröße: 12 bis 13 cm
Blütenzahl pro Blütenstand: Höchstens 10
Länge des Blütenstands: 30 bis 40 cm
Duft: Sehr angenehm

> **Die auffallendsten Arten:**
> *C. loddigesii* Bild 2, *C. ventricosum* Bild 3,
> *C. barthiorum* Bild 1

Cycnoches lod²igesii ▲ **2**

Cy²noches ven²ricosum▲ **3**

Cymbidiella

Nach *Angraecum* ist diese die spektakulärste Orchideengattung, die man auf Madagaskar antreffen kann.

Pflanzenbeschreibung

Schwierigkeit der Kultur: Einfach

Geografische Verbreitung: Madagaskar
Artenzahl: 3; *C. pardalina* (Syn. *C. rhodochilla* Bild 1 und 2), *C. falcigera* Bild 3 und *C. flabellata* Bild 4
Natürlicher Lebensraum: Diese drei Arten wachsen an der Ostküste Madagaskars und jede von ihnen hat eine einzigartige Lebensweise.
- *C. flabellata* wächst entlang der Flüsse auf den Stämmen von *Raphia ruffia* (Bastpalme) in 0 bis 400 m Höhe.
- *C. pardalina* lebt epiphytisch und wächst nur in Anwesenheit von *Platycerium madagascariensis* (Geweihfarn) in 500 bis 1000 m Höhe.
- *C. falcigera* ist terrestrisch und wächst in den warmen und feuchten Küstenwäldern, manchmal in Sumpfgebieten.
Wuchsform: *C. pardalina* und *C. flabellata* haben Pseudobulben, während *C. falcigera* lange Rhizome bildet.
Pflanzengröße: Große Pflanze, 50 bis 100 cm hoch
Blütengröße: 6 bis 7 cm
Blütenzahl pro Blütenstand: 6 bis 7
Länge des Blütenstands: 45 bis 55 cm
Besonderheit: Diese Gattung ist schwierig zu vermehren, daher ziemlich selten in den Sammlungen.

Kultur

Unbedingt in einem Gewächshaus oder auf einer Veranda kultivieren.
Licht: Sie mögen Licht, aber nicht im Übermaß und vor allem keine pralle Sonne. Im Sommer keine Südseite.
Temperatur: Warm; 18 bis 30 °C am Tag, 17 bis 25 °C in der Nacht, Unterschied Tag und Nacht 2 bis 3 °C
Kultur im Freien: Nicht möglich
Wasser: Kalkfrei
Gießen: Das ganze Jahr über regelmäßig gießen, zwischen den Wassergaben das Substrat etwas austrocknen lassen (außer bei *C. falcigera*, deren Substrat feucht bleiben muss).
Ruheperiode: Keine
Luftfeuchtigkeit: 60 bis 70 % bei guter Luftzufuhr
Umpflanzen: Alle zwei bis drei Jahre. Ein ziemlich heikler Vorgang für diese Orchideen, dennoch unumgänglich, wenn das Substrat nicht abgebaut werden soll. Im Frühjahr, nach der Blüte umtopfen. Die horizontale Wuchsform von *C. falcigera* erschwert die Wahl des Gefäßes, das breit sein muss und nicht tief (große Lattenkiste).
Substrat: Obwohl sie in der Natur in Begleitung von speziellen Pflanzen wachsen, kann man *Cymbidiella flabellata* Bild 4 und *C. pardalina* Bild 1 in einem normalen durchlässigen Substrat ziehen, das etwas Feuchtigkeit speichert; mittlere Körnung, 70 % Rinde, 20 % Sphagnum, 10 % Blähton. *C. falcigera* kann in reinem Sphagnum wachsen.
Düngung: Das ganze Jahr über einen ausgewogenen Dünger bei jeder zweiten Wassergabe verabreichen.

◀ 1 *Cymbidiella pardalina*

2 ▲ *Cymbidiella pardalina* (= *C. rhodochilla*)

Cymbidiella falcigera ▲ 3

4 ▲ *Cymbidiella flabellata*

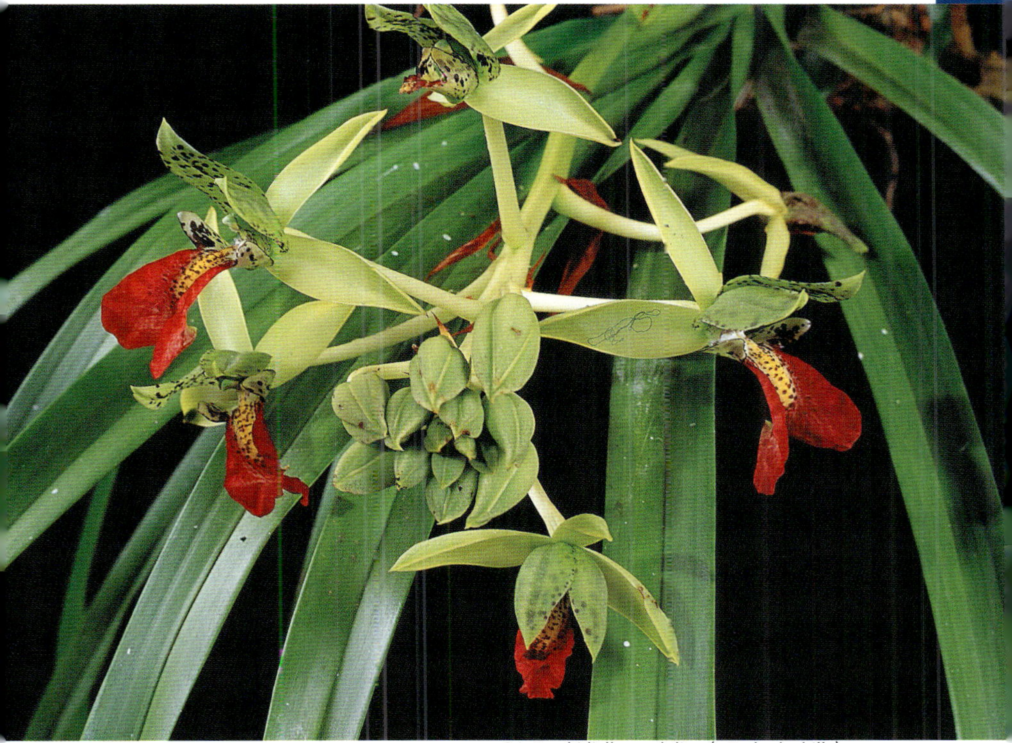

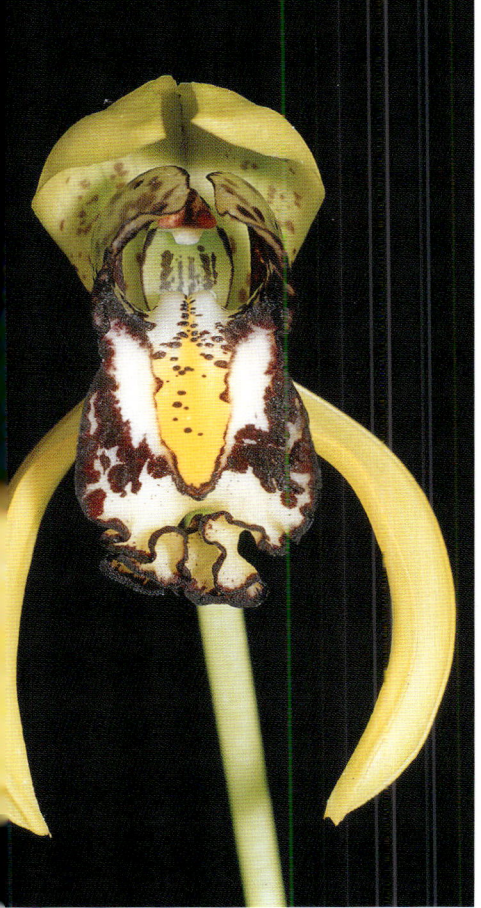

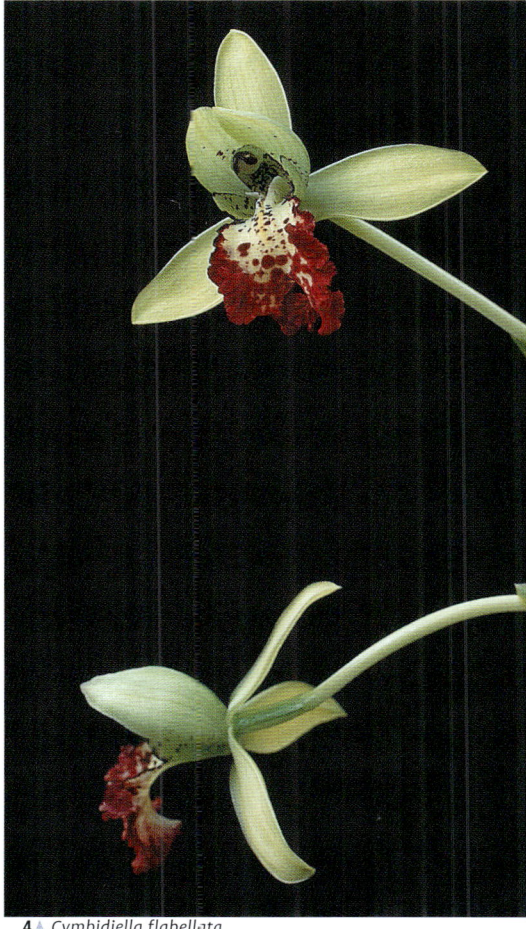

Cymbidium

Diese zu den ältesten Orchideen zählende Gattung wird wegen ihrer vielen prächtigen großblütigen Hybriden geschätzt. Sammler wie Anfänger erfreuen sich, auf der Suche nach Originalität, an der Vielfalt der Blütenformen. Und wer *Cymbidium* nicht kultivieren kann, weil es ihm nicht möglich ist, sie im Sommer ins Freie zu stellen, kann es trotzdem mit den Arten versuchen, die auch im Zimmer blühen.

▲ **1** *C. pumilum*

Pflanzenbeschreibung

Schwierigkeit der Kultur: Einfach

Geografische Verbreitung: Südostasien, Japan, Indonesische Inseln und Nordaustralien
Artenzahl: 112
Natürlicher Lebensraum: Epiphytisch, lithophytisch und terrestrisch in bis zu 3000 m Höhe. Man findet *Cymbidium* in drei großen Klimabereichen:
– Epiphytische Cymbidien der Regenwälder in Malaysia, Indien und Nordaustralien (im Warmhaus kultivieren). Dazu gehören *C. aloifolium* Bild 2, *C. atropurpureum*, *C. canaliculatum*, *C. dayanum*, *C. madidum*.
– Terrestrische Cymbidien feuchter Wälder in bis zu 3000 m Höhe in Japan, Südchina, Nepal und Indien (im temperierten Gewächshaus kultivieren). Dazu gehören *C. ensifolium* und *C. devonianum*.
– Epiphytische oder lithophytische Cymbidien der Wälder in 1200 bis 2800 m Höhe am Himalaya in Indien und Nepal (im Kalthaus kultivieren). Einige Arten wie *C. eburnum*, *C. insigne*, *C. lowianum*, *C. tracyanum* und die meisten im Handel erhältlichen Hybriden gehören zu dieser Gruppe.

Wuchsform: Sympodial wachsende Pflanze mit zahlreichen langen, feinen, selten dicken Blättern; Blütenstände aufrecht (die meisten Hybriden), bogig (*C. tracyanum*, *C. lowianum*) oder hängend (*C. madidum*) mit 5 bis 25 Blüten, die je nach Art mehr oder weniger groß sind.
Duft: Bei vielen Arten und Hybriden
Blütezeit: November bis April/Mai
Blühdauer: Acht bis zehn Wochen

Kultur

Licht: Obwohl manche Arten unter weniger hellen Bedingungen wachsen als andere, brauchen alle Cymbidien viel Licht ohne direkte Sonne.
Temperatur: Wie oben erwähnt, wird die Kultur von Cymbidien in drei Temperaturgruppen eingeteilt:
Kultur im Warmhaus: 18 bis 29 °C am Tag, 18 bis 25 °C in der Nacht (Unterschied Tag und Nacht 2 bis 5 °C)
Kultur im temperierten Haus: 18 bis 25 °C am Tag, 13 bis 16 °C in der Nacht (Unterschied Tag und Nacht 5 bis 10 °C). Im Winter in kühlerer Umgebung halten.
Kultur im Kalthaus: 15 bis 30 °C am Tag, 5 bis 20 °C in der Nacht (Unterschied Tag und Nacht mindestens 10 °C). Auch Arten, die im Kalthaus kultiviert werden, mögen im Sommer Wärme.

Ethnobotanik

Im antiken Japan wurde *C. ensifolium* von Handelsleuten gesammelt, um ihre Häuser zu parfümieren. Die Anmut ihrer Blätter wurde und wird in der japanischen und chinesischen Zeichenkunst sehr oft dargestellt. Bei den Aborigines Nordaustraliens gelten die Pseudobulben von *C. canaliculatum* als essbar.
Die Japaner legten die Blüten von *C. virescens* in Salz ein, um sie manchen heißen Getränken dazu zu geben.
In Malaysia wurde aus den Wurzeln von *C. finlaysonianum* ein Heilmittel zubereitet, um damit kranke Elefanten zu pflegen.

Die größten Arten: Die meisten großblütigen Hybriden, *C. tracyanum* Bild 6, *C. lowianum* Bild 7
Die kleinsten Arten: *C. pumilum* Bild 1, *C. chlorantum* Bild 3, *C. eburneum* Bild 4, *C. ensifolium*
Arten mit den auffallendsten Blüten: *C. tracyanum* Bild 6, *C. lowianum* Bild 7
Einfache Kultur: Arten für das Kalthaus
Stark duftenden Arten: *C. tracyanum* Bild 6, *C. eburneum* Bild 4, *C. ensifolium*

Cymbidium alo.folium ▲ **2**

Kultur im Freien:
Arten aus dem Warmhaus: 1. Juli bis 15. August
Arten aus dem temperiertes Haus: Im Juli und August
Arten aus dem Kalthaus: Von Mai bis Oktober möglich; Pflanzen müssen vor den ersten Frösten ins Haus gebracht werden.
Wasser: Nicht zu kalkhaltiges Leitungswasser, sonst kalkfreies Wasser verwenden.
Gießen:
Arten aus dem Warmhaus: Sie leben in tropischen Wäldern, wo die Niederschlagsmenge unterschiedlich ist. Dementsprechend müssen die Wassergaben genau der Herkunft angepasst sein.
Arten aus Malaysia ziehen das ganze Jahr Nutzen aus den Regenfällen. Sie müssen regelmäßig gegossen werden und das Substrat muss in der Wachstumszeit feucht bleiben.
Arten aus Indien und Nordostaustralien sind sich abwechselnden Regen- und Trockenzeiten ausgesetzt. Sie werden bis zum Ende der Wachstumszeit mäßig gegossen.
Arten aus Nordaustralien halten ständige Trockenheit aus. Ihr Substrat muss zwischen den Wassergaben austrocknen.
Arten aus dem temperierten Haus: Diese Arten sind sich abwechselnden Regen- und Trockenzeiten ausgesetzt. Sie werden während der Wachstumszeit regelmäßig, im Winter viel weniger gegossen.
Arten aus dem Kalthaus: Diese Arten werden während der Wachstumszeit ausgiebig, dann zum Herbstanfang weniger gegossen, vorausgesetzt die Pflanzen stehen in einer kühlen Umgebung.
Ruheperiode: Am Ende der Wachstumsphase die Wasserversorgung etwas reduzieren.
Luftfeuchtigkeit: 40 bis 60 %; im Winter reicht niedrigere Luftfeuchte aus, wenn es kühl ist.
Umpflanzen: Die Wurzeln von Cymbidien mögen keine Wurzelstörung, deshalb sollten sie (zu Beginn der Wachstumszeit) nur umgetopft werden, wenn es wirklich notwendig ist. Manche Mini-Arten mit hängenden Blütenständen können aufgebunden kultiviert werden.
Substrat: Gut durchlässig, 70 % Kiefernrinde (mittel), 20 % Blähton, 10 % Sphagnum oder Torf. Wenn Sie mit kalkfreiem Wasser gießen, pulverförmigen Kalk (2 g/l) oder Muschelkalk beimischen.
Düngung: Cymbidien sind sehr gefräßig! Das Fehlen von Dünger oder eine schwach dosierte Düngung hat oft zur Folge, dass keine Blüten gebildet werden. Beim Erscheinen der Neutriebe etwa drei Monate lang einen stickstoffreichen, danach einen phosphor- und kaliumreichen Dünger geben, um die Blütenbildung anzuregen. Düngergabe im Frühjahr und Sommer bei jeder zweiten, im Herbst bei jeder dritten Wassergabe. Im Winter nicht düngen, bis das Wachstum wieder einsetzt.
Besondere Anmerkungen: Diese Orchideengattung ist für Liebhaber mit einem Gewächshaus oder einer im Winter kühlen Veranda zu empfehlen. Blütenknospen, die sich gerade entwickeln, sind gegen Temperaturänderungen sehr empfindlich. Warten Sie, bis die Blüten sich öffnen, wenn Sie die Pflanze von einem kühlen in einen warmen Bereich stellen, oder stellen Sie sie beim Erscheinen der Blütentriebe um, bevor die Knospen gebildet werden.

Für eine abwechslungsreiche Sammlung

• *Cymbidium atropurpureum* (Thailand, Malaysia, Sumatra, Borneo, Philippinen)
Natürlicher Lebensraum: Epiphyt oder Lithophyt tropischer Regenwälder in bis zu 1200 m Höhe
Blütezeit: April/Mai
Kultur: Warm; das ganze Jahr regelmäßig gießen.
Schwierigkeit der Kultur: Einfach
Pflanzengröße: 60 bis 100 cm; Pseudobulben 10 cm; Blätter 50 bis 90 cm lang
Blütengröße: 3 bis 4,5 cm
Blütenzahl pro Blütenstand: 10 bis 30
Länge des Blütenstands: 25 bis 75 cm, überhängend
Duft: Stark nach Kokosnuss
Besonderheit: Hängend kultivieren.
• *Cymbidium eburneum* Bild 4 (Nordmyanmar, Nordindien, Nepal, China)
Natürlicher Lebensraum: Epiphyten in Wäldern in von 300 bis 1200 m Höhe
Blütezeit: Februar bis Mai
Kultur: Temperiert
Schwierigkeit der Kultur: Einfach
Pflanzengröße: Kleine Pflanze, 30 bis 40 cm; Pseudobulben 5 cm; Blätter 25 bis 35 cm lang
Blütengröße: 8 bis 12 cm
Blütenzahl pro Blütenstand: 1 bis 2 Blüten
Länge des Blütenstands: 25 bis 30 cm, aufrecht
Duft: Sehr angenehm nach Narzissen
Besonderheit: Jeder Blütenstand trägt nur eine oder zwei Blüten.
• *Cymbidium ensifolium* (ganz Südostasien, Malaysia)
Natürlicher Lebensraum: Terrestrisch in Wäldern in 300 bis 1800 m Höhe
Blütezeit: Januar bis Mai
Kultur: Temperiert
Schwierigkeit der Kultur: Einfach

Cymbidium chloranthum ▲ **3**

Cymbidium eburneum ▲ **4**

Pflanzengröße: Kleine Pflanze, 40 bis 50 cm
Blütengröße: 3 bis 5 cm
Blütenzahl pro Blütenstand: 3 bis 9
Länge des Blütenstands: 15 bis 50 cm, aufrecht
Duft: Sehr intensiv
Besonderheit: Ihre Kultur in China und Japan geht auf das Altertum zurück. Noch heute gibt es bei Orchideenschauen in Japan eine Abteilung, in der nur diese Art wegen ihres schönen Laubs und der Schönheit ihrer Blüten präsentiert wird. Sie dient als Vorlage für fernöstliche Maler und Schreibkünstler.
• *Cymbidium erythrostylum* Bild 5 (Vietnam)
Natürlicher Lebensraum: Epiphytisch, lithophytisch und terrestrisch in bis zu 1500 m Höhe
Blütezeit: September, Oktober
Kultur: Kalt
Schwierigkeit der Kultur: Einfach
Pflanzengröße: Kleine Pflanze, 40 bis 50 cm; Pseudobulben 6 cm; Blätter 40 bis 45 cm lang
Blütengröße: 10 cm
Blütenzahl pro Blütenstand: 4 bis 8
Länge des Blütenstands: 15 bis 35 cm, aufrecht
Besonderheit: Auffallende Blüte aufgrund der geringen Größe der Pflanze im Vergleich zu ihren Blütenständen
• *Cymbidium lowianum* Bild 7 (Nord- und Ostmyanmar, China, Nordthailand)
Natürlicher Lebensraum: Epiphyt in Wäldern in 1200 bis 2400 m Höhe
Blütezeit: Februar bis Juni
Kultur: Kalt
Schwierigkeit der Kultur: Einfach
Pflanzengröße: 60 bis 115 cm; Pseudobulben 10 bis 15 cm; Blätter 50 bis 90 cm lang

Blütengröße: 10 bis 12 cm
Blütenzahl pro Blütenstand: 12 bis 40
Länge des Blütenstands: 15 bis 35 cm, aufrecht
Besonderheit: Späte Blüte von außergewöhnlicher Dauer
• *Cymbidium madidum* (Nordostaustralien)
Natürlicher Lebensraum: Epiphyt tropischer Wälder in bis zu 1200 m Höhe
Blütezeit: März bis April
Kultur: Warm, hängend. Nach Ende der Wachstumsphase in großen Abständen gießen.
Schwierigkeit der Kultur: Einfach
Pflanzengröße: Große Pflanze, 60 bis 115 cm; Pseudobulben 10 bis 15 cm; Blätter 50 bis 90 cm lang
Blütengröße: 2 bis 3 cm
Blütenzahl pro Blütenstand: 12 bis 70
Länge des Blütenstands: 40 bis 60 cm, überhängend
Besonderheit: Längliche, flache Pseudobulben
• *Cymbidium tracyanum* Bild 6 (Nord-Ostmyanmar, Nordthailand, China)
Natürlicher Lebensraum: Epiphytisch oder lithophytisch in 1200 bis 1900 m Höhe
Blütezeit: November bis Dezember
Kultur: Kalt
Schwierigkeit der Kultur: Mittel
Pflanzengröße: Große Pflanze, 60 bis 100 cm; Pseudobulben 10 cm; Blätter 50 bis 90 cm lang
Blütengröße: 12 cm
Blütenzahl pro Blütenstand: 10 bis 20
Länge des Blütenstands: 90 bis 130 cm, aufrecht
Duft: Herrlich nach reifen Pflaumen duftend
Besonderheit: Der Duft kommt bei den Hybriden oft vor.

Cymbidium erythrostylum ▲ **5**   **6** ▲ *Cymbidium tracyanum*

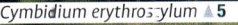

Cymbidium lowianum ▲ **7**

Cyrtorchis

Eine Gattung aus Madagaskar und Afrika, die bei Anfängern oder bei allen, die Orchideen mit weißen und abends duftenden Blüten suchen, beliebt ist.

▲1

Pflanzenbeschreibung

Schwierigkeit der Kultur: Einfach

Geografische Verbreitung: Tropisches Südafrika bis zur Südküste Südafrikas und Madagaskar
Artenzahl: 15
Natürlicher Lebensraum: Epiphyten, manchmal Lithophyten der Bergwälder in 600 bis 1500 m Höhe. Sie mögen feuchte und vor praller Sonne geschützte Regionen.
Wuchsform: Orchideen mit senkrechter Sprossachse ohne Pseudobulben. Sie verzweigen sich wie manche *Jumella*-Arten auch. Die Blütenstände entspringen an der Sprossachse zwischen den Blättern und tragen zahlreiche weiße oder cremeweiße Blüten mit einem längeren Sporn und sehr angenehmen Duft, der in der Nacht abnimmt. Wenn die Blüten altern, nehmen sie einen hübschen Orangeton an. Die Form der Pflanze erinnert an manche *Angraecum*-Arten.
Duft: Bei den meisten Arten
Blütezeit: Frühling, Sommer, Herbst
Blühdauer: Drei bis vier Wochen

Kultur

Licht: Diese Orchideen brauchen nicht sehr viel Licht, um gut zu blühen. In der Wohnung ist im Sommer ein Ost- oder Westfenster ideal, während sie im Winter die Südseite bevorzugen. Im Gewächshaus müssen sie im Sommer beschattet werden.
Temperatur: Warm; 18 bis 27 °C am Tag, 15 bis 20 °C in der Nacht (Unterschied Tag und Nacht 5 bis 8 °C)
Kultur im Freien: 1. Juli bis 15. August auf der Ost- oder Westseite
Wasser: Kalkfrei

Gießen: In der Wachstumsphase regelmäßig gießen, um das Substrat etwas feucht zu halten, dann in größeren Abständen; zwischen den Wassergaben den Topf leichter werden lassen.
Ruheperiode: Keine
Luftfeuchtigkeit: 60 bis 65 %; wenn sie steigt, auf gute Luftzufuhr achten.
Umpflanzen: Topfkulturen alle zwei Jahre. Kultur auf Unterlage ist möglich, setzt aber eine konstant feuchte Umgebung sowie häufiges Gießen während Hitzeperioden voraus.
Substrat: Gut durchlässig, aber etwas Wasser speichernd, mittlere Körnung; 60 % Rinde, 20 % Blähton, 20 % Sphagnum
Düngung: In der Wachstumsphase bei jeder zweiten, danach bei jeder dritten Wassergabe düngen. Das ganze Jahr über einen ausgewogenen Dünger verabreichen.

• *Cyrtorchis arcuata* Bild 2 (tropisches Südafrika bis zur Südküste Südafrikas)
Eine der auffallendsten Arten dieser Gattung.
Natürlicher Lebensraum: Epiphyten oder Lithophyten bewaldeter Regionen oder der Wälder entlang fließender Gewässer. Sie kommen auch an sonnigen Stellen schattiger Zonen vor.
Blütezeit: Im Allgemeinen im Frühling, aber auch im Sommer und Herbst
Kultur: Wie oben
Schwierigkeit der Kultur: Einfach
Pflanzengröße: 15 bis 20 cm hoch, 40 cm breit; eine kompaktere Art als die anderen
Blütengröße: 2 bis 3 cm (einschließlich der nach hinten gebogenen Petalen und Sepalen)
Blütenzahl pro Blütenstand: 5 bis 8
Länge des Blütenstands: 15 bis 20 cm
Länge des Sporns: 3 bis 8 cm in Form eines „S"
Duft: Nachts sehr angenehm

• *Cyrtorchis ringens* Bild 3
Die Kultur dieser Art ist ähnlich wie bei *Cyrtorchis arcuata*, aber sie ist blühfreudiger.

▲1 *Cyrtorchis brownii*

Cyrtorchis arcuata ▲ 2

Cyrtorchis ringens ▲ 3

Dendrobium

Mit mehr als 1600 Arten bietet die Gattung *Dendrobium* eine Vielfalt an Farben, Blütenformen und Pflanzengrößen, mit der keine andere Orchideengattung konkurrieren kann.

▲ 1 *D. cuthbertsonii*

Pflanzenbeschreibung

Geografische Verbreitung: Diese Gattung ist besonders weit verbreitet. Tatsächlich kann man ihre Vertreter vom Himalaya bis zu den westlichen Pazifikinseln, über Vietnam, Kambodscha bis Neuguinea, Japan und Australien antreffen.

Natürlicher Lebensraum: Die Herkunft des Wortes „Dendrobium" gibt die Lebensweise dieser Pflanzen genau an: Griechisch „dendros" bedeutet Baum und „bios" Leben. Anders gesagt sind Dendrobien die Epiphyten schlechthin. Aber das ist nicht alles. Wie wir sehen, können sie manchmal erstaunliche klimatische Bedingungen aushalten. Beispielsweise auf Neuguinea:

In den Ebenen und Tälern bis zu 1000 m Höhe: Die Sommer sind aufgrund der Monsunregen sehr feucht und warm, mit Höchsttemperaturen von 38 °C am Tag und Mindesttemperaturen von 18 °C in der Nacht. Im Winter ist es mit maximal 30 °C am Tag und 15 °C in der Nacht etwas kühler. Im Sommer regnet es sehr viel, im Winter ist es

viel trockener, ohne dass es den Pflanzen dieser Region etwas ausmacht. Die Dendrobien, die in diesen Höhenlagen heimisch sind, gehören in ein warmes oder temperiertes Gewächshaus.

In den Wäldern mittlerer Lagen (über 1000 bis 2500 m): Sommer wie Winter herrschen ähnliche Temperaturen mit höchstens 25 °C am Tag und mindestens 10 °C in der Nacht. In diesen Höhen regnet es im Winter selten und im Sommer regelmäßig. Die Luftfeuchtigkeit ist hingegen konstant hoch, besonders während der Nacht und beim Tagesanbruch. Diese Dendrobien sollten in einem temperierten Gewächshaus kultiviert werden.

In den Wäldern höherer Lagen (über 2500 bis 4000 m): Sommer und Winter sind kalt. In 3000 m Höhe herrscht das ganze Jahr über am Tag eine Höchsttemperatur von 15 °C und in der Nacht eine Mindesttemperatur von 4 °C. Auf 4000 m ist es am Tag höchstens 9 °C und in der Nacht mindestens 0 °C kalt! In dieser Höhe kommt bei Tagesanbruch Nebel auf, der die Pflanzen vor direkter Sonneneinstrahlung schützt und auf den Blättern feine Wassertröpfchen hinterlässt. Es ist zu bemerken, dass 0 °C nur bei Tagesanbruch und für eine sehr kurze Zeit erreicht wird. Dendrobien, die in diesen Höhenlagen wachsen, sollten in einem kalten Gewächshaus kultiviert werden. Manche brauchen eine ausgeprägte Ruhezeit (Arten aus 2500 bis 3000 m Höhe), andere hingegen eine sehr feuchte Umgebung (*D. cuthbersonii*) und diese vertragen keine Trockenheit.

Wuchsform: Die Gattung *Dendrobium* bringt herrliche Blüten hervor, aber die sehr hübschen Pflanzen werden auch oft wegen ihres Habitus gesammelt. Diese Orchideen haben Pseudobulben; diese können winzig (*D. cuthbersonii*), sehr groß (*D. speciosum*), aussen faserig (*D. munificum*), schlank (*D. pierardii*) oder behaart (*D. bellatum*) sein. Die Blätter sind variabel in Form, Farbe und Struktur. Einige Arten haben die Besonderheit, dass sie ihre Blätter ganz oder teilweise abwerfen.

Dendrobien sind sympodial wachsende Orchideen mit horizontaler Sprossachse, an der sie ihre Pseudobulben entwickeln, in denen die Pflanze während der Regenzeit Wasser speichert. Diese Reserven sind für

Ethnobotanik

In Japan: *Dendrobium moniliforme* diente zur Dekoration und zum Parfümieren von Tempeln. Sie galt auch als eine Quelle für lange Lebensdauer für denjenigen, der sie besitzt. Sie wurde von Kaisern wegen ihres Duftes gesammelt.

In Australien: Die Aborigines verwendeten *D. canaliculatum* und *D. speciosum* in ihren Speisen.

In Vietnam: Aus *D. crumenatum* wurde ein stärkender Absud gemacht.

In Malaysia: Aus den Pseudobulben von *D. crumenatum* wurden kleine Bürsten hergestellt, mit denen man in den Häusern von Verstorbenen Wasser versprüht hat, um zu verhindern, dass der Ort nicht von ihrem Geist heimgesucht wurde.

In Südostasien: Blüten von *D. pulchellum* wurden unter Hundefutter gemischt, um die Tiere für die Jagd agressiver zu machen. Tatsächlich könnte die Blütenform Ähnlichkeit mit einer Hundeschnauze aufweisen.

Dendrobium speciosum ▲ 2

Dendrobien, die, mit wenigen Ausnahmen, Trockenperioden aushalten müssen, lebensnotwendig.

Kultur

Allgemeine Kulturbedingungen, unabhängig von der Art:

Licht: So hell wie möglich, im Sommer ohne direkte Sonneneinstrahlung. Auch im Winter haben Dendrobien ein starkes Lichtbedürfnis, besonders: *D. aggregatum, D. chryxotoxum, D. kingianum* Bild 6, *D. pierardii, D. speciosum, D. discolor*. Weniger anspruchsvoll sind *D. nobile, D. unicum, D. munificum, D. gracilicaule* und *D. tetragonum*.

Wasser: Es muss kalkfrei sein.

Gießen: Während der Wachstumsphase sehr regelmäßig gießen, in der Ruheperiode das Gießen reduzieren oder einstellen.

Ruheperiode: In der Natur sind alle Dendrobien (ohne Ausnahme) einer Periode ausgesetzt, in der es weniger häufig, wenn nicht sehr selten regnet. Um es zu vereinfachen, kann man sagen, dass Laub abwerfende Arten oder die mit dicken Blättern (*D. pierardii, D. parishii, D. aggregatum, D. unicum, D. jenkinsii, D. chryxotoxum*) in den Wintermonaten eine ausgeprägte Ruhezeit einhalten müssen. Solche, die ihr Laub teilweise abwerfen oder immergrün sind (*D. bellatulum, D. gracilicaule, D. antennatum, D. discolor*) werden mäßig gegossen.

Luftfeuchtigkeit: Das ganze Jahr über um die Pflanzen herum eine Luftfeuchtigkeit von 75 bis 80 % aufrechterhalten. Achten Sie darauf, dass diese sich in der Ruhezeit nicht erhöht.

Arten mit einfacher Kultur: *D. superbum, D. phalaenopsis* Bild 3, *D. nobile, D. new guinea, D. pierardii* u. a.

Die robustesten Arten: *D. speciosum* Bild 2, *D. kingianum*

Stark duftende Arten: *D. parishii* (Rhabarber), *D. superbum, D. chrysotoxum, D. speciosum, D. harveyanum* und *D. eximium* (Honig), *D. unicum* (Früchte), *D. gracilicaule* (Kokosnuss), *D. anosmum* (Himbeere) Bild 8, *D. nobile* (Primel) Bild 12, *D. pulchellum* (Moschus)

Die originellsten Arten: *D. munificum* Bild 4, *D. papilio, D. spectabile*

Die kleinsten Arten: *D. unicum, D. loddigesii, D. cuthbertsonii* Bild 1, *D. aberrans*

Die größten Arten: *D. speciosum* Bild 2, *D. chrysotoxum, D. superbum, D. cymatoleguum, D. vandiflorum*

Umpflanzen: Je kleiner der Topf, desto wohler fühlen sich die Dendrobien. Wer will, kann sie auf einer Korkunterlage auf eine natürliche Weise kultivieren. Bei Topfkultur wird alle zwei Jahre umgetopft und zwar in ein besonders durchlässiges Substrat, das kein Wasser zurückhält. Nur *D. cuthbersonii* muss auf einem Hügel aus Sphagnum gezogen werden. Tontöpfe haben zwei Vorteile: Im Falle übermäßiger Wassergaben faulen die Wurzeln nicht, und Pflanzen mit langen aufrechten Pseudobulben haben besseren Halt.

Substrat: Kiefernrinde (mittel) und Blähton

Düngung: In der Ruheperiode nie düngen. Ab dem Erscheinen von neuen Pseudobulben geben Sie einen Stickstoffdünger. Wenn diese etwa zu Zweidrittel ausgebildet sind, verabreichen Sie bis zur nächsten Ruhephase einen kalium- und phosphorreichen Dünger. So erhalten Sie prächtige Blütenstände. Immer bei jeder zweiten Wassergabe düngen.

Besondere Vorsichtsmaßnahmen: Die Jungtriebe beim Gießen nicht benetzen. Beobachten Sie die Pflanze während der Ruhezeit: Das Austrocknen der Pseudobulben zeigt an, dass die Pflanze sich nicht wohl fühlt. In diesem Fall gießen, bis sie sich erholt hat.

Kulturbedingungen – je nach ursprünglicher Herkunft:

Dendrobien, die es besonders warm mögen (Im Warmhaus oder Zimmer):

D. helix, D. discolor, D. antennatum, D. lasianthera, D. gracilicaule, alle Hybriden von *D. phalaenopsis* Bild 3

Tagestemperaturen: Das ganze Jahr 18 bis 35 °C

Nachttemperaturen: Das ganze Jahr 15 bis 30 °C

Unterschied Tag und Nacht: 3 bis 5 °C

Kultur im Freien: Im Juli und August möglich, aber nicht zwingend

Wasserversorgung im Frühjahr und Sommer: In der Wachstumsphase reichlich und sehr oft gießen; zwischen den Wassergaben den Topf leichter werden lassen.

Wasserversorgung im Herbst und Winter: Wenn die Pseudobulben vollständig ausgebildet sind, mäßig gießen. Beim Erscheinen der Blütentriebe oder der Neutriebe wieder wässern. In der Wachstumsphase alle acht Tage, in der Ruhezeit alle 10 bis 12 Tage gießen.

Anmerkung: Alle Arten haben mehrjähriges Laub und sind für die Zimmerkultur geeignet.

Dendrobien, die temperierte bis warme Bedingungen benötigen:

D. amabile, D. thyrsiflorum, D. forbesii, D. new guinea, D. spectabile, D. topaziacum Bild 5, *D. amethystoglossum, D. parishii* Bild 14, *D. anosmum* Bild 8

Dendrobium phalaenopsis ▲ **3**

Dendrobium munificum (Syn. *Inobulbon munificum*) ▲ **4**

5 *D. topaziacum*

D. aggregatum, D. amabile, D. munificum Bild **4**, *D. miyakei, D. speciosum* Bild **2**, *D. thyrsiflorum, D. topaziacum* Bild **5**, *D. victoria-reginae*
Tagestemperaturen: Das ganze Jahr 18 bis 25 °C
Nachttemperaturen: Das ganze Jahr 13 bis 15 °C
Unterschied Tag und Nacht: 8 bis 10 °C
Kultur im Freien: Ende Juni bis Anfang August; wird empfohlen, muss aber nicht sein.
Wasserversorgung im Frühjahr und Sommer: In der Wachstumsphase reichlich und sehr oft gießen; den Topf zwischen den Wassergaben leichter werden lassen.
Wasserversorgung im Herbst und Winter: Wenn die Pseudobulben vollständig ausgebildet sind, mäßig gießen. Während der Wachstumsphase alle acht Tage, in der Ruheperiode alle 15 Tage gießen. Beim Erscheinen der Blütentriebe oder der Neutriebe wieder normal gießen.
Anmerkung: Diese Dendrobien während der Ruhezeit in einen Bereich stellen, wo sie größeren Temperaturunterschieden ausgesetzt sind.

Dendrobien, die kühle oder kühle bis temperierte Bedingungen brauchen:

D. cuthbertsonii Bild **1**, *D. kingianum* Bild **6**, *D. loddigesii, D. nobile* Bild **12**
Tagestemperaturen: Das ganze Jahr 12 bis 20 °C
Nachttemperaturen: Das ganze Jahr 5 bis 14 °C
Unterschied Tag und Nacht: 8 bis 10 °C
Kultur im Freien: Von Ende Juni bis Ende September möglich, sogar im Oktober, wenn die Temperaturen es erlauben. Eine Zimmerkultur ist nicht zu empfehlen.
Wasserversorgung im Frühjahr und Sommer: In der Wachstumsphase ausgiebig und sehr oft gießen; den Topf zwischen den Wassergaben leichter werden lassen.
Wasserversorgung im Herbst und Winter: Wenn die Pseudobulben vollständig ausgebildet sind, mäßig gießen und Wassergaben für einige Wochen einstellen. Dabei für hohe Luftfeuchte sorgen. Wenn die Pseudobulben vertrocknen, etwas gießen.
Anmerkung: Während der Ruheperiode müssen Dendrobien aus dem Kalthaus einen sehr hellen und kühlen Platz bekommen.

Für eine abwechslungsreiche Sammlung

• *Dendrobium amethystoglossum* (Philippinen)
Natürlicher Lebensraum: Sehr feuchte Gebiete in 500 bis 1000 m Höhe
Blütezeit: Winter
Kultur: Temperiert bis warm
Pflanzengröße: Mittelgroße Pflanze; aufrechte Pseudobulben, 80 bis 90 cm hoch

Tagestemperaturen: Das ganze Jahr 18 bis 25 °C
Nachttemperaturen: Das ganze Jahr 15 bis 20 °C
Unterschied Tag und Nacht: 5 bis 10 °C
Kultur im Freien: Im Sommer möglich, muss aber nicht sein.
Wasserversorgung im Frühjahr und Sommer: In der Wachstumsphase reichlich und sehr oft gießen; zwischen den Wassergaben den Topf leichter werden lassen.
Wasserversorgung im Herbst und Winter: Wenn die Pseudobulben vollständig ausgebildet sind, mäßig gießen. In der Wachstumsphase alle acht Tage, in der Ruhezeit alle 15 Tage gießen. Beim Erscheinen der Blütentriebe oder der Neutriebe wieder normal wässern.
Anmerkung: Manche dieser Arten werfen ihr Laub ganz oder teilweise ab.

Dendrobium kingianum ▲ **6**

Blütengröße: 2,5 cm
Besonderheit: Sie mag nicht zu viel Licht.
• *Dendrobium anosmum* (**Syn. *D. superbum***)
Bild 8 (Thailand, Indien, Borneo, Neuguinea, Philippinen)
Natürlicher Lebensraum: Sie wächst in bis zu 1000 m Höhe.
Blütezeit: Frühling
Kultur: Temperiert
Pflanzengröße: Große Pflanze; Pseudobulben, 50 bis 100 cm hoch, überhängend
Blütengröße: 9 cm
Besonderheit: Die Art wirft ihr Laub ab; braucht in den Wintermonaten eine ausgeprägte Ruhephase.
Duft: Angenehm süßlich
• *Dendrobium cruentum* Bild 9 (Thailand)
Natürlicher Lebensraum: Sie wächst in niedrigen Lagen bis zu 1000 m Höhe.
Kultur: Warm oder warm temperiert
Pflanzengröße: Mittelgroße Pflanze; Pseudobulben 30 cm
Blütengröße: 4,5 cm
Besonderheit: Da diese Art viele gute Merkmale hat, ist sie eine ausgezeichnete Elternpflanze, die herrliche Hybriden hervorbringt. Ihre duftenden Blüten halten einen Monat und länger; die Lippe wird von einem korallenfarbenen Kamm geziert. Die Pseudobulben sind mit feinen schwarzen Haaren versehen – eine Besonderheit, die der Abteilung, zu der sie gehört, den Namen „Nigrohirsutae" gegeben hat.

• *Dendrobium cuthbertsonii* Bild 1 und 10
(Neuguinea)
Natürlicher Lebensraum: Sie wächst in 2000 bis 3400 m Höhe, meistens auf Ästen, manchmal auf Felsen oder sogar auf dem Boden, aber immer auf Moos.
Blütezeit: Frühling bis Sommer
Kultur: Im Kalthaus
Pflanzengröße: Mini-Pflanze; Pseudobulben 2 bis 8 cm lang
Blütengröße: 3 bis 5 cm
Besonderheit: Diese Orchidee ist eine der seltenen, die eine Blühdauer von acht bis neun Monaten hat. Um diese Belohnung zu verdienen, muss man sie richtig behandeln, denn dieses kleine Wunder ist sehr heikel. Sie muss in einem Topf auf Sphagnum wachsen oder auf eine Unterlage ebenfalls aus Sphagnum aufgebunden werden. Die Umgebung muss sehr feucht und sehr gut gelüftet sein; die Wassergaben müssen regelmäßig ohne Unterbrechung erfolgen.
• *Dendrobium eximium* Bild 7 (Neuguinea)
Diese ausgezeichnete Art wurde 1905 erstmalig beschrieben, aber verschwand dann eine lange Zeit aus den Sammlungen. Erst 1981 wurde sie auf Neuguinea wiederentdeckt.
Natürlicher Lebensraum: Sie wächst in 400 bis 1300 m Höhe, in einem Gebiet, wo es das ganze Jahr über regelmäßig regnet. Es herrscht eine konstant gesättigte Luftfeuchtigkeit.
Blütezeit: Frühling bis Sommer

▲ **7** *Dendrobium eximium*

Dendrobium anosmum ▲ **8**   **9** ▲ *Dendrobium cruentum*

Dendrobium cuthbertsonii ▲ **10**   **11** ▲ *Dendrobium lind°eyi (Syn. D. aggregatum)*

Kultur: Temperiert bis warm
Pflanzengröße: Mittelgroße Pflanze; Pseudo-
bulben 40 cm, aufrecht
Blütengröße: 10 bis 11 cm
Besonderheit: Pflanze in einem kleinen Topf
kultivieren und nur umtopfen, wenn die Neu-
triebe voll ausgebildet sind. Besonders lange
Blühdauer von zwei bis drei Monaten.
Duft: Nach Honig
• *Dendrobium lindleyi* (**Syn.** *D. aggregatum*)
Bild 11 (Indien, Myanmar, Thailand, Indochina,
China)
Natürlicher Lebensraum: Sie wächst auf Laub
abwerfenden Bäumen in 500 bis 1000 m Höhe.
Blütezeit: Frühling
Kultur: Temperiert
Pflanzengröße: Kompakte Pflanze; Pseudo-
bulben 6 bis 10 cm
Blütengröße: 5 cm
Besonderheit: Diese Art bevorzugt eine Kultur
auf Unterlage und braucht sehr viel Licht in
der Ruhezeit.
Duft: Nach Honig
• *Dendrobium nobile* Bild 12 (Himalaya, Thai-
land, China, Vietnam, Indien, Nepal)
Natürlicher Lebensraum: Sie wächst in 200 bis
2000 m Höhe, in Wäldern mit Laub abwerfen-
den Bäumen.
Blütezeit: Frühling

▲ **13** *Dendrobium parishii*

Kultur: Kühle bis temperierte Bedingungen
Pflanzengröße: Mittelgroße Pflanze; Pseudobulben 30 bis 80 cm, anfangs aufrecht, dann
überhängend
Blütengröße: 9 cm
Besonderheit: Diese Art kann aufgebunden
kultiviert werden und braucht in der Ruhezeit
sehr viel Licht.
Duft: Morgens duftet sie nach Primeln, nach-
mittags nach frisch geschnittenen Kräutern.
• *Dendrobium parishii* Bild 13 und 14 (Nordost-
indien, Myanmar, Südostchina)
Natürlicher Lebensraum: Sie wächst in 250 bis
1500 m Höhe, in Wäldern mit Laub abwerfenden
Bäumen, wo von November bis Anfang Februar
eine deutlich ausgeprägte Trockenzeit herrscht.
Blütezeit: Frühling
Kultur: Temperiert bis warm
Pflanzengröße: Mittelgroße Pflanze; Pseudo-
bulben etwa 30 cm lang
Blütengröße: 4 bis 6 cm
Besonderheit: Sie wirft ihr Laub ab.
Duft: Angenehm süßlich
• *Dendrobium unicum* Bild 15 (Thailand, Laos,
Vietnam)
Natürlicher Lebensraum: Sie wächst in 800 bis
1500 m Höhe auf Sträuchern oder auf Felsen.
Blütezeit: Winter bis Frühling
Kultur: Temperiert
Pflanzengröße: Kleine Pflanze; Pseudobulben
15 bis 25 cm
Blütengröße: 4 bis 5 cm
Besonderheit: Wenn die Pflanze älter wird, wer-
fen die Pseudobulben die Blätter ab und färben
sich schwarz. Diese Art bevorzugt eine Kultur
auf Korkunterlage. Die Ruheperiode besteht
darin, die reichlichen Wassergaben in den Wintermonaten zu reduzieren.
Duft: Sehr angenehm, er erinnert an
bestimmte Fruchtmischungen.

▲ **12** *Dendrobium nobile*

Dendrobium parishii ▲ **14**

Dendrobium unicum ▲ **15**

Dendrochilum

Ich mochte schon immer die besondere Ästhetik dieser Gattung. Die meisten Arten von Dendrochilum bringen aufrechte Blütenstände hervor, die etwas überhängen, wodurch sie eine leichte Trauerform besitzen.

Pflanzenbeschreibung

Schwierigkeit der Kultur: Einfach

Geografische Verbreitung: Südostasien, Indonesien, Neuguinea und Philippinen
Artenzahl: 120
Natürlicher Lebensraum: Epiphyten dichter tropischer Wälder in 300 bis 2000 m Höhe mit abwechselnden Regen- und Trockenzeiten
Wuchsform: Sympodial wachsende Orchideen; Pseudobulben sind manchmal sehr fein, einblättrig und entwickeln sich entlang kriechender Rhizome.
Duft: Bei manchen Arten
Blütezeit: Frühling, Sommer, Herbst
Blühdauer: Drei bis fünf Wochen

Kultur

Licht: Wenig, von Februar bis November mag sie keine direkte Sonne, wenn auch die Pflanze an einem Südfenster gut gedeiht. Außer im Sommer unter Glas die Nordseite meiden.
Temperatur: 18 bis 28 °C am Tag, 16 bis 20 °C in der Nacht, Unterschied Tag und Nacht 4 bis 5 °C
Kultur im Freien: 1. Juli bis 15. August
Wasser: Kalkfrei
Gießen: In der Wachstumsphase ausgiebig und regelmäßig wässern, ohne die Blätter zu benetzen, bevor sie sich voll entwickelt haben. Vor der Wassergabe sollte der Topf etwas leichter sein. Wenn das Wachstum eingestellt wird, in größeren Abständen gießen und den Topf vor jeder Wassergabe deutlich leichter werden lassen.
Ruheperiode: Keine
Luftfeuchtigkeit: 75 bis 85 % mit Luftzufuhr
Umpflanzen: Alle zwei Jahre beim Erscheinen der Jungtriebe. Bei ausreichend hoher Luftfeuchtigkeit eignet sich die Kultur auf Unterlage sehr gut.
Substrat: Gut durchlässig und von mittlerer Körnung; 80 % Kiefernrinde und 20 % Blähton. Am besten in einen kleinen Topf setzen, bei dem, ohne Gefahr von Wurzelfäule, häufig gegossen werden kann.
Düngung: In der Wachstumsphase bei jeder zweiten, wenn die Pseudobulben ausgebildet sind bei jeder dritten Wassergabe düngen.

Das ganze Jahr einen ausgewogenen Dünger geben oder ab dem Erscheinen der Neutriebe drei Monate lang einen stickstoffreichen, dann einen kalium- und phosphorreichen Dünger verabreichen, um die Blüte zu fördern.

Für eine abwechslungsreiche Sammlung

• *Dendrochilum filiforme* Bild 1 (Philippinen)
Natürlicher Lebensraum: Epiphyt in mindestens 660 m Höhe
Blütezeit: Frühling bis Sommer
Kultur: Wie oben
Schwierigkeit der Kultur: Einfach
Pflanzengröße: 20 bis 30 cm hoch
Blütengröße: 0,5 cm
Blütenzahl pro Blütenstand: 20 bis 40 Blüten
Länge des Blütenstands: 15 bis 20 cm
Duft: Ja
• *Dendrochilum magnum* Bild 2 (Philippinen)
Natürlicher Lebensraum: Epiphyt in 1630 bis 2000 m Höhe
Blütezeit: Herbst
Kultur: Wie oben, aber bei kühleren Temperaturen; 18 bis 25 °C am Tag, 15 bis 20 °C in der Nacht (Unterschied Tag und Nacht 7 bis 8 °C)
Schwierigkeit der Kultur: Einfach
Pflanzengröße: 50 bis 60 cm hoch
Blütengröße: 0,5 cm
Blütenzahl pro Blütenstand: Bis zu 100 Blüten, wenn die Pflanze ausgewachsen ist.
Länge des Blütenstands: 60 cm
Duft: Ja
• *Dendrochilum wenzellii* Bild 5 (Philippinen)
Natürlicher Lebensraum: Epiphyt in mindestens 300 m Höhe
Blütezeit: Frühling
Kultur: Wie oben
Schwierigkeit der Kultur: Einfach
Pflanzengröße: 30 bis 40 cm hoch
Blütengröße: 0,4 cm
Blütenzahl pro Blütenstand: 30 bis 40
Länge des Blütenstands: 20 bis 30 cm

Die auffallendsten Arten: *D. magnum*, *D. glumaceum* Bild 4
Stark duftende Arten: *D. glumaceum*

3 ▲ *Dendrochilum penellum*

Dendrochilum magnum ▲ 2   4 ▲ *Dendrochilum glumaceum*

Dendrochilum wenzellii ▲ 5

Disa

Eine der seltenen exotischen Orchideen, die unseren europäischen Orchideen ähnelt. Manche Arten sind ganz einfach wunderschön.

▲1
Disa veitchii

Pflanzenbeschreibung

Schwierigkeit der Kultur: *Disa*-Arten brauchen viel Aufmerksamkeit.

Geografische Verbreitung: Hauptsächlich Südafrika, aber auch Madagaskar und tropisches Afrika

Artenzahl: 130

Natürlicher Lebensraum: Terrestrische, manchmal lithophytische Orchideen in der Nähe von fließenden Gewässern und Wasserfällen, wo sie in der prallen Sonne blühen. Die meisten Arten wachsen in 800 bis 1200 m Höhe, einige in Meereshöhe.

Wuchsform: Sie haben knollige Wurzeln, aus denen sich eine Blattrosette, dann der Blütenstand entwickelt. Nach der Blüte entstehen neue Knollen nahe der alten. Auch werden Ausläufer gebildet, die zwischen der Knolle und Blattrosette entspringen und auf denen junge Pflanzen erscheinen.

Blütezeit: Hauptsächlich im Sommer
Blühdauer: Drei bis vier Wochen

Arten mit den auffallendsten Blüten: *Disa uniflora*, *Disa maculata*

▲2 *Disa uniflora*, gelb blühend

oder im Freien (außerhalb der Frostperioden) kultivieren.

Kultur im Freien: Wenn kein Kalthaus vorhanden ist, unbedingt erforderlich; von Juni bis Oktober unter Bäumen oder in von einem Leinentuch beschatteten Bereich mit guter Luftzirkulation.

Wasser: Möglichst rein; *Disa*-Arten wachsen auf sauren Böden.

Gießen: Ausgiebig und regelmäßig; Substrat wird während der Wachstumszeit immer nass gehalten, darf aber nicht verdichten. Während Hitzeperioden sollte man die Pflanzen in eine Schale stellen, in der das Wasser (kalkfrei) zirkuliert, damit die Wurzeln und Knollen kühl bleiben. Im Winter in größeren Abständen gießen; das Substrat soll nur etwas feucht sein.

Ruheperiode: Keine

Luftfeuchtigkeit: 60 bis 80 %

Umpflanzen: Jährlich im Frühling. Nur Gittertöpfe verwenden. Dadurch wird die Entwicklung von Neutrieben begünstigt und die Wurzeln erhalten bei Bedarf Frische.

Substrat: Den Topfboden mit grobem Sand (der in Aquarien verwendet wird) bedecken und die Pflanze in reines Sphagnum oder in eine Mischung aus Weißtorf (40 %) und Sphagnum (60 %) setzen.

Düngung: Im Frühjahr und Sommer alle 14 Tage einen ausgewogenen Dünger geben.

Kultur

Obwohl manche *Disa*-Arten es warm mögen, werden hier nur diejenigen beschrieben, die kühle Temperaturen benötigen, da sie eher im Fachhandel erhältlich sind.

Licht: Sie werden auf der Südseite mit etwas Schatten von März bis Oktober kultiviert.

Temperatur: Kühl; 15 bis 20 °C am Tag, 5 bis 14 °C in der Nacht, Unterschied Tag und Nacht 8 bis 10 °C. Im Sommer vertragen Sie Wärme um ihre Blätter herum, leiden aber, wenn die Temperaturen um die Knollen und Wurzeln herum 18 °C übersteigen. Kurz gesagt, sie können es um den Kopf herum warm haben, wenn die Füße kühl bleiben – und das macht die Kultur schwierig! Daher sollte man sie in einem Kalthaus mit einem Kühlungssystem

Disa uniflora am Naturstandort ▲3

Disa uniflora ▲ 4

Dracula

Wie können Orchideen einen so seltsamen Namen tragen? Es war ein Amerikaner, der dieser Gattung diesen Namen 1970 wegen der erstaunlichen Ähnlichkeit mit einer Fledermausart, die man in Kolumbien findet, gab. Einem anderen Orchideenliebhaber dieser Gattung sind so skurrile Artnamen wie *Dracula vampira*, *Dracula vlad-tepes* (Vorname des Grafen Dracula), *Dracula nosferatu* und *Dracula diabola* zu verdanken.

▲ 1

Pflanzenbeschreibung

Schwierigkeit der Kultur: Entgegengesetzt der herrschenden Meinung sind die *Dracula*-Arten nicht sehr schwierig zu kultivieren. Dennoch bevorzugen sie eine Kultur im Gewächshaus.

Geografische Verbreitung: Hauptsächlich in Kolumbien und Ecuador, aber auch in Nicaragua, Panama, Costa Rica
Artenzahl: 100
Natürlicher Lebensraum: Sie wachsen auf bemoosten Bäumen in dichten Wäldern auf den Kordilleren Südamerikas in 500 bis 3000 m Höhe. Obwohl die Tage sehr heiß sein können, sind die Nächte aufgrund der aufsteigenden Wolken sehr kühl und feucht.
Wuchsform: Alle Arten besitzen keine Pseudobulben und befinden sich deshalb kontinuierlich im Wachstum, das vorangetrieben wird, wenn es kalt wird. Die Blütenstände entspringen an der Basis der Blätter und hängen herab (aufrechte Blütentriebe sind selten). Es werden zwei bis drei Blüten nacheinander gebildet.
Besonderheit der Blüten: Die drei Blütenblätter sind zusammengewachsen und jedes von ihnen hat unterschiedlich verlängerte Fortsätze. Die Blüten sind meist behaart, wodurch sie noch befremdlicher wirken. Die Lippe ist zurückgebildet, hell, gebogen und beweglich. Folglich wird ein Insekt, das sich auf sie setzt, zum Pollen hin bewegt, der dann an seinem Körper haften bleibt.
Duft: Oft unangenehm; einige Arten sollen nach Pilzen riechen.
Blütezeit: Frühling, Sommer, Herbst
Blühdauer: Drei bis vier Wochen

Kultur

Sie werden in Gittertöpfen, Körben oder manche auch aufgebunden kultiviert.
Licht: *Dracula*-Arten brauchen wenig Licht. Allerdings werden sie manchmal aus Angst vor zu viel Licht zu stark beschattet und blühen nicht. In diesem Fall genügt ein drei- bis vierwöchiger Aufenthalt in einem helleren Bereich des Gewächshauses, um die Blütenbildung anzuregen. Danach muss die Pflanze wieder an ihren gewohnten Platz, um dort weiter zu blühen. Ein Gewächshaus auf der Nordseite ist für sie ideal, während es auf der Südseite im Sommer sehr hell und zu warm wird.
Temperatur: Sie gedeihen am besten in einem kalten oder temperierten Gewächshaus. Die einzuhaltenden Temperaturen sind 15 bis 20 °C am Tag, 8 bis 14 °C in der Nacht (Unterschied Tag und Nacht 7 bis 10 °C). Die Kultur in einem temperierten Gewächshaus erfordert mehr Aufmerksamkeit; die Pflanzen fühlen sich hier wohl, wenn sie hängend kultiviert werden. Wie *Masdevallia* vertragen auch sie keine Hitze. Ein Temperaturanstieg ist nicht immer zu vermeiden. Damit die *Dracula*-Arten darunter nicht leiden sollen, müssen Sie für eine ausgezeichnete Luftbewegung und eine hohe Luftfeuchte von mindestens 80 % sorgen. Auch müssen die Pflanzen häufig, sogar täglich gegossen werden, wenn es erforderlich ist.
Kultur im Freien: Insbesondere in regnerischen und nicht zu warmen Sommern möglich. Während Hitzeperioden vorsichtig sein, denn bei unserem Klima ist die Luft dann eher trocken und für *Dracula* zu aggressiv.
Wasser: Kalkfrei
Gießen: Da sie kein Speicherorgan besitzen, müssen *Dracula*-Pflanzen das ganze Jahr über gegossen werden, damit ihre Wurzeln in einer

---

Arten mit den auffallendsten Blüten:
D. chimaera Bild 1 und 2, *D. vampira* Bild 3, *D. bella*

▲ **1** *Dracula chimaera*

Dracula chimaera ▲ **2**

gut feuchten Umgebung wachsen. Während Hitzeperioden ist es wichtig, oft zu gießen, bevorzugt am Abend oder am frühen Morgen, aber niemals tagsüber. Tägliche Wassergaben sind unverzichtbar.

Ruheperiode: Keine

Luftfeuchtigkeit: 75 bis 90 %; die Blätter nicht in den Mittagsstunden übersprühen.

Umpflanzen: Da *Dracula*-Arten in sehr feuchter Umgebung kultiviert werden, kann ihr Substrat sich rasch zersetzen. Daher ist es manchmal besser sie jedes Jahr und nicht alle zwei Jahre umzutopfen. Umgepflanzt wird beim Erscheinen der Jungtriebe in einen Gittertopf oder Korb. Nicht im Winter umtopfen.

Substrat: Feines Substrat, das die Feuchtigkeit hält; 40 % Kiefernrinde, 50 % Sphagnum, 10 % Blähton. Einige Stücke unbehandelte Holzkohle helfen gegen etwaige Wurzelfäule.

Düngung: Sie brauchen nicht viel. Das ganze Jahr bei jeder dritten Wassergabe einen ausgewogenen Volldünger verabreichen.

Besondere Anmerkungen: Das Laub ist selten vollkommen. Wenn einige Blätter an der Spitze schwarz werden, dann sind das alte und fallen bald ab. Es handelt sich um keine Krankheit. Schneiden Sie sie nicht ab, sondern lassen Sie der Natur ihren Lauf. Schneiden Sie nur die vertrockneten Blütenstände ab.

Für eine abwechslungsreiche Sammlung

• *Dracula chimaera* Bild 1 und 2 (Kolumbien)

Natürlicher Lebensraum: Epiphyt auf bemoosten Bäumen in 1600 bis 2200 m Höhe

Blütezeit: Frühling bis Sommer

Kultur: Wie oben

Schwierigkeit der Kultur: Im kalten Gewächshaus einfach

Pflanzengröße: 20 bis 25 cm

Blütengröße: 10 bis 12 cm, Gesamtspannweite (einschließlich der Fortsätze) 35 bis 40 cm, besonders auffallend

Blütenzahl pro Blütenstand: 2 bis 3 Blüten öffnen sich hintereinander.

Länge des Blütenstands: 20 bis 30 cm

• *Dracula robledorm* Bild 4 (Kolumbien)

Natürlicher Lebensraum: Sehr seltene Art, die in 200 m Höhe wächst.

Blütezeit: Frühling

Kultur: Wie oben

Pflanzengröße: 15 bis 18 cm

Blütengröße: 6 bis 7 cm, Gesamtspannweite (einschließlich der Fortsätze) 12 bis 14 cm

Blütenzahl pro Blütenstand: 2 bis 3 Blüten öffnen sich hintereinander.

Länge des Blütenstands: 15 bis 20 cm

• *Dracula vampira* Bild 3 (Ecuador)

Natürlicher Lebensraum: Epiphytische Art in 1800 bis 2200 m Höhe

Blütezeit: Sommer

Kultur: Wie oben

Schwierigkeit der Kultur: Im kalten Gewächshaus einfach

Pflanzengröße: 18 bis 30 cm

Blütengröße: 6 bis 12 cm, Gesamtspannweite (einschließlich der Fortsätze) 24 bis 30 cm

Blütenzahl pro Blütenstand: 2 bis 3 Blüten öffnen sich hintereinander.

Länge des Blütenstands: 20 bis 40 cm

Dracula vampira ▲ 3

Dracula robledorum ▲ 4

▲ 1

Encyclia und Epidendrum

Diese zwei Gattungen, die früher zu einer einzigen Gattung gehörten, weisen eine sehr große Vielfalt an Formen, Farben und Blütengrößen auf. Sie umfassen so viele Orchideen mit unterschiedlichem Charakter, dass ihre Kultur allein ein schönes Thema für eine Sammlung darstellt.

Pflanzenbeschreibung

Schwierigkeit der Kultur: Bei den meisten Arten einfach

Geografische Verbreitung: Im ganzen tropischen und subtropischen Amerika, weit verbreitet
Artenzahl: 150 bei *Encyclia*, mehrere Hundert bei *Epidendrum*
Natürlicher Lebensraum: Epiphytische, manchmal lithophytische oder terrestrische Orchideen in tropischen Wäldern in bis zu 2300 m Höhe
Wuchsform: Die beiden Gattungen unterscheiden sich im Wesentlichen durch die Form der Pflanzen. Die *Encyclia*-Arten haben deutlich ausgebildete Pseudobulben, während die von *Epidendrum* einen langen aufrechten Spross bilden. Bei *Encyclia* sind die Blätter mehr oder weniger dick und zu zweit oder zu dritt am Ende der Pseudobulben angeordnet. Bei *Epidendrum* sind die oft zahlreichen Blätter an beiden Seiten der Pseudobulben angeordnet. Unabhängig von der Gattung, entspringen die Blütenstände am Ende der neuen Pseudobulben.
Duft: Bei manchen Arten
Blütezeit: Frühling, Sommer, Herbst
Blühdauer: Vier bis acht Wochen

Kultur

Licht: Sie mögen viel Licht, aber keine direkte Sonne in den heißen Mittagsstunden zwischen Mitte Februar und Mitte Oktober. Wenn man kein Gewächshaus besitzt, ist für die meisten Arten die Südseite zu empfehlen.

Temperatur: Manche Arten temperiert, andere kühl halten.
– Temperiert: 18 bis 25 °C am Tag, 14 bis 16 °C in der Nacht (Unterschied Tag und Nacht 5 bis 7 °C)
– Kalt: 15 bis 20 °C am Tag, 8 bis 14 °C in der Nacht (Unterschied Tag und Nacht 8 bis 10 °C)
Kultur im Freien: Für solche aus gemäßigtem Klima vom 1. Juli bis 15. August möglich; kältebedürftige Arten vom 1. Juni bis 30. September
Wasser: Kalkfrei
Gießen: In der Wachstumszeit ausgiebig (der Topf soll zwischen den Wassergaben leichter werden), danach in größeren Abständen gießen, wobei die Pseudobulben nicht schrumpfen dürfen.
Ruheperiode: Keine; nur die Wassergaben etwas reduzieren.
Luftfeuchtigkeit: Das ganze Jahr über 60 bis 70 % Luftfeuchte
Umpflanzen: Alle zwei Jahre, wenn die Neutriebe erscheinen. Manche Arten bevorzugen eine Kultur auf Unterlage (*Encyclia citrina* und *Encyclia mariae*).
Substrat: Eine Mischung aus 80 % Kiefernrinde und 20 % Blähton
Düngung: In der Wachstumszeit bei jeder zweiten, wenn die Pseudobulben ausgebildet sind, bei jeder dritten Wassergabe. Das ganze Jahr einen ausgewogenen Volldünger geben oder

Ethnobotanik zu *Encyclia*
In Mexiko wurden aus den Blüten von *Encyclia citrina* Halsketten gefertigt. Die Pseudobulben von *E. vitellina* und *E. cochleata* dienten zur Herstellung einer Gummilösung.

Stark duftende Arten: *Encyclia citrina, Encyclia pentotis, Encyclia radiata* Bild 2, *Epidendrum parkinsonianum, Epidendrum ciliare*
Arten mit den auffallendsten Blüten: *Encyclia adenocaula, Encyclia cochleata, Encyclia cordigera, Encyclia citrina, Encyclia mariae, Epidendrum parkinsonianum, Epidendrum pseudepidendrum*
Arten mit einfachster Kultur: *Encyclia cochleata, Epidendrum ibaguense* Bild 1, *Epidendrum difforma, Epidendrum latifolium, Epidendrum pseudepidendrum*

Encyclia radiata ▲ 2

ab dem Erscheinen der Neutriebe drei Monate lang einen Stickstoffdünger, danach einen kalium- und phosphorreichen Dünger verabreichen, um die Blüte anzuregen.

Für eine abwechslungsreiche Sammlung

▲3

• *Encyclia adenocaula* (Syn. *Encyclia nemorale*) Bild 4 (Mexiko)
Natürlicher Lebensraum: Epiphytische Art in Eichen- oder Kiefernwäldern in 1000 bis 1200 m Höhe. Diese Wälder sind im Winter nicht sehr feucht und sehr hell.
Blütezeit: Frühling bis Sommer
Kultur: Temperiert mit viel Licht im Winter
Schwierigkeit der Kultur: Einfach
Pflanzengröße: 45 bis 50 cm
Blütengröße: Große sternförmige Blüten von 8 bis 10 cm
Blütenzahl pro Blütenstand: 10 bis 20
Länge des Blütenstands: 80 bis 100 cm
Duft: Sehr angenehm
Besonderheit: Diese prächtige Art ist besonders anmutig.
• *Encyclia citrina* Bild 3 (endemische Art in Mexiko)
Natürlicher Lebensraum: Epiphytische Art in Eichen- oder in Kiefernwäldern in 1300 bis 2200 m Höhe. Sie wachsen auf den tieferen Ästen; Blätter nach unten gerichtet.
Blütezeit: Frühling bis Sommer
Kultur: Wegen ihrer hängenden Form sollte diese Art auf einer Unterlage wachsen und „kopfüber" aufgebunden werden. Sie mag hohe Luftfeuchte (über 75 %) nicht, wenn die Luft nicht ausreichend zirkuliert. Unter kühlen oder temperierten Bedingungen ziehen.
Schwierigkeit der Kultur: Mittel
Pflanzengröße: 20 bis 30 cm; das Laub ist seltsam graugrün und etwas silbrig.
Blütengröße: 7 cm lang
Blütenzahl pro Blütenstand: 1 bis 2
Länge des Blütenstands: 5 bis 10 cm
Duft: Herrlicher Zitronenduft
Besonderheit: Die geschlossene Form der Blüten erinnert an eine Glocke.
• *Encyclia cochleata* Bild 6 (Mexiko, Kolumbien, Venezuela, Florida)
Natürlicher Lebensraum: Epiphytische, lithophytische oder terrestrische Art in lichten Wäldern von 0 bis 200 m Höhe
Blütezeit: Frühling, Sommer, Herbst
Kultur: Temperiert
Schwierigkeit der Kultur: Einfach
Pflanzengröße: 25 bis 60 cm
Blütengröße: Bis zu 9 cm lang
Blütenzahl pro Blütenstand: 4 bis 5 bei jungen Pflanzen, sehr zahlreich bei älteren Pflanzen

(ständig in Blüte), sie öffnen sich nacheinander.
Länge des Blütenstands: 50 bis 60 cm
Besonderheit: Krakenförmige Blüte, muschelförmige Lippe
• *Encyclia mariae* Bild 7 (endemische Art in Mexiko)
Natürlicher Lebensraum: Epiphytische Art in ziemlich trockenen und schattigen Eichenwäldern in 1000 bis 1200 m Höhe
Blütezeit: Frühling bis Sommer
Kultur: Sie mag eine sehr feuchte Atmosphäre (über 60 %) und schlechte Luftzufuhr nicht. Aufgebunden unter kühlen Bedingungen kultivieren.
Schwierigkeit der Kultur: Mittel
Pflanzengröße: 20 cm; das Laub ist graugrün und silbrig.
Blütengröße: 7 bis 10 cm lang
Blütenzahl pro Blütenstand: 2 bis 4
Länge des Blütenstands: 12 bis 25 cm
Besonderheit: Die Größe der Lippe (5 bis 7,5 cm lang, 3 bis 4,8 cm breit) und der Kontrast zwischen ihrer rein weißen Farbe mit etwas grüner Zeichnung und der olivgrünen oder gelbgrünen Farbe der Petalen und Sepalen
• *Encyclia pentotis* (Syn. *Encyclia baculus*) Bild 5 (Mexiko, Guatemala, Honduras, Nicaragua, Kolumbien, Brasilien)
Natürlicher Lebensraum: Epiphytische Art feuchter tropischer Wälder in 400 bis 1700 m Höhe
Blütezeit: Frühling bis Sommer
Kultur: Im temperierten oder warmen Gewächshaus

Er cyclia adenocaula ▲ **4**

Encyclia pentotis ▲ **5**

6 ▲ *Encyclia cochelata*

Encyclia mariae ▲ **7**

Encyclia vitellina ▲ **8**

Schwierigkeit der Kultur: Einfach
Pflanzengröße: 45 bis 50 cm
Blütengröße: 7,5 cm
Blütenzahl pro Blütenstand: 2 bis 5
Länge des Blütenstands: 2,5 bis 5 cm
Duft: Stark nach Vanille
Besonderheit: Sehr verbreitete, dennoch wenig bekannte Art; von Liebhabern duftender Orchideen gesammelt.
• *Epidendrum ibaguense* Bild 1 und 9 (Kolumbien, Venezuela, Guyana, Brasilien)
Natürlicher Lebensraum: Lithophytische oder terrestrische Art in lichten Wäldern, wo sie in der prallen Sonne wächst. Sie kommt inmitten von Dickicht in 100 bis 1500 m Höhe vor.
Blütezeit: Frühling bis Sommer, kann öfter im Jahr blühen.
Kultur: Temperiert mit viel Licht (keine direkte Sonne) und ausreichend Luftfeuchtigkeit
Schwierigkeit der Kultur: Einfach
Pflanzengröße: Sie kann über 150 cm hoch werden. Je näher sie am Licht wächst, umso kompakter bleibt sie.

Blütengröße: 3 cm
Blütenzahl pro Blütenstand: 5 bis 10
Länge des Blütenstands: 15 bis 40 cm
Besonderheit: Eine der im Handel am meisten angebotenen *Epidendrum*-Arten. Es gibt zahlreiche Farbvarietäten, am häufigsten in Gelb, Orange und Rot.
• *Epidendrum parkinsonianum* Bild 10 (Mittelamerika)
Natürlicher Lebensraum: Epiphytische Art in feuchten Eichen- und Kiefernwäldern in 1500 bis 2300 m Höhe
Blütezeit: Frühling bis Sommer, kann öfter im Jahr blühen.
Kultur: Kaltes Gewächshaus mit viel Licht und ausreichend Luftfeuchtigkeit. Wegen ihrer hängenden Form sollte sie in einem Hängetopf oder aufgebunden wachsen, wenn die Luftfeuchtigkeit es erlaubt.
Schwierigkeit der Kultur: Einfach
Pflanzengröße: Die überhängende Pflanze kann über 180 cm lang werden, wenn sie viele Pseudobulben hat.
Blütengröße: 11 cm
Blütenzahl pro Blütenstand: 1 bis 3
Länge des Blütenstands: 8 bis 10 cm
Duft: Herrlich duftend
Besonderheit: Die Blätter sind sehr dick und biegsam. Ihre manchmal rötliche Farbe zeigt an, dass die Pflanze genügend Licht bekommen hat.
• *Epidendrum pseudepidendrum* Bild 11 (Costa Rica, Panama)
Natürlicher Lebensraum: Epiphytische Art in Wäldern in mittleren und höheren Lagen (400 bis 1200 m Höhe)
Blütezeit: Hauptsächlich im Sommer und Herbst, aber auch im Frühling
Kultur: Temperiert, sie braucht nicht viel Licht, aber mag keine trockene Luft. Wegen ihrer Höhe ist die Kultur in einem Tontopf vorzuziehen, damit die Pflanze nicht umfällt.
Schwierigkeit der Kultur: Einfach
Pflanzengröße: Große Pflanze, die über 100 cm hoch werden kann.
Blütengröße: 4 bis 5,5 cm
Blütenzahl pro Blütenstand: 3 bis 5
Länge des Blütenstands: 15 cm
Besonderheit: Die Art ist in der Natur selten geworden. Ihre leuchtenden und dicken Blüten in kräftigen Farben versetzen viele Hobbysammler in Staunen. Es gibt auch eine Sorte mit blassgelben und grünen Blüten.

Epidendrum ibaguense ▲ **9**   **10** ▲ *Epidendrum parkinsonianum*

Epidendrum pseudepidendrum ▲ **11**

Eurychone

Eine kleine Gattung mit zwei herrlichen Arten! Sie werden ähnlich wie die zartblättrigen *Aerangis* kultiviert.

Pflanzen-beschreibung

Schwierigkeit der Kultur: Einfach

Geografische Verbreitung: Angola, Kongo, Elfenbeinküste, Uganda

Artenzahl: 2, *E. galeandrae*, *E. rothschildiana* Bild 2

Natürlicher Lebensraum: Epiphyt warmer und feuchter Wälder

Wuchsform: Kleine monopodial wachsende Pflanze, deren Aussehen an *Aerangis* erinnert.

Duft: Ja

Blütezeit: Sommer, Herbst

Blühdauer: Vier bis fünf Wochen

Kultur

Sie ist genau so einfach wie bei *Phalaenopsis*.

Licht: Beide Arten ziehen Schatten zu viel Licht vor und mögen keine direkte Sonne. Diese Gattung ist Sammlern zu empfehlen, die eine warme und schattige Umgebung bieten können.

Temperatur: Warm für *E. rothschildiana* mit 18 bis 30 °C am Tag, 16 bis 25 °C in der Nacht (Unterschied Tag und Nacht 2 bis 3 °C), temperiert für *E. galeandrae* mit 18 bis 25 °C am Tag, 15 bis 20 °C in der Nacht (Unterschied Tag und Nacht 4 bis 5 °C)

Kultur im Freien: Nicht möglich

Wasser: Kalkfrei

Gießen: Das ganze Jahr über regelmäßig, im Sommer ausgiebig gießen. Bei *E. galeandrae* das Substrat nicht austrocknen lassen.

Ruheperiode: Keine

Luftfeuchtigkeit: 60 bis 70 %; die Blattoberseiten nicht benetzen, sondern nur die Unterseiten.

Umpflanzen: Alle zwei Jahre. Eine Kultur auf Unterlage ist möglich, wenn eine hohe Luftfeuchtigkeit erhalten werden kann. In diesem Fall den Sommer über täglich sprühen.

Substrat: Fein; 70 % Kiefernrinde, 20 % Blähton, 10 % Sphagnum. Bei Blockkultur zwischen Unterlage und Pflanze etwas Sphagnum legen.

Düngung: Das ganze Jahr über bei jeder zweiten Wassergabe einen ausgewogenen Volldünger geben.

• *Eurychone rothschildiana* Bild 2

Pflanzengröße: Blattspannweite 15 bis 20 cm

Blütengröße: 5 cm

Blütenzahl pro Blütenstand: 3 bis 12 Blüten

Länge des Blütenstands: 10 cm

Länge des Sporns: 2 bis 3 cm

Duft: Sie duftet herrlich nach Gewürzen (u. a. Pfeffer und Zimt).

Besonderheit: Die Größe der Blüten und die kegelförmige breite Lippe (2,5 cm)

Eurygone rothschildiana ▲2

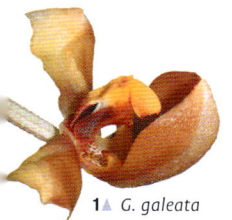
1▲ *G. galeata*

Gongora

Ihre langen und feinen überhängenden Blütenstände sind mit zahlreichen Blüten von bizarrem Aussehen versehen, die den Charme dieser Gattung ausmachen.

Pflanzenbeschreibung

Schwierigkeit der Kultur: Im Gewächshaus einfach

Geografische Verbreitung: Von Mexiko bis Peru und Brasilien
Artenzahl: Etwa 25
Natürlicher Lebensraum: Epiphytische Orchideen in bis zu 1400 m Höhe. Sie haben eine Vorliebe für feuchte und schattige Wälder sowie Bäume entlang fließender Gewässer.
Wuchsform: Mittelgroße Pseudobulben tragen ein oder zwei Blätter. An deren Basis entspringen die hängenden Blütenstände, die über 150 cm lang werden können.
Duft: Bei den meisten Arten, oft würzige Note
Blütezeit: Frühjahr bis Sommer
Blühdauer: Jeder Blütenstand 2 bis 3 Wochen

Kultur

Die Töpfe müssen aufgehängt werden.
Licht: Sie mögen zu viel Licht und direkte Sonne nicht.
Temperatur: Warm, 18 bis 28 °C am Tag, 15 bis 20 °C in der Nacht (Unterschied Tag und Nacht 4 bis 5 °C)
Kultur im Freien: Vom 1. Juli bis 15. August zu empfehlen, vorausgesetzt, dass ein etwaiger Mangel an Luftfeuchtigkeit ausgeglichen wird.
Wasser: Kalkfrei
Gießen: Während der Entwicklung der Pseudobulben regelmäßig (Topf zwischen den Wassergaben leichter werden lassen), danach in größeren Abständen gießen.
Ruheperiode: Keine, nur seltener gießen
Luftfeuchtigkeit: 70 bis 80 %; die Pflanzen leiden bei trockener Luft. In Hitzeperioden die Blätter früh morgens oder spät abends übersprühen, wenn die Luftzufuhr ausreichend ist.
Umpflanzen: Alle zwei Jahre in einen hängenden Korb oder Topf, wenn neue Pseudobulben sich entwickeln, umtopfen. Kleine Gefäße sind vorzuziehen, da die Wurzeln auf übermäßiges Gießen empfindlich reagieren. Wenn die Luftfeuchtigkeit ständig etwa 80 % beträgt, ist die Kultur auf einer Unterlage möglich.
Substrat: Mittelgrobe Kiefernrinde (80 %) und Blähton (20 %). Die Mischung muss gut durchlässig sein.

Düngung: In der Wachstumszeit bei jeder zweiten, wenn die Pseudobulben ausgebildet sind, bei jeder dritten Wassergabe düngen. Das ganze Jahr über einen ausgewogenen Volldünger oder nach dem Erscheinen der Neutriebe drei Monate lang einen Stickstoffdünger geben; danach einen phosphor- und kaliumreichen Dünger verabreichen, um die Blüte anzuregen.
Besondere Anmerkungen: Die Jungtriebe dürfen nicht benetzt werden.

G. galeata var. *flava* ▲2   3▲ *G. quinquenervis*

G. quinquenervis 4▲

149

Grammangis

Eine seltene Gattung, die im Handel kaum erhältlich ist. Dennoch lohnt es sich, sie vorzustellen, denn die beiden Arten, die sie umfasst, sind einfach spektakulär.

Pflanzenbeschreibung

Schwierigkeit der Kultur: Einfach

Geografische Verbreitung: Auf Madagaskar endemisch

Artenzahl: 2; *G. ellisii* Bild 1 und *G. spectabilis*

Natürlicher Lebensraum: Beide Arten sind Epiphyten. *G. ellisii* wächst in den küstennahen und feuchten tropischen Wäldern in relativ geringer Höhe (bis 1300 m), wo die Pflanzen von den Ästen auf fließende Gewässer herabhängen. *G. spectabilis* kommt in den Wäldern der Savanne im Südwesten der Insel in eher trockenen und hellen Regionen vor.

Wuchsform: Die Pflanzen haben große Pseudobulben (besonders *G. ellisii*), die von Blattscheiden umgeben sind. Die Blütentriebe entspringen an der Basis jüngerer Pseudobulben.

Duft: Fremdartig, nach Kampfer

Blütezeit: Frühling

Blühdauer: Vier bis fünf Wochen

Kultur

Licht: Sie mögen keine direkte Sonne und brauchen besonders im Winter viel Licht, um zu blühen. Für die Kultur im Zimmer ist eine Südseite erforderlich. Ein Gewächshaus auf der Nordseite bietet in den Wintermonaten nicht genug Licht.

Temperatur: Warm; 18 bis 30 °C am Tag, 16 bis 20 °C in der Nacht, Unterschied Tag und Nacht 2 bis 3 °C

Kultur im Freien: Vom 1. Juli bis 15. August, wenn die Temperaturen es erlauben.

Wasser: Kalkfrei

Gießen: Während der Entwicklung der Pseudobulben sehr oft, anschließend in größeren Abständen gießen.

Ruheperiode: Keine, nur nach Ende der Wachstumszeit weniger gießen.

Luftfeuchtigkeit: 70 bis 75 % sind ideal.

Umpflanzen: Alle drei Jahre, außer wenn das Substrat abgebaut wird. Diese Orchideen mögen es nicht, wenn man ihre Wurzeln anfasst, leiden aber darunter, wenn das Substrat zu alt ist. Man soll sie in kleine Tontöpfe pflanzen, damit man häufig gießen kann, ohne dass das Substrat zu lange feucht bleibt.

Substrat: Mittlere Körnung; 80 % Rinde, 20 % Blähton. Geben Sie etwas unbehandelte Holzkohle dazu, um das Faulen der Wurzeln zu verhindern, die beim Umtopfen gekürzt wurden.

Düngung: In der Wachstumszeit bei jeder zweiten, wenn die Pseudobulben ausgebildet sind, bei jeder dritten Wassergabe düngen. Das ganze Jahr über einen ausgewogenen Volldünger oder nach dem Erscheinen der Neutriebe drei Monate lang einen Stickstoffdünger geben; danach einen phosphor- und kaliumreichen Dünger verabreichen, um die Blütenbildung anzuregen.

Grammangis ellisii ▲ 1

Grammatophyllum

Orchideen dieser Gattung gehören zu den Größten und Auffallendsten! Aufgrund ihrer prächtigen Farben und Muster nennt man sie auch „Tigerorchidee".

Pflanzenbeschreibung

Schwierigkeit der Kultur: Im Gewächshaus einfach, für Zimmerkultur nicht zu empfehlen.

Geografische Verbreitung: Myanmar, Thailand, Malaysia, Borneo, Philippinen, Java, Sumatra, Neuguinea
Artenzahl: 12
Natürlicher Lebensraum: Epiphyten, manchmal Lithophyten in 50 bis 500 m Höhe, in feuchten Wäldern und in Regionen mit ganzjährigen Regenfällen. Sie wachsen hauptsächlich in den Baumkronen, wo sie sehr viel Licht erhalten.
Wuchsform: Sehr große Pflanzen, die über 3 m hoch werden können. Sie wachsen fast ohne Unterbrechung und jede Pseudobulbe kann mehrere Blütenstände hervorbringen, die 2 m lang werden und mehr als 40 große Blüten (6 bis 10 cm) tragen können. Manche Blüten haben die Besonderheit, unter anderem einige „anomale" Blüten zu bilden. Diese Blüten ohne Lippe sind steril und kleiner.
Blütezeit: Sommer
Blühdauer: Sechs bis acht Wochen

Ethnobotanik
Man erzählt, dass in Asien aus den Samen von *G. scriptum* ein Aphrodisiakum zubereitet wurde.

Kultur

Nur möglich in einem großen Gewächshaus!
Licht: Sie brauchen sehr viel Licht und müssen im oberen Bereich des Gewächshauses in exponierter Lage wachsen; von März bis Oktober leicht beschatten, im Winter brauchen sie volle Sonne.
Temperatur: Warm; 20 bis 30 °C am Tag, 18 bis 25 °C in der Nacht, Unterschied Tag und Nacht 3 bis 4 °C
Kultur im Freien: Nicht möglich
Wasser: Kalkfrei
Gießen: Das ganze Jahr über regelmäßig gießen je nach Licht und Temperatur. Jungtriebe niemals benetzen, da sie sehr leicht faulen.

Ruheperiode: Keine
Luftfeuchtigkeit: Mindestens 85 % bei guter Lüftung
Umpflanzen: Alle zwei Jahre in Töpfe oder Körbe umsetzen, wenn die Pflanze neue Triebe bildet.
Substrat: Mittelgrob, durchlässig, damit die Pflanze nicht an Staunässe leidet; 60 % Kiefernrinde, 20 % Blähton und 20 % Sphagnum Geben Sie etwas unbehandelte Holzkohle dazu, um Wurzelfäule vorzubeugen.
Düngung: Das ganze Jahr über bei jedem zweiten Gießgang düngen. Geben Sie einen ausgewogenen Volldünger oder nach dem Erscheinen der Neutriebe drei Monate lang einen Stickstoffdünger, danach einen phosphor- und kaliumreichen Dünger, um die Blüte anzuregen.

▲ 1 *Grammatophyllum* 'Tiger's Paw'

▲ 2 *Grammatophyllum ruphianum* × *elegans*

▲1

Jumellea

In jeder Hinsicht eine interessante Gattung – wegen der Größe und Form der Pflanze sowie der anmutigen weißen Einzelblüten, die abends einen herrlichen Duft verströmen.

Pflanzenbeschreibung

Schwierigkeit der Kultur: Je nach Art unterschiedlich

Geografische Verbreitung: Madagaskar, Komoren, Réunion und seltener auf dem afrikanischen Kontinent (Kenia)
Artenzahl: Etwa 60
Natürlicher Lebensraum: Epiphyten oder Lithophyten, die in feuchten Wäldern in bis zu 1400 m Höhe vorkommen.
Wuchsform: Orchideen mit kurzer oder langer Sprossachse, an der die Blätter je nach Art unterschiedlich angeordnet sind – manche „fächerartig", andere wechselständig, wobei die Ersteren im Allgemeinen ziemlich lang sind.
Duft: Besonders am Abend
Blütezeit: Frühjahr, Sommer, Herbst
Blühdauer: Vier bis sechs Wochen

Kultur

Licht: Im Allgemeinen braucht *Jumellea* nicht zu viel Licht, um schön zu blühen. Dennoch sollte man wissen, dass Pflanzen mit „fächerartigen" Blättern mehr Licht benötigen als die anderen. Das setzt ein Südfenster voraus, das von Februar bis November in den Mittagsstunden vor direkter Sonneneinstrahlung gut geschützt ist. Aber auch den Arten mit wechselständigen Blättern genügt die Nordseite nicht. Stark vergilbtes Laub ist ein Anzeichen für zu viel Licht.
Temperatur: Für die meisten *Jumellea*-Arten 20 bis 25 °C am Tag, 16 bis 18 °C in der Nacht (Unterschied Tag und Nacht 5 bis 7 °C)
Wasser: Kalkfrei
Gießen: Sie müssen regelmäßig gegossen werden, wobei im Sommer an sehr heißen Tagen etwas mehr Vorsicht angesagt ist. In diesem Fall können Sie die Substratoberfläche ruhig mehrmals in der Woche befeuchten.
Bei Arten mit „fächerartigem" Laub kommt es recht häufig vor, dass die neuen Blätter gefaltet sind. Dieses Phänomen zeigt an, dass die Pflanze während ihrer Wachstumszeit nicht genug Wasser bekam. Bei diesem *Jumellea*-Typ ist es wichtig, die Blätter nicht zu benetzten, sondern immer nur die Füße nass zu machen. Wegen der besonderen Form der Ansatzstellen der Blätter am Spross könnte sich das Wasser dort ansammeln und zur Fäulnisbildung führen.
Luftfeuchtigkeit: 60 bis 65 %; *Jumellea* mag weder zu trockene noch zu feuchte Luft. Wenn die Luftfeuchtigkeit sehr hoch ist, verhindert eine gute Luftbewegung das Faulen der Blätter. Das Sprühen tut dem Laub gut und sollte zusätzlich zur Frischluftzufuhr erfolgen, wenn der Kulturraum begrenzt ist.
Umpflanzen: Alle zwei Jahre im Frühjahr; für große Arten (*J. major*, *J. sagittata*) ein mittelgrobes, für die kleineren Arten ein feines Substrat verwenden. Manche Arten wie *J. comorensis* oder *J. fragrans* fühlen sich auch auf einer Korkunterlage wohl.
Substrat: 60 % Kiefernrinde, 20 % Blähton und 20 % Sphagnum
Düngung: Das ganze Jahr über einen ausgewogenen Volldünger geben, von Februar bis November bei jeder zweiten, von Dezember bis Februar bei jeder dritten Wassergabe.

Für eine abwechslungsreiche Sammlung

• *Jumellea arborescens* Bild 2 (Madagaskar)
Ausgewachsene Pflanzen dieser Art verzweigen sich und bilden kleine Büsche.
Natürlicher Lebensraum: Epiphyt in 1400 m Höhe in Zentralmadagaskar
Blütezeit: Frühling
Kultur: Temperiert oder warm mit ausreichend Licht, aber nicht zu intensiv
Schwierigkeit der Kultur: Mittel
Pflanzengröße: Blattspannweite 25 bis 30 cm, Höhe 50 bis 60 cm
Blütengröße: 3 cm
Länge des Sporns: 11 cm
Länge des Blütenstands: 8 bis 10 cm
Besonderheit: Blüten duften nachts.
• *Jumella comorensis* Bild 3 (Komoren)
Natürlicher Lebensraum: Diese Art wächst in 500 m Höhe in den feuchten Wäldern, wo es

Die Auffallendsten: *J. major*, *J. sagittata*
Die Blühfreudigsten: *J. comorensis*, *J. fragrans*

▲1 *Jumellea fragrans*

Jumellea arborescens ▲ **2**

viel und oft regnet. Das Licht ist nicht sehr intensiv.

Blütezeit: Frühling, Sommer, Herbst; blüht öfter im Jahr.

Kultur: Die Pflanze gedeiht in warmer wie auch temperierter Umgebung und braucht ausreichend, aber nicht zu viel Licht. Alle Standorte außer Nordseite sind geeignet.

Schwierigkeit der Kultur: Sehr einfach

Pflanzengröße: Blattspannweite 15 bis 20 cm, Höhe 30 cm

Blütengröße: 4 bis 5 cm

Länge des Sporns: 11 bis 12 cm

Länge des Blütenstands: 7 bis 10 cm

Duft: Nachts sehr angenehm würzig

Besonderheit: Die sehr wüchsige Pflanze verzweigt sich bald sehr stark; sehr blühfreudige Art.

• *Jumellea fragrans* Bild 1 und 4 (Réunion und Mauritius)

Als die Orchideen noch nicht unter Naturschutz standen, wurden diese kleinen Pflanzen in den Wäldern gepflückt, um sie bundweise (wie Gewürzkräuter!) auf den Märkten von Réunion oder Paris zu verkaufen (zwischen 1880 und 1900). Tatsächlich verströmen die Blätter von *J. fragans* beim Trocknen einen starken Duft, was für eine Orchidee

sehr selten ist. Die Bewohner von Réunion nennen sie „Faham" und machen daraus einen Aufguss oder bereiten damit ihren „Rhum arrangé" zu. Wenn Ihre Pflanze zufällig einige trockene Blätter hat, geben Sie sie in eine verschließbare Flasche. Der angenehme Duft wird sie lange erfreuen.

Natürlicher Lebensraum: Epiphyt feuchter Wälder. Die Art ist in ihrer Heimat durch ihre starke Nutzung vom Aussterben bedroht, wird aber zum Glück von vielen Züchtern kultiviert.

Blütezeit: Sommer bis Herbst

Kultur: Temperiert, im Topf oder auf Korkunterlage

Schwierigkeit der Kultur: Einfach

Pflanzengröße: Blattspannweite 15 bis 20 cm, Höhe 40 cm

Blütengröße: 3 bis 4 cm

Länge des Sporns: 8 bis 10 cm

Länge des Blütenstands: 8 bis 10 cm

• *Jumellea major* (Madagaskar)

Die Blüten dieser Art sind erstaunlich groß. Dazu kommt das prächtige Aussehen mit fächerartig angeordneten Blättern, an deren Basis die Blütenstände entspringen, als würden sie aus dem Substrat wachsen.

Natürlicher Lebensraum: Epiphyt in 1500 m Höhe in feuchten Wäldern im Norden und in der Mitte der Insel

Blütezeit: Winter bis Frühling

Kultur: Temperiert oder warm mit ausreichend Licht, aber nicht zu intensiv

Pflanzengröße: Blattspannweite 80 bis 120 cm, Höhe 40 bis 50 cm

Blütengröße: 8 bis 10 cm

Länge des Sporns: 6 bis 7 cm

Länge des Blütenstands: 15 bis 20 cm

Besonderheit: Wenn die Pflanze eine gewisse Reife erreicht und Licht von allen Seiten erhält, kann sie eine Vielzahl von einblütigen Blütentrieben bilden. Die Blüten duften nachts sehr intensiv.

• *Jumellea sagittata* (Madagaskar)

Diese Art hat einen genauso eleganten Wuchs wie *Jumellea major*, die oben beschrieben wurde.

Natürlicher Lebensraum: Epiphyt in 1400 m Höhe in feuchten Wäldern in Zentralmadagaskar

Blütezeit: Frühling

Kultur: Temperiert oder warm mit ausreichend Licht, aber nicht zu viel

Schwierigkeit der Kultur: Sehr einfach

Pflanzengröße: Blattspannweite 50 bis 60 cm, Höhe 40 bis 45 cm

Blütengröße: 4 bis 6 cm

Länge des Sporns: 11 bis 12 cm

Länge des Blütenstands: 5 bis 6 cm

Besonderheit: Blüten duften nachts sehr angenehm. Bei richtiger Kultur kann diese Art bis zu 60 Blüten hervorbringen.

Jumellea comorensis ▲ 3

Jumellea fragrans ▲ 4

Laelia und Schomburgkia

Eine Gattung von großer Formschönheit und erstaunlicher Vielfalt an Blütenfarben.

Pflanzenbeschreibung

Schwierigkeit der Kultur: Einfach bei Arten, die in feuchten Wäldern leben; schwieriger bei den Arten aus den Ebenen Brasiliens, die auf Felsen und Steinen wachsen, und daher auch als Steinlaelien bezeichnet werden.

Geografische Verbreitung: Hauptsächlich Brasilien, aber auch Mexiko, Guatemala, Honduras
Artenzahl: 60, davon 30 Arten lithophytisch wachsend
Natürlicher Lebensraum: Epiphytisch, lithophytisch oder terrestrisch. Manche *Laelia*-Arten kommen ähnlich den *Cattleya*-Arten in feuchten Wäldern in niedrigen oder höheren Lagen vor (*L. albida, L. anceps, L. purpurata, L. perrinii, L. tenebrosa* u. a.), andere wiederum wachsen auf Felsen inmitten von Prärien, kaum geschützt durch Büsche oder hohe Stauden vor der prallen Sonne (*L. bahiensis, L. cinnabarina, L. lucasiana, L. flava* u. a.). Manche Arten leben auch in über 2000 m Höhe oder in Regionen, in denen der Temperaturunterschied zwischen Tag und Nacht erheblich ist (*L. pumila, L. dayana, L. alaorii*).
Wuchsform: Die Pseudobulben haben ein oder zwei mehr oder weniger dicke Blätter und sind von einer schützenden Scheide umgeben. Manche *Laelia*-Arten sind groß, andere winzig. Auch die Blütengröße variiert von einigen Zentimetern bis zu 25 cm oder mehr. Die Blütenstände entwickeln sich an der Spitze der neuen Pseudobulben und tragen eine oder mehrere Blüten.
Duft: Im Gegensatz zu *Cattleya*-Arten duften sie selten.

Blütezeit: Vor allem im Frühling und Sommer, aber auch im Herbst
Blütezeit: Drei bis vier Wochen

Kultur

Licht: Je dicker die Blätter sind, umso mehr Licht braucht die Pflanze. Eine Kultur auf der Nordseite ist nicht möglich. Im Herbst und Winter eignet sich die Südseite besser, von Februar bis November die Ost- oder Westseite ohne Schatten (bis 11.00 und ab 18.00 Uhr), ansonsten ist die Südseite mit Beschattung in der heißen Tageszeit ideal.
Temperatur: *Laelia*-Arten mögen warme Tage und kühle Nächte. Die Kultur in einem temperierten Gewächshaus bietet alle Vorteile, die sie zur Blüte benötigen; 18 bis 27 °C am Tag, 11 bis 16 °C in der Nacht (Unterschied Tag und Nacht 5 bis 8 °C). Sie vertragen höhere Tagestemperaturen, wenn die Nächte kühl und sehr feucht sind.
Kultur im Freien: Vom 1. Juni bis 15. September oder länger, wenn die Nachttemperaturen über 11 °C liegen
Wasser: Kalkfrei
Gießen: Während der Entwicklung der Pseudobulben ausgiebig und regelmäßig wässern. Das Substrat muss zwischen den Wassergaben feucht bleiben. Nach der Blüte in größeren Abständen gießen (Substrat soll zwischen den Wassergaben leichter werden); wenn die Neutriebe erscheinen, wieder wie gewohnt wässern.

▲1 *Laelia pumila*

Ethnobotanik

Laelia rubescens war früher auch als „Jesusblume" bekannt. In Mexiko diente der Saft aus den Pseudobulben von *L. automnalis* als Klebstoff bei der Herstellung von Musikinstrumenten. In Honduras bauten die Kinder aus den Pseudobulben von *Schomburgkia* Flöten.

Die größten Arten: *L. anceps, L. purpurata, L. superbiens, L. tenebrosa* u. a.
Die kleinsten Arten: *L. pumila, L. sincorana, L. aloorii* u. a.
Die Arten mit den auffallendsten Blüten: *L. tenebrosa, L. purpurata, L. lobata, L. pumila, L. sincorana, Schomburgkia superbiens* (Syn. *L. superbiens*)
Die Arten mit den farbigsten Blüten: *L. fava, L. harpophylla, L. cinnabarina*
Die Arten mit der einfachsten Kultur: *L. tenebrosa, L. purpurata*

Laelia harpophylla ▲ 2

Ruheperiode: Keine

Luftfeuchtigkeit: Im Sommer wie im Winter etwa bei 70 bis 80 %; während der Hitzeperioden die Blätter gegen Abend übersprühen und die Substratoberfläche anfeuchten.

Umpflanzen: Alle zwei Jahre, wenn die Neutriebe erscheinen. Auf Felsen lebende Arten haben brüchige Wurzeln, die sich zaghaft entwickeln, sodass sie mit Vorsicht behandelt werden müssen. Verwenden Sie bevorzugt kleine Töpfe aus Kunststoff oder Ton, damit das Substrat nach jedem Gießen schnell trocknet. Die Kultur auf einer Unterlage oder im Korb ist möglich (besonders für kleine Arten), wenn die Luftfeuchtigkeit und die Wasserversorgung entsprechend sind.

Substrat: Ein gut durchlässiges Substrat, das ausgiebiges Gießen erlaubt, ohne dass Staunässe entsteht. Für große Arten eine Mischung mittlerer Körnung aus Kiefernrinde (80 %) und Blähton (20 %). Für kleine Arten ein feines Substrat, dem etwas Sphagnum und möglichst unbehandelte Holzkohle beigemischt wird: 60 % Kiefernrinde, 20 % Blähton, 20 % Sphagnum.

Düngung: In der Wachstumszeit bei jeder zweiten, wenn die Pseudobulben ausgebildet sind, bei jeder dritten Wassergabe düngen. Geben Sie einen ausgewogenen Volldünger oder nach dem Erscheinen der Neutriebe drei Monate lang einen Stickstoffdünger, danach einen phosphor- und kaliumreichen Dünger, um die Blüte anzuregen. Legen Sie nach der Blüte eine vierwöchige Pause ein.

Besondere Anmerkungen zu Steinlaelien: Auch wenn diese Orchideen in den höher gelegenen Graslandschaften in Zentralbrasiliens wachsen, in denen sie der Sonne ausgesetzt sind und es am Tage nicht regnet, schützt der ständig wehende Wind die Blätter vor Verbrennungen; die Nächte sind kühl und die nächtlichen Wolken sorgen für viel Feuchtigkeit; auch sind die Felsen, auf denen sie wachsen, mit feuchtem Moos bedeckt. Daher sind sie so zu kultivieren, wie oben beschrieben wurde.

Für eine abwechslungsreiche Sammlung

• *Laelia harpophylla* Bild 2, 3 (Brasilien)
Natürlicher Lebensraum: Epiphytische Art, wächst in dichten und feuchten Wäldern in niedrigen Lagen (500 bis 900 m).
Blütezeit: Frühling
Kultur: Temperiert
Schwierigkeit der Kultur: Einfach
Pflanzengröße: 30 bis 70 cm; walzenförmige und sehr feine Pseudobulben tragen ein spitz zulaufendes Blatt.

3 ▲ *Laelia harpophylla*

Blütengröße: 6 bis 8 cm
Blütenzahl pro Blütenstand: 5 bis 15
Länge des Blütenstands: 17 bis 18 cm
Besonderheit: Sternförmige Blüten und lange Blühdauer

• *Laelia lobata* Bild 4 (Brasilien)
Natürlicher Lebensraum: Lithophytische Art, wächst in 200 bis 800 m Höhe in der Nähe von Rio de Janeiro. Man findet sie an den Osthängen von Felsen mit ständigen starken Winden. Die Wurzeln schützen sich vor der Sonne und vor dem Austrocknen, indem sie in die Ritzen der Felsen wachsen. Diese Art kommt manchmal auch auf Bäumen vor.
Blütezeit: Frühling
Kultur: Temperiert
Schwierigkeit der Kultur: Die Form mit den fuchsiafarbenen Blüten ist schwieriger zu ziehen als die mit den weißen Blüten Bild 4.
Pflanzengröße: 50 bis 60 cm
Blütengröße: 13 bis 15 cm
Blütenzahl pro Blütenstand: 2 bis 5
Länge des Blütenstands: 15 cm
Duft: Angenehm
Besonderheit: Hellgrünes Laub ist ein Anzeichen dafür, dass die Pflanze genug Licht bekommt und sie bald blühen wird.
Anmerkung: Ich habe oft gesehen, dass eine *Laelia lobata* var. *alba* nur blüht, wenn sie im Gewächshaus ganz oben, also möglichst hell platziert wird. Schöner hingegen finde ich die fuchsiafarbenen Blüten einer *Laelia lobata*, die ich bei einem passionierten Hobbyzüchter in der Bretagne in voller Pracht bewundern konnte.

• *Laelia perrinii* Bild 5 (Brasilien)
Natürlicher Lebensraum: Epiphytische oder lithophytische Art in den küstennahen Wäldern (Rio de Janeiro, Esperito Santo, Minas Gerais) in 500 bis 1000 m Höhe
Blütezeit: Herbst
Kultur: Temperiert
Schwierigkeit der Kultur: Wegen der Anforderung nach hoher Luftfeuchtigkeit mittel
Pflanzengröße: 20 bis 50 cm
Blütengröße: 10 bis 15 cm

Laelia lobata var. *alba* ▲ 4

Laelia perrinii var. *coerulea* ▲ 5

Blütenzahl pro Blütenstand: 1 bis 3, selten mehr Blüten
Länge des Blütenstands: 10 bis 20 cm
Besonderheit: Die Blattunterseiten sind rot. Die Art hat fuchsiafarbene Blüten, es gibt seltene Varietäten mit weißen Blüten (*alba*), cremefarbenen Blüten (*coerulea*) oder blassrosa Blüten (*concolor*). Die Blütenform ist besonders anmutig und erinnert an einen Vogel im Flug.
• *Laelia pumila* Bild 1 (Brasilien)
Natürlicher Lebensraum: In offenen und feuchten Wäldern in der Nähe von Flüssen in den Sumpfgebieten der Staaten Esperito Santo und Minas Gerais in 600 bis 1300 m Höhe. Sie wachsen auf den niedrigen Teilen der Bäume.
Blütezeit: Herbst
Kultur: Temperiert
Schwierigkeit der Kultur: Einfach; bevorzugt auf Unterlage bei hoher Luftfeuchtigkeit
Pflanzengröße: Sehr kleine Pflanze, 12 bis 15 cm
Blütengröße: 8 bis 13 cm
Blütenzahl pro Blütenstand: 1
Länge des Blütenstands: 8 cm
Duft: Ja
Besonderheit: Ihre Blüten sind fast so groß wie die Pflanze selbst. Die Blütenstände entwickeln sich, während die Pseudobulben noch nicht ganz ausgebildet sind.
• *Laelia purpurata* Bild 7, 8, 9 (Brasilien)
Natürlicher Lebensraum: Epiphytische Art, die in dichten Wäldern in der Nähe von Flüssen in etwa 180 m Höhe wächst. Aufgrund übermäßigen Pflückens in früheren Zeiten und der Zerstörung ihrer Lebensräume wachsen sie auch überall an den Stränden im Sand. Heute kann man sie auf Bäumen nur noch in den Bereichen sehen, die kaum zugänglich sind.
Blütezeit: Frühling bis Sommer
Kultur: Temperiert
Schwierigkeit der Kultur: Einfach
Pflanzengröße: Große Pflanze, 60 bis 100 cm
Blütengröße: 15 bis 22 cm
Blütenzahl pro Blütenstand: 2 bis 7
Länge des Blütenstands: 15 bis 20 cm
Duft: Ähnelt Lakritze
Besonderheit: Es gibt mehr als 100 Varietäten von *Laelia purpurata* und alle besitzen herrlich gezeichnete Lippen.
• *Laelia superbiens* oder *Schomburgkia superbiens* Bild 10 (Mexiko, Honduras, Guatemala, Nicaragua)
Diese Art wurde erst kürzlich der Gattung *Schomburgkia* zugeordnet. Sie braucht etwas weniger Licht als *Schomburgkia tibicinis* oder *S. thomsoniana*.
Natürlicher Lebensraum: Epiphytische Art in 1000 bis 2000 m Höhe in lichten und sehr feuchten Wäldern

Blütezeit: Frühling
Kultur: Temperiert mit viel Licht, hoher Luftfeuchtigkeit und guter Luftbewegung
Schwierigkeit der Kultur: Schwierig, großer Platzbedarf
Pflanzengröße: 50 bis 75 cm, große Pflanze
Blütengröße: 15 bis 18 cm
Blütenzahl pro Blütenstand: 5 bis 15
Länge des Blütenstands: 1 bis 2 m!
Duft: Ja
Besonderheit: Der dünne und lange Blütenstand biegt sich unter dem Gewicht der Blüten nach unten, sodass wir den Kopf nicht zu sehr heben müssen, um sie zu bewundern.
• *Laelia tenebrosa* Bild 11 (Brasilien)
Natürlicher Lebensraum: Diese Art war früher sehr verbreitet. Man konnte sie in den dichten und feuchten Wäldern im Süden der Staaten Bahia bis zum Norden von Esperito Santo finden. Nachdem sie in einem kleinen Gebiet im Süden von Esperito Santo überlebt hatte, ist sie heute in der Natur völlig verschwunden, wird aber von einigen Züchtern kultiviert.
Blütezeit: Sommer bis Herbst
Kultur: Temperiert
Schwierigkeit der Kultur: Einfach
Pflanzengröße: 40 bis 60 cm
Blütengröße: 18 cm
Blütenzahl pro Blütenstand: 2 bis 5
Länge des Blütenstands: 15 bis 20 cm
Besonderheit: Blüten von großer Schönheit
Anmerkung: Die erste *Laelia*, die mich bezaubert hat …

▲6 *Laelia bahiensis × tenebrosa*

▲7 *Laelia purpurata* var. *werchkhauseri*

Laelia purpurata ▲ 8

Laelia purpurata var. sanguinea ▲ 9

10 ▲ *Schomburgkia superbiens*

Laelia tenebrosa ▲ 11

▲1

Lemboglossum (Syn. *Rhynchostele*)

Die Arten dieser Gattung wurden ursprünglich zur Gattung *Odontoglossum* gezählt, mit der sie eng verwandt ist. Ihre Kultur ist ähnlich, erweist sich aber als weniger schwierig.

Pflanzenbeschreibung

Schwierigkeit der Kultur: Einfacher zum Blühen zu bringen als *Odontoglossum*-Arten.

Geografische Verbreitung: Zentralamerika
Artenzahl: 14, darunter *L. cordatum*, *L. rossii*, *L. uro-skinneri*, *L. bictoniense*, *L. cervantesii*
Natürlicher Lebensraum: Epiphytische oder lithophytische Orchideen in Kiefern- und Eichenwäldern in 1500 bis 3000 m Höhe. Im Frühjahr und Sommer fällt regelmäßig Regen, im Herbst und Winter erheblich weniger. Die Nächte sind allerdings extrem feucht und die Pflanzen sind von Nebel und Tau ganz nass.
Wuchsform: Sympodial wachsende kleine oder mittelgroße Pflanzen. Die aufrechten oder halb hängenden, kurzen oder langen Blütenstände entspringen an der Basis der neuen Pseudobulben.
Pflanzengröße: 10 bis 40 cm
Blütengröße: 4 bis 7 cm
Blütenzahl pro Blütenstand: 3 bis 20
Länge des Blütenstands: 15 bis 55 cm
Duft: Selten (*L. cervantesii*)
Blütezeit: Spätwinter bis Frühling
Blühdauer: Vier bis fünf Wochen in einer kühlen Umgebung

Kultur

Licht: Ihre Blütezeit ist im Spätwinter oder Frühjahr, daher kommt ihnen ein Maximum an Licht im Herbst und Winter zugute; in dieser Zeit müssen die Pflanzen auf der Südseite stehen. Im Frühjahr und Sommer müssen sie während der heißen Tageszeit beschattet werden.
Temperatur: Kühl; 15 bis 25 °C am Tag, 7 bis 14 °C in der Nacht (Unterschied Tag und Nacht mindestens 10 °C). In den Hitzeperioden die Pflanzen durch mehr Schatten, Luftbewegung und höhere Luftfeuchtigkeit schützen.
Kultur im Freien: Bei Kultur im Zimmer oder im Warmhaus sollten die Orchideen vom 1. Juni bis 15. Oktober unbedingt ins Freie.
Wasser: Kalkfrei

Gießen: Während der Wachstumszeit ausgiebig und regelmäßig gießen, dabei den Topf zwischen den Wassergaben etwas leichter werden lassen. Wenn die Pseudobulben ausgebildet sind, nur gießen, wenn der Topf viel leichter geworden ist. Bei niedrigen Temperaturen und mäßigem Licht nicht gießen, sondern eher an hellen Tagen. Die Pseudobulben dürfen nicht schrumpfen.
Ruheperiode: Keine
Luftfeuchtigkeit: 50 bis 70 %
Umpflanzen: Alle zwei Jahre, wenn die Neutriebe sich zu entwickeln beginnen oder gleich nach der Blüte. Der Topf sollte nicht viel größer sein als der Wurzelballen. Die kleinen Arten lassen sich auf Korkunterlagen sehr einfach kultivieren. Im Sommer nicht umtopfen.
Substrat: Für die kleinen Arten feines, für die großen mittleres Substrat; 60 % Kiefernrinde, 20 % Sphagnum, 20 % Blähton
Düngung: Während der Wachstumszeit bei jeder zweiten, wenn die Pseudobulben ausgebildet sind bei jeder dritten Wassergabe düngen. In den Wintermonaten nicht düngen.

> **Die kleinsten Arten:** *Lemboglossum rossii* und *Lemboglossum cervantesii*

▲1 *Lemboglossum uro-skinneri*   2▲ *Lemboglossum cordatum*

Lemboglossum bictoniense ▲ **3**

Leptotes

Eine kleine Orchidee, die sowohl sehr hübsch ist als auch einfach zu kultivieren.

Pflanzenbeschreibung

Schwierigkeit der Kultur: Einfach

Geografische Verbreitung: Brasilien, Paraguay, Argentinien
Artenzahl: 3
Natürlicher Lebensraum: Epiphytische Orchideen in niedrigen Lagen (500 bis 900 m). Man findet sie in den küstennahen Wäldern Brasiliens sowie in den feuchten und dichten Regenwäldern Paraguays und Argentiniens.
Wuchsform: Sehr kleine Pflanzen mit runden dicken Blättern. Die Blütenstände entspringen an der Basis der Blätter und tragen zwei bis drei Blüten.
Duft: Bei *Leptotes bicolor*
Blütezeit: Spätwinter und Vorfrühling
Blühdauer: Etwa drei Wochen

Ethnobotanik

In Brasilien wurden die Fruchtkapseln von *Leptotes bicolor* getrocknet, um Speiseeis und andere Desserts mit den Samen zu aromatisieren, die einen vanilleähnlichen Geschmack haben.

Kultur

Licht: Sie brauchen nicht zu viel Licht und bevorzugen schattige Bereiche. Ideal ist eine Ost- oder Westseite.
Temperatur: Temperiert; 18 bis 25 °C am Tag, 15 bis 16 °C in der Nacht (Unterschied Tag und Nacht 5 bis 8 °C)
Kultur im Freien: 1. Juli bis 15. August im Schatten eines Baums
Wasser: Kalkfrei
Gießen: Diese Orchideen werden meistens aufgebunden verkauft, da sie so besser zu kultivieren sind. Daher müssen sie täglich, im Sommer sogar mehrmals am Tag, besprüht werden. Im Winter, wenn das Licht mäßig und die Temperaturen niedrig sind, wird seltener gegossen. Werden sie im Topf kultiviert, eignen sich sehr kleine Gefäße besser, auch wenn man sie oft gießen muss.
Ruheperiode: Keine
Luftfeuchtigkeit: 75 bis 80 %
Umpflanzen: Alle zwei Jahre nötig, wenn die Neutriebe erscheinen.
Substrat: Fein, 80 % Kiefernrinde, 20 % Blähton
Düngung: Auf Unterlage im Frühjahr und Sommer alle 8 Tage, danach alle 14 Tage einen ausgewogenen Volldünger geben. Im Topf oder Korb im Frühjahr und Sommer bei jeder zweiten, im Herbst und Winter bei jeder dritten Wassergabe düngen.

Leptotes bicolor ▲ 1

Ludisia und Macodes

Diese beiden Gattungen verdanken ihren Beinamen „Schmuck-orchidee" der Schönheit ihres Laubs. Die Blüten dieser Orchideen sind nicht besonders interessant und daher von untergeordneter Bedeutung. Die Blätter hingegen sind herrlich gezeichnet und von einer angenehmen, samtigen Struktur.

▲ 1

Pflanzenbeschreibung

Schwierigkeit der Kultur: Einfach

Geografische Verbreitung: China, Indien, Myanmar, Neuguinea und Java
Artenzahl: Jeweils nur eine Art; *Macodes petola* Bild 1, *Ludisia discolor* Bild 2
Natürlicher Lebensraum: Sie wachsen terrestrisch in schattigen, warmen und feuchten Wäldern inmitten von Moos und verrottendem Laub in 300 bis 1400 m Höhe.
Wuchsform: Sympodial wachsende Orchideen ohne Pseudobulben. Sie haben ein fleischiges Rhizom, auf dem sich kleine Sprosse mit Blättern entwickeln, an deren Enden die Blütenstände entspringen. Die *Ludisia* wächst schnell und bildet rasch eine schöne Pflanze. *Macodes* hingegen ist eine Mini-Pflanze, die gold- oder silberfarbenen Adern der Blätter lassen sie dennoch zu einem kleinen Schmuckstück werden.
Blütezeit: Frühling bis Sommer
Blühdauer: Vier Wochen

Kultur

Licht: Sie mögen Schatten und fürchten das Licht. In einem Gewächshaus sollten sie unter den Ablageflächen oder in dem schattigsten Bereich stehen. Bei Zimmerkultur eignen sich alle Standorte außer einem Südfenster im Frühjahr und Sommer.
Temperatur: Warm; 19 bis 28 °C am Tag, 18 bis 22 °C in der Nacht (Unterschied Tag und Nacht 1 bis 2 °C)

Kultur im Freien: Nicht möglich; ihre sehr zarten Blätter und Wurzeln werden von Schädlingen befallen.
Wasser: Kalkfrei
Gießen: Häufig gießen; das Substrat darf nicht trocknen und muss das ganze Jahr über feucht bleiben. Blätter nicht benetzen, damit sie nicht fleckig werden oder faulen.
Ruheperiode: Keine
Luftfeuchtigkeit: 50 bis 75 %; gut lüften.
Umpflanzen: Alle zwei Jahr in Töpfe, die breit, aber eher flach sind. Besonders *Ludisia* wächst schnell und ihre Wurzeln ragen aus dem Topf. Daher muss man beim Umtopfen die Teile des Rhizoms außerhalb des Topfes abschneiden. Man kann diese als Stecklinge behandeln, um seine Sammlung zu vergrößern, oder sie an Andere weitergeben.
Substrat: Ein feines Substrat, das das Wasser hält, ohne Staunässe zu bilden; 60 % klein gehacktes Sphagnum, 40 % feine Kiefernrinde
Düngung: Das ganze Jahr alle 14 Tage einen ausgewogenen Volldünger geben.

Macodes petola ▲ 1   *Ludisia discolor* ▲ 2

Lycaste

Eine Gattung, deren Schönheit es zu entdecken gilt. Sie wurde nach „Lycaste" benannt – einer Frau, die in der Antike für ihre Schönheit berühmt war.

▲1

Pflanzenbeschreibung

Schwierigkeit der Kultur: Einfach

Geografische Verbreitung: Es gibt etwa 45 Arten, die in Lateinamerika, entlang des Amazonas und auf dem Gipfel der Kordilleren vorkommen.
Natürlicher Lebensraum: Je nach Art wachsen sie terrestrisch, epiphytisch oder lithophytisch in den feuchten Wäldern. Die meisten von ihnen sind in 500 bis 2500 m Höhe zu finden, daher kann man sagen, dass sie in gemäßigten wie auch kalten Klimaten wachsen.
Wuchsform: Die Pseudobulben sind groß und kurz. Sie tragen ein bis drei gefaltete Blätter, die bei sommergrünen Arten abgeworfen werden, um zwei sehr scharfen Stacheln Platz zu machen. Es heißt, dass manche *Lycaste*-Arten in der Natur mit Stacheln versehen sind, um sich vor Schlangennestern zu schützen, in denen sich diese Tiere vor ihren Feinden verstecken. *Lycaste* ist eine sympodial wachsende Orchidee, die Pseudobulben bildet, die der Pflanze in den Trockenzeiten das Überleben ermöglichen. Eine Pseudobulbe bringt mehrere Blütenstände hervor, was für eine Orchidee sehr außergewöhnlich ist. Jeder Blütenstand trägt eine einzige Blüte. Die Blätter werden im Allgemeinen abgeworfen, allerdings sind einige Arten wie *L. barringtoniae* und *L. ciliata* immergrün.
Blühdauer: Je nach Art oder Hybride 1 bis 2 Monate
Blütezeit: Die meisten Arten blühen im Frühling oder Sommer. Aber einige bilden auch im Herbst und Winter Blüten. Wenn man auf die jeweiligen Ruheperioden achtet, kann man eine Sammlung aus *Lycaste*-Arten aufbauen, die das ganze Jahr über mit ihren Blüten erfreut.

> **Blatt abwerfende Arten:** *L. aromatica, L. cruenta, L. cochleata, L. consabrina*
> **Halb-immergrüne Arten:** *L. candida, L. luminosa, L. dyeriana*
> **Immergrüne Arten:** *L. locusta, L. ciliata, L. costata, L. reichenbachii*
> **Die kleinsten Arten:** *L. brevispatha, L. candida, L. luminosa, L. consabrina*
> **Die größten Arten:** *L. locusta, L. ciliata, L. fimbriata, L. cinnabarina*
> **Arten mit den kleinsten Blüten:** *L. campbellii, L. aromatica, L. powellii*
> **Arten mit den größten Blüten:** *L. skinneri* Bild 1, *L. deppei*

Lycaste 'Delphine' ▲2

Lycaste aromatica ▲ 3

Kultur

Licht: *Lycaste*-Arten brauchen viel Licht, besonders in der Ruheperiode, während der sie einen vollsonnigen Platz haben können. Aber ab Mitte Februar, wenn das Wachstum wieder einsetzt, ist es wichtig, das Laub vor direkter Sonne zu schützen. Idealerweise sollten sie im Winter auf der Süd- und im Sommer auf der Ost- oder Westseite kultiviert werden.

Temperatur: Trotz der hoch gelegenen Heimatregionen, wächst sie am besten in einer temperierten Umgebung. Am Tage kann die Temperatur zwischen 15 und 21 °C, in der Nacht zwischen 10 und 16 °C variieren. Es ist wichtig einen Temperaturunterschied zwischen Tag und Nacht von mindestens 5 °C einzuhalten. *Lycaste*-Arten fühlen sich vom Juni bis September im Freien sehr wohl, unter einem Baum vor der Sonne und vor möglichem Schneckenbefall geschützt!

Wasser: Kalkfrei

Gießen: Wegen der Größe der Blätter trocknet die Pflanze im Frühjahr und Sommer rasch aus. Daher ist es sehr wichtig, ausgiebig und regelmäßig zu gießen, sobald die Neutriebe erscheinen und auch während des gesamten Wachstums. Da die Pflanzen sehr anfällig für Fäulnis sind, darf man die Blätter beim Wässern nicht benetzen.

Ruheperiode: In dieser Zeit, im Allgemeinen im Herbst, stellt die Pflanze das Wachstum ein. Sie lebt also „auf Sparflamme" und braucht nicht viel Wasser, daher werden die Wassergaben stark reduziert, wobei die Pseudobulben nicht zu sehr schrumpfen dürfen. Zu Beginn der Ruhephase müssen die Pseudobulben schön prall sein.

Luftfeuchtigkeit: 50 bis 70 %; im Sommer, wenn die Tage besonders warm sind, ist es wichtig die Raumluft nachts sehr feucht zu halten und die Pflanzen reichlich zu besprühen.

Umpflanzen: Umgetopft wird im Frühjahr, wenn die Neutriebe erscheinen. Tontöpfe sind ideal.

Substrat: Eine Mischung aus 60 % feiner oder mittelgrober Rinde, 30 % Sphagnum und 10 % Blähton bzw. aus 60 % Rinde, 40 % Sphagnum und etwas Blähton auf dem Topfboden für guten Abfluss

Düngung: Ab dem Erscheinen der Neutriebe etwa drei Monate lang einen Stickstoffdünger, danach einen phosphor- und kaliumreichen Dünger verabreichen, um die Blütenbildung zu fördern. Während der Ruhephase nicht düngen.

Besondere Anmerkungen: Die Blattunterseiten gut übersprühen, um die Pflanze vor dem Austrocknen zu bewahren (besonders während der Hitzeperioden) und einem Befall von Spinnmilben vorzubeugen.

Für eine abwechslungsreiche Sammlung

• *Lycaste aromatica* Bild 3 (Guatemala, Nicaragua, Mexiko)
Natürlicher Lebensraum: Epiphyten oder Lithophyten in Wäldern in 900 bis 1500 m Höhe
Blütezeit: Frühling
Kultur: Im temperierten Gewächshaus
Pflanzengröße: Mittelgroß, 30 bis 50 cm; Blätter werden abgeworfen.
Blütengröße: 6 cm
Duft: Nach Zimt
Besonderheit: Die Blütenstände erscheinen zur gleichen Zeit wie die neuen Triebe.

• *Lycaste ciliata* (Syn. *Ida ciliata*) Bild 5 (Bolivien, Kolumbien, Ecuador, Peru)
Natürlicher Lebensraum: In 1000 bis 2400 m Höhe
Blütezeit: Winter bis Frühling
Kultur: Kühl bis temperiert
Pflanzengröße: 80 cm; immergrüne Blätter
Blütengröße: 10 cm
Duft: In der Nacht
Besonderheit: Die Pflanze ist an ihrem Naturstandort ausgestorben.

• *Lycaste lasioglossa* Bild 7 (Guatemala, Mexiko)
Natürlicher Lebensraum: Epiphyten in höher gelegenen Wäldern
Blütezeit: Winter bis Frühling
Kultur: Im temperierten Gewächshaus
Pflanzengröße: Mittelgroß, 30 bis 50 cm
Blütengröße: 7 cm
Besonderheit: Immergrün

• *Lycaste fragrans* Bild 4 (Ecuador, Peru, Kolumbien)
Natürlicher Lebensraum: Terrestrische Art, die in niedrigen Lagen wächst.

▲ 4

Blütezeit: Frühling
Kultur: Im temperierten Gewächshaus
Pflanzengröße: 50 bis 60 cm
Blütengröße: 5 cm, aber sehr langgestreckt
Besonderheit: Die Lippe ist besonders fein ausgefranst.

• *Lycaste skinneri* Bild 1, 6 (Mexiko, Guatemala)
Natürlicher Lebensraum: In 1500 bis 2100 m Höhe
Blütezeit: Winter bis Frühling
Kultur: Im temperierten Gewächshaus oder Kalthaus
Pflanzengröße: Mittelgroß, 30 bis 50 cm; halbimmergrüne Art
Blütengröße: 14 cm
Besonderheit: Obwohl diese Art in höheren Lagen wächst, verträgt sie ziemlich warme Bedingungen. In einer kühlen Umgebung bildet sie jedoch mehr Blüten.
Die Farben variieren von reinem Weiß Bild 6 bis zu Rosa Bild 1.

Lycaste ciliata ▲**5**   **6**▲ *Lycaste skinneri* × *ciliata* 'Alba'

Lycaste lasioglossa ▲**7**

Masdevallia

Diese kleinen, manchmal winzigen Pflanzen haben so verblüffende Blütenformen und -farben, dass niemand gegenüber ihrer Schönheit oder ihrem fremdartigen Aussehen gleichgültig bleiben kann ...
Die Zimmerkultur gestaltet sich schwierig. Bei einigen Arten und in einer nicht zu warmen Umgebung ist sie aber möglich, wenn man ihnen besondere Aufmerksamkeit widmen kann.

Pflanzen-beschreibung

Schwierigkeit der Kultur: Die Kultur von Masdevallien ist jenen Hobbygärtnern zu empfehlen, die bereits etwas Erfahrung mit Orchideen haben. Wenn Sie diese außergewöhnliche Pflanze auch unwiderstehlich finden, sollten Sie nicht zögern, es mit ihnen zu versuchen – Sie werden mit Sicherheit belohnt.

Geografische Verbreitung: Costa Rica, Nicaragua, Ecuador, Panama, Venezuela, Peru, Kolumbien, Bolivien, aber auch Mexiko, Guatemala, Honduras, Brasilien, Surinam und Guyana
Artenzahl: Etwa 400
Natürlicher Lebensraum: Man findet sie in 500 bis 4000 m Höhe. Später werden wir sehen, dass dies für ihre Kultur von geringer Bedeutung ist. Sie kommen immer in sehr feuchten, schattigen Regionen mit viel Luftbewegung (regenreiche Wälder) vor. Sie wachsen vor allem epiphytisch, aber auch lithophytisch und sogar terrestrisch.
Wuchsform: Die Pflanzen sind klein und haben keine Pseudobulben. Sie besitzen ein kriechendes Rhizom, dem zahlreiche Stämmchen entspringen, die jeweils ein mehr oder weniger dickes Blatt tragen und hübsche Büschel bilden. Die Blütenstände haben oft eine einzige Blüte und entwickeln sich zwischen den Stämmchen, dessen Blatt von einem Hüllblatt umgeben ist. Die vielen Wurzeln sind ebenfalls relativ dick.
Besonderheit der Blüten: Im Gegensatz zu den meisten Orchideen, sind die Sepalen von Masdevallien übermäßig entwickelt und zusammengewachsen und bilden so eine mehr oder weniger offene Tüte. In der Mitte befinden sich die Petalen und die Lippe, die stark zurückgebildet sind. Die Sepalen enden in Fortsätzen, die je nach Art unterschiedlich dick und lang und manchmal verdreht sind.
Duft: Wenn auch die bestäubenden Insekten bei den meisten Masdevallien einen Duft wahrnehmen, haben nur einige von ihnen für uns einen wahrnehmbaren oder angenehmen Geruch.
Blütezeit: Unterschiedlich
Blühdauer: Zwei bis sechs Wochen
Besonderheit: Die Blütenstände erscheinen im Allgemeinen sehr zahlreich und bringen auffallende Blüten hervor.

Kultur

Licht: Von Februar bis November müssen die Pflanzen unbedingt vor direkter Sonne geschützt werden. Nur das Sonnenlicht in den frühen Morgenstunden tut ihnen gut. Je mehr sie beschattet werden, umso besser halten sie die Sommerhitze aus.
In einem Gewächshaus oder an einem Fenster bekommen bestimmte Bereiche der Pflanze mehr Licht als die anderen. Für eine schöne Blüte sollten Sie die Pflanze regelmäßig drehen, damit alle Teile von ihr gleich viel Strahlung erhalten.
Temperatur: Der Abschnitt über die Temperatur ist zweifellos derjenige, der am meisten Aufmerksamkeit erfordert. Theoretisch werden die rund 400 Arten in vier Temperaturbereiche eingeteilt, die den verschiedenen Höhenlagen entsprechen, in denen sie wachsen:
Kalt: 10 bis 16 °C am Tag, 4 bis 7 °C nachts
Kühl: 10 bis 17 °C am Tag, 7 bis 12 °C nachts
Temperiert: 13 bis 16 °C am Tag, 10 bis 13 °C nachts
Warm: 20 bis 27 °C am Tag, 16 bis 18 °C nachts

Die kleinsten Arten: *M. minuta, M. nidifica, M. sprucei, M. stroebelii* u. a.
Arten mit den auffallendsten Blüten:
M. amabilis, M. caesia, M. caudata, M. citrinella, M. coccinea, M. decumana Bild 1, *M. harlequina, M. ignea, M. veitchiana, M. glandulosa* u. a.
Die seltsamsten Arten: *M. caudivolvula, M. civilis, M. erinacea, M. heteroptera, M. hortensis, M. limax, M. mendozae, M. norops*

▲1

vallia coccinea var. *flava* und *M. coccinea* var. *purpurea* ▲ 2

Aber praktisch wachsen die meisten Masdevallien am besten in einer kühlen bis temperierten Umgebung mit 13 bis 19 °C am Tag, 10 bis 15 °C in der Nacht und einem Unterschied zwischen Tag und Nacht von 6 bis 7 °C (unbedingt einhalten).

Je kühler die Nächte im Sommer sind, umso besser erholen sich die Pflanzen von dem Stress eines sehr warmen Tages (Temperaturen über 26 °C). Für kurze Zeit können sie hohe Temperaturen aushalten. Im Gewächshaus ist es für die Pflanzen weniger warm, wenn sie in Bodennähe platziert werden. Die Luft sollte immer feucht sein und sehr gut bewegt werden.

Eine der schönsten Kulturen von *Masdevallia* habe ich in Schweden gesehen und zu meinem großen Erstaunen wurde sie unter kühlen bis temperierten Bedingungen kultiviert und nicht in einem Kalthaus, wie ich erwartet hätte.

Wie erkennt man, dass eine *Masdevallie* unter Hitze leidet?

Das erste und folgenschwerste Anzeichen ist der teilweise oder totale Verlust der Blätter. Sie vergilben nicht, sondern fallen ab, während sie grün sind. Es kann auch vorkommen, dass Blütenstände oder junge Triebe vorzeitig eingehen.

Kultur im Freien: Wenn die Pflanzen vor dem Angriff der Schnecken geschützt werden, ist dies möglich. Sind die Außentemperaturen extrem und höher als im Haus, ist es besser, die Pflanzen tagsüber hereinzuholen und nachts ins Freie zu bringen.

Wasser: Kalkfrei

Gießen: Masdevallien sind kleine Pflanzen und werden in kleinen Töpfen kultiviert, die schneller austrocknen als größere. Sie müssen ziemlich häufig gewässert werden, damit das Substrat leicht feucht bleibt, ohne dass sie aufgeweicht wird. Es kommt nicht selten vor, dass man im Sommer drei- bis viermal und im Winter einmal in der Woche gießen muss. Wir haben gesehen, dass etwas höhere Temperaturen ideal sind. Das Erhöhen niedriger Temperaturen ist viel einfacher als das Absenken zu hoher Temperaturen. Im Sommer, wenn es sehr warm ist (über 20 °C), müssen die Wassergaben reduziert und Beschattung, Luftfeuchtigkeit und Luftbewegung erhöht werden. Tatsächlich vertragen Masdevallien ein feuchtes Substrat bei warmer Raumluft schlechter als andere Orchideengattungen.

Ruheperiode: Keine

Luftfeuchtigkeit: 70 bis 80 % mit guter Luftbewegung; bei trockener Luft verlieren Masdevallien rasch an Wasser.

Umpflanzen: Alle zwei Jahre im Spätwinter oder im zeitigen Frühjahr. In der warmen Jahreszeit und im Winter darf man niemals umtopfen. Man sollte einen kleinen Topf vorziehen, in dem der Wurzelballen gerade Platz hat, damit man wässern kann, ohne dass das Substrat aufweicht. Tontöpfe, vorausgesetzt man gießt oft, können helfen, im Wurzelbereich eine gewisse Frische zu erhalten.

Die Sammlung, die ich in Schweden gesehen habe, wurde ausschließlich auf Korkunterlagen kultiviert mit etwas Sphagnum zwischen Pflanze und Unterlage. Ich bin überzeugt, das dies die einfachere Kulturform ist, vorausgesetzt man hat viel Zeit, um für die richtige Luftfeuchtigkeit in der Pflanzenumgebung zu sorgen.

Substrat: Für die ganz kleinen Arten und für die Arten mit dünnen Wurzeln sollte man ein Substrat nehmen, das etwas mehr Feuchtigkeit hält als das klassische: 60 % feine Rinde und 40 % Sphagnum. Für die Arten mit dicken Wurzeln eignet sich ein klassisches feines Substrat (80 % Kiefernrinde und 20 % Blähton).

Düngung: Masdevallien brauchen nicht viel. Ein ausgewogener Volldünger bei jeder dritten Wassergabe reicht aus.

Für eine abwechslungsreiche Sammlung

• *Masdevallia caudata* Bild 3 und 4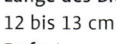
(Venezuela, Kolumbien, Ecuador, Peru)
Natürlicher Lebensraum: Epiphyt in 2000 bis 2500 m Höhe
Blütezeit: Frühling bis Sommer
Kultur: Kühl bis temperiert
Schwierigkeit der Kultur: Einfach
Pflanzengröße: 10 bis 15 cm hoch
Blütengröße: 17 bis 20 cm einschließlich der Fortsätze
Blütenzahl pro Blütenstand: 1
Länge des Blütenstands: 12 bis 13 cm
Duft: Ja

▲3

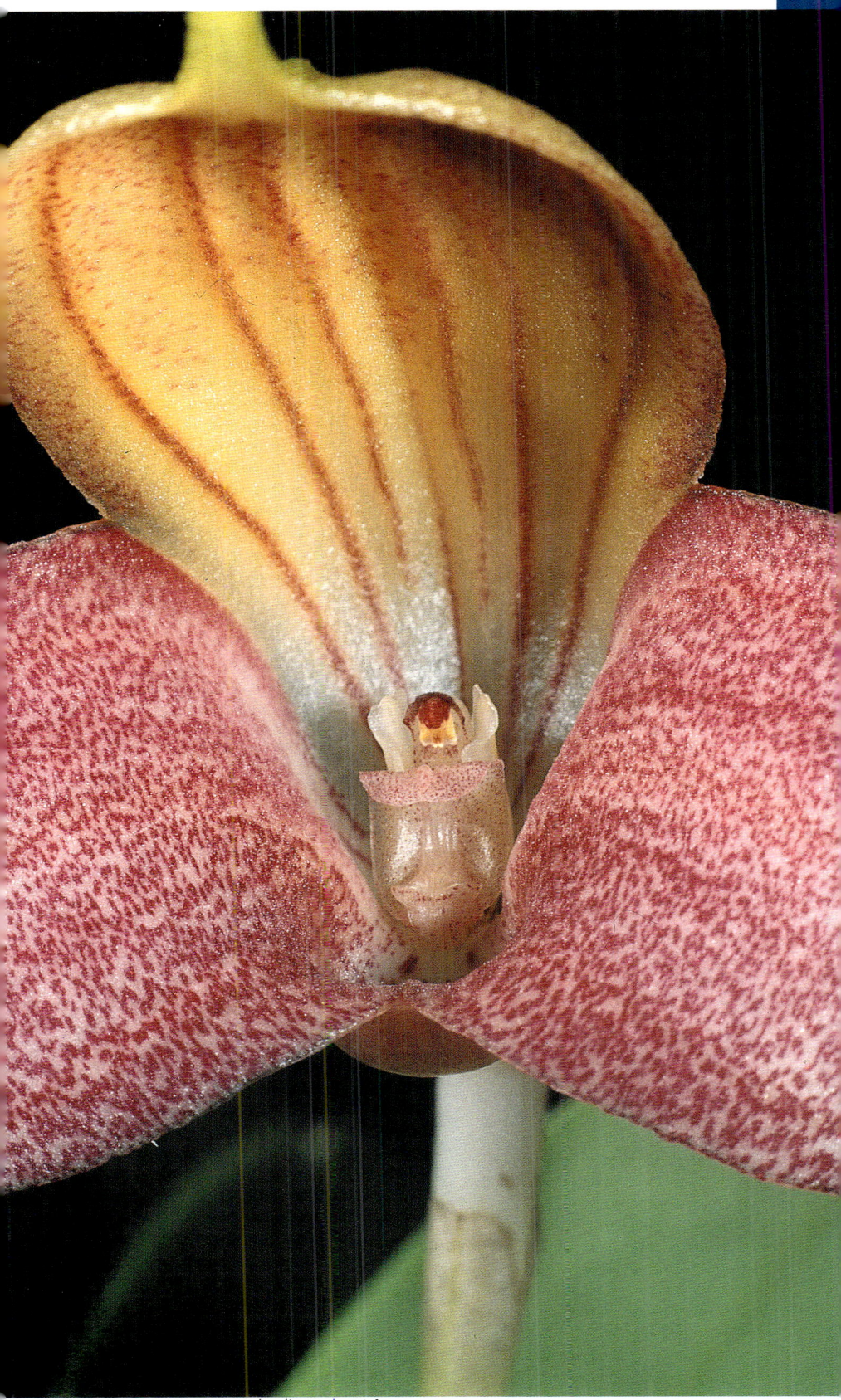

Masdevalia caudata ▲ **4**

Masdevallia mendozae ▲ **5**

Besonderheit: Die zweite Art, die beschrieben wurde (1833)
• *Masdevallia chaparensis* Bild **7** (endemische Art in der Provinz Chapare in Bolivien)
Natürlicher Lebensraum: Epiphyt in 2400 bis 2800 m Höhe
Blütezeit: Spätwinter
Kultur: Bevorzugt kühl halten, damit sie öfter blüht.
Schwierigkeit der Kultur: Einfach
Pflanzengröße: Etwa 15 bis 20 cm
Blütengröße: 7,5 bis 10 cm einschließlich der Fortsätze
Blütenzahl pro Blütenstand: 1
Länge des Blütenstands: 7 bis 12 cm
Besonderheit: Die Art blüht öfter im Jahr.
• *Masdevallia coccinea* Bild **2 und 8** (Kolumbien)
Natürlicher Lebensraum: Epiphytische, manchmal terrestrische Art in bis zu 2800 m Höhe
Blütezeit: Frühling bis Sommer
Kultur: Kühl bis temperiert
Schwierigkeit der Kultur: Einfach
Pflanzengröße: 20 bis 30 cm hoch
Blütengröße: 7 bis 13 cm einschließlich der Fortsätze; je nach Varietät unterschiedlich
Blütenzahl pro Blütenstand: 1
Länge des Blütenstands: Bis 40 cm

Besonderheit: Es gibt eine Vielfalt an Varietäten in verschiedenen Farben (Weiß, Magentarot, Gelb, Orange).
• *Masdevallia mendozae* Bild **5** (Ecuador)
Natürlicher Lebensraum: Epiphyt in bis zu 2200 m Höhe
Blütezeit: Unterschiedlich (von Herbst bis Frühling)
Kultur: Kühl oder kühl bis temperiert
Schwierigkeit der Kultur: Einfach
Pflanzengröße: 5 bis 10 cm hoch
Blütengröße: Röhrenförmige Blüten 4 bis 5 cm
Blütenzahl pro Blütenstand: 1
Länge des Blütenstands: 3 bis 6 cm
Besonderheit: Die Innenseiten der Sepalen sind mit weißem Flaum bedeckt, der mit dem kräftigen Orange der Blüten kontrastiert. Die Art wird von Kolibris bestäubt.
• *Masdevallia minuta* Bild **6** (Guyana, Bolivien, Ecuador, Kolumbien, Brasilien)
Natürlicher Lebensraum: Epiphyt dichter und feuchter Wälder in 0 bis 1600 m Höhe
Blütezeit: Winter bis Frühling
Kultur: Temperiert oder warm
Schwierigkeit der Kultur: Sehr einfach
Pflanzengröße: 3 bis 6 cm hoch
Blütengröße: 0,8 bis 1 cm einschließlich der Fortsätze
Blütenzahl pro Blütenstand: 1
Länge des Blütenstands: 3 bis 6 cm
Besonderheit: Eine winzige Art (lateinisch „minutus" bedeutet sehr klein) mit außerordentlichem Blütenreichtum
• *Masdevallia pachyura* Bild **9** (Peru)
Natürlicher Lebensraum: Epiphyt 1800 bis 2600 m Höhe
Blütezeit: Herbst
Kultur: Kühl
Schwierigkeit der Kultur: Mittel
Pflanzengröße: Etwa 15 cm hoch
Blütengröße: 1 cm
Blütenzahl pro Blütenstand: 5 bis 9
Länge des Blütenstands: 8 bis 12 cm
Besonderheit: Eine der seltenen *Masdevallia*-Arten mit mehrblütigen Blütenständen
• *Masdevallia veitchiana* Bild **10** (Peru)
Natürlicher Lebensraum: Epiphytische, manchmal lithophytische Art in 2200 bis 4000 m Höhe. Sie treibt besonders inmitten der Inka-Ruinen von Machu Pichu in der prallen Sonne!
Blütezeit: Frühling
Kultur: Kühl
Schwierigkeit der Kultur: Mittel
Pflanzengröße: 20 bis 25 cm hoch
Blütengröße: 17 bis 20 cm einschließlich der Fortsätze
Blütenzahl pro Blütenstand: 1
Länge des Blütenstands: 30 bis 40 cm
Besonderheit: Ihre große Schönheit gab ihr den Beinamen „Königin der Masdevallien".

▲ **6** *Masdevallia minuta*

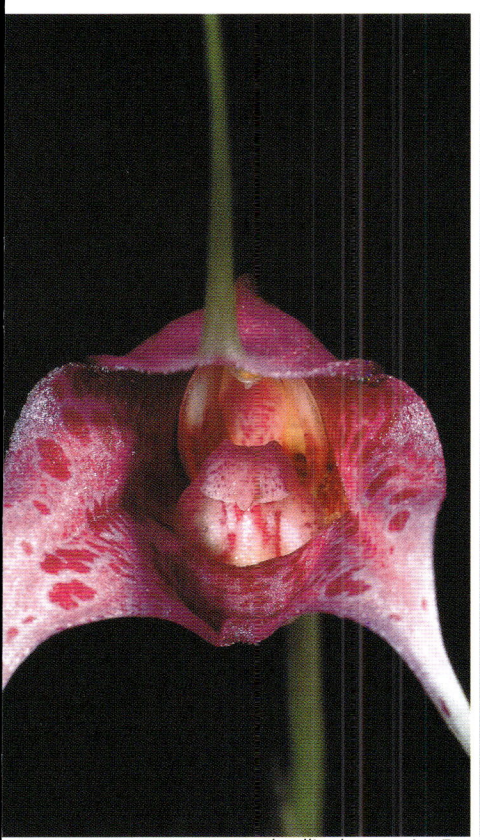

Masdevallia chaparensis ▲ **7**

8 ▲ *Masdevallia coccinea var. alba*

Masdevallia pachyura ▲ **9**

10 ▲ *Masdevallia veitchiana*

Maxillaria

Der Gattungsname geht auf den lateinischen Begriff „maxilla" (= Kiefer) zurück und bezieht sich auf die Form der Blüten mancher Arten, die an Insektenkiefer erinnert. Die zahlreichen Arten weisen eine große Vielfalt an Formen und Größen auf.

▲ 1

Pflanzenbeschreibung

Schwierigkeit der Kultur: Bei den meisten der im Handel erhältlichen Pflanzen einfach

Geografische Verbreitung: Von Mittelamerika bis Brasilien, stark verbreitet vor allem in Peru, Brasilien und Venezuela.
Artenzahl: Etwa 300
Natürlicher Lebensraum: Epiphytische, lithophytische oder terrestrische Orchideen feuchter und dichter Wälder in 0 bis 3000 m Höhe
Wuchsform: Je nach Art ist das Rhizom kriechend, hängend oder aufrecht. Die Pseudobulben sind stark entwickelt oder fast gar nicht vorhanden. Sie tragen ein, manchmal zwei oder drei Blätter. Die Blütenstände entspringen seitlich an den Pseudobulben oder zwischen den Blättern. Sie tragen selten mehr als eine Blüte. Die Blütengröße ist ebenfalls recht unterschiedlich. Manche Maxillarien treiben in einer Reihe aus, während andere büschelartig und oft aus dem Topf heraus wachsen.
Duft: Steigt manchmal zu Kopf.
Blütezeit: Je nach Art unterschiedlich
Blühdauer: Zwei bis vier Wochen

Kultur

Licht: Sie brauchen wenig Licht und mögen von Mitte Februar bis Mitte November direkte Sonne in den Mittagsstunden überhaupt nicht. Aber auch die Nordseite ist im Winter kein geeigneter Standort.
Temperatur: Die Mehrzahl der Maxillarien gedeihen in einem temperierten Gewächshaus mit 18 bis 25 °C am Tag, 14 bis 16 °C in der Nacht und einem Unterschied zwischen Tag und Nacht von 5 bis 7 °C. Manche Spezies brauchen ein Kalthaus mit 15 bis 20 °C am Tag, 8 bis 14 °C in der Nacht und einem Unterschied zwischen Tag und Nacht von 8 bis 10 °C und andere wiederum ein Warmhaus mit 18 bis 30 °C am Tag, 16 bis 25 °C in der Nacht und einem Unterschied zwischen Tag und Nacht von 2 bis 3 °C.
Kultur im Freien: Arten aus dem Warmhaus vom 1. Juli bis 15 August, Arten aus dem temperierten Haus vom 1. Juni bis 15. September, Arten aus dem Kalthaus vom Juni bis Oktober
Wasser: Kalkfrei
Gießen: Das Substrat darf niemals austrocknen, besonders während der Wachstumsphase nicht; in dieser Zeit ausgiebig und regelmäßig gießen, damit das Substrat immer etwas feucht bleibt. Im Winter wird die Gießhäufigkeit den Licht- und Temperaturverhältnissen angepasst.
Ruheperiode: Keine
Luftfeuchtigkeit: 75 bis 80 % mit guter Luftbewegung, wenn der Kulturraum begrenzt ist. Arten mit feinem Laub leiden schneller unter Wasserverlust als die mit dicken Blättern.
Umpflanzen: Alle zwei Jahre im Frühjahr. Da Maxillaria-Arten nur bei hoher Luftfeuchte gut gedeihen, ist die Kultur auf Unterlage schwierig. Manche Arten haben jedoch einen hängenden oder kriechenden Wuchs und eignen sich für die Topfkultur weniger gut.
Substrat: Durchlässiges Substrat von mittlerer Körnung, das ein wenig Wasser zurückhält; 70 % Kiefernrinde, 20 % Blähton, 10 % Sphagnum
Düngung: Das ganze Jahr über einen ausgewogenen Dünger verabreichen, im Frühjahr und Sommer alle 14 Tage, im Herbst und Winter alle drei Wochen.

▲ 1 *Maxillaria striata*

Maxillaria horichii ▲ **2**

Maxillaria amparoana ▲ **3**

4 ▲ *Maxillaria arachnites*

Maxillaria picta ▲5

Für eine abwechslungsreiche Sammlung

• *Maxillaria picta* Bild 5 (Brasilien)
Natürlicher Lebensraum: Epiphytische, manchmal lithophytische Orchideen in niedrig gelegenen Wäldern (bis 600 m) im Südosten Brasiliens. Man findet sie auch in den Bergen der Küstenregionen. Sie wachsen auf den höheren Ästen und sind vor der direkten Sonneneinstrahlung durch die sehr hohe Luftfeuchtigkeit und ständigen Luftbewegungen geschützt.
Blütezeit: Herbst bis Winter
Kultur: Temperiertes oder warmes Gewächshaus
Schwierigkeit der Kultur: Sehr einfach
Pflanzengröße: 30 bis 45 cm
Blütengröße: 5 bis 6 cm

Blütenzahl pro Blütenstand: 1
Länge des Blütenstands: 8 bis 16 cm
Duft: Sehr intensiv
• *Maxillaria sophronites* Bild 6 (Nordvenezuela)
Natürlicher Lebensraum: Epiphyten in den regenreichen Wäldern der Küstenregionen in 760 bis 1500 m Höhe
Blütezeit: Winter bis Frühling
Kultur: Sie sollten in einem temperierten Gewächshaus wachsen, aber dort blühen sie eher schlecht. In einem Kalthaus bekommt man sie leichter zum Blühen. Da die Pflanze einen kriechenden Wuchs hat, sollte sie eher aufgebunden kultiviert werden.
Schwierigkeit der Kultur: Einfach
Pflanzengröße: 5 bis 8 cm hoch
Blütengröße: 1,5 cm
Blütenzahl pro Blütenstand: 1
Länge des Blütenstands: 1 bis 3 cm
Besonderheit: Die Leuchtkraft der Blüten lässt diese im Verhältnis zur Größe der Pflanze riesig erscheinen.
• *Maxillaria striata* Bild 1 (Ecuador, Peru)
Natürlicher Lebensraum: Epiphyten dichter, feuchter Wälder in 1500 bis 1600 m Höhe
Blütezeit: Sommer bis Herbst
Kultur: Temperiert
Schwierigkeit der Kultur: Einfach
Pflanzengröße: 30 bis 40 cm hoch
Blütengröße: 10 bis 12 cm
Blütenzahl pro Blütenstand: 1
Länge des Blütenstands: 20 bis 30 cm
Besonderheit: Die Größe der Blüten

Maxillaria sophronitis ▲6

Mendoncella (Syn. *Galeottia*)

Diese Gattung ist sehr originell und besonders einfach zu kultivieren. Obwohl der Gattungsname in *Galeottia* geändert wurde, werden diese Orchideen von vielen weiterhin mit ihrem alten Namen bezeichnet.

Pflanzenbeschreibung

Schwierigkeit der Kultur: Sehr einfach

Geografische Verbreitung: Brasilien, Mexiko, Peru, Guatemala, Nicaragua, Costa Rica
Artenzahl: Etwa 10
Natürlicher Lebensraum: Epiphyt in den warmen, feuchten, dichten Regenwäldern in niedrigen Lagen (von 100 bis 800 m Höhe)
Wuchsform: Sympodial wachsende Pflanze; Blütenstände erscheinen mit den Neutrieben vor den Pseudobulben. Sie wachsen schnell.
Duft: Ja
Blütezeit: Frühling bis Sommer
Blühdauer: Vier bis fünf Wochen

Kultur

Licht: Im Sommer recht schattig, zumindest in den heißen Mittagsstunden. Im Winter ist von der Nordseite abzuraten.
Temperatur: Warm; 18 bis 28 °C am Tag, 15 bis 20 °C in der Nacht (Unterschied Tag und Nacht 3 bis 5 °C)
Kultur im Freien: 1. Juli bis 15. August unter einem Baum auf der Ost- oder Westseite
Wasser: Kalkfrei
Gießen: Ab dem Erscheinen der Neutriebe ausgiebig und regelmäßig gießen. Wenn die Pseudobulben ausgebildet sind, in größeren Abständen wässern. Im Herbst und Winter darf das Substrat nie austrocknen.
Ruheperiode: Keine
Luftfeuchtigkeit: 75 bis 80 %, gute Luftbewegung
Umpflanzen: Alle zwei Jahre, wenn die Triebe erscheinen. Bei mehr als 15 ausgereiften Pseudobulben ist eine Teilung möglich.
Substrat: Mittlere Körnung; 80 % Kiefernrinde, 20 % Blähton
Düngung: Im Wachstum bei jeder zweiten, wenn die Pseudobulben ausgebildet sind, bei jeder dritten Wassergabe düngen. Das ganze Jahr über einen ausgewogenen oder im Wachstum einen Stickstoffdünger, danach einen kalium- und phosphorreichen Dünger geben.
● *Mendoncella grandiflora* Bild 1
Natürlicher Lebensraum: Epiphytische Orchidee warmer, feuchter Wälder
Blütezeit: Sommer
Kultur: Siehe oben. Sehr helle Blätter deuten auf zu viel Licht hin.
Schwierigkeit der Kultur: Sehr einfach
Pflanzengröße: 30 bis 40 cm hoch
Blütengröße: 9 cm
Blütenzahl pro Blütenstand: 2 bis 5
Länge des Blütenstands: 20 cm
Duft: Ja
Besonderheit: Blütenstände hängen etwas über.

Mendoncella grandiflora ▲ 1

Miltonia

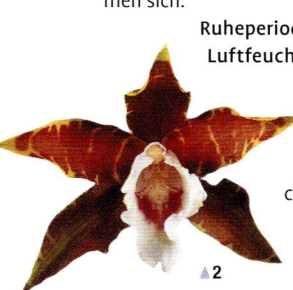

▲1

Diese Gattung ist einfacher zu kultivieren als *Miltoniopsis* und eignet sich auch für die Zimmerkultur.

Pflanzen-beschreibung

Schwierigkeit der Kultur: Einfach

Geografische Verbreitung: Hauptsächlich Brasilien, gelegentlich Peru
Artenzahl: 10
Natürlicher Lebensraum: Epiphytische Orchideen der Wälder in mittleren und niedrigen Lagen
Wuchsform: Die Blütenstände entspringen an der Basis der jungen Pseudobulben, die sich auf einem manchmal kriechenden Rhizom in Abständen entwickeln. Die Neutriebe erscheinen an der Basis der alten Pseudobulben.
Duft: Nur bei *Miltonia spectabilis*
Blütezeit: Hauptsächlich im Herbst, manchmal im Frühjahr und Sommer
Blühdauer: Vier bis sechs Wochen

Kultur

Licht: Sie brauchen wenig Licht und mögen von Mitte Februar bis Mitte November in den Mittagsstunden keine direkte Sonne. Bei ausreichender Beschattung im Sommer ist die Südseite gut geeignet.
Temperatur: Im warmen Gewächshaus oder im Zimmer kultivieren; 18 bis 28 °C am Tag, 15 bis 18 °C in der Nacht (Unterschied Tag und Nacht 3 bis 5 °C).
Kultur im Freien: 1. Juli bis 15. August im Schatten eines Baums; nicht unbedingt erforderlich
Wasser: Kalkfrei
Gießen: Während der Entwicklung der Pseudobulben ausgiebig und regelmäßig gießen und das Substrat feucht halten. Anschließend in größeren Abständen wässern und den Topf zwischen den Wassergaben etwas leichter werden lassen. Wenn die Pflanze während ihres Wachstums Trockenheit ausgesetzt wird, entwickeln sich die Triebe kaum zu Pseudobulben und die Blätter verformen sich.
Ruheperiode: Keine
Luftfeuchtigkeit: 60 bis 65 %
Umpflanzen: Alle zwei Jahre beim Erscheinen der Triebe. Arten mit kriechendem Rhizom (*M. flavescens*, *M. spectabilis*, *M. clowesii*) sollten

▲2

besser aufgebunden werden.
Substrat: Mittlere Körnung; 70 % Kiefernrinde, 20 % Blähton und 10 % Sphagnum
Düngung: Im Wachstum bei jeder zweiten, danach bei jeder dritten Wassergabe düngen. Das ganze Jahr über einen ausgewogenen oder ab dem Erscheinen der Neutriebe drei Monate lang einen stickstoffreichen, anschließend einen kalium- und phosphorreichen Dünger geben.

Für eine abwechslungs-reiche Sammlung

• *Miltonia candida* Bild 2 (Brasilien)
Natürlicher Lebensraum: Epiphytische Orchidee feuchter Wälder in niedrigen Lagen
Blütezeit: Herbst
Kultur: Wie oben
Schwierigkeit der Kultur: Einfach
Pflanzengröße: 30 bis 40 cm
Blütengröße: 7 cm
Blütenzahl pro Blütenstand: Bis zu 8
Länge des Blütenstands: 20 bis 30 cm
Duft: Angenehm
• *Miltonia flavescens* Bild 1, 3 (Brasilien)
Natürlicher Lebensraum: Epiphytische Orchidee feuchter und warmer Wälder
Blütezeit: Frühling
Kultur: Siehe oben, mehr Licht; bei entsprechender Luftfeuchtigkeit ist die Kultur auf einer Korkunterlage zu bevorzugen.
Schwierigkeit der Kultur: Einfach
Pflanzengröße: 45 bis 50 cm
Blütengröße: 7 cm
Blütenzahl pro Blütenstand: 7 bis 10
Länge des Blütenstands: 35 bis 40 cm
Duft: Angenehm
• *Miltonia spectabilis* Bild 4 (Brasilien)
Natürlicher Lebensraum: Epiphytische Orchidee in de Regenwäldern der Bundesstaaten Rio de Janeiro und Esperito Santo in 400 bis 1000 m Höhe
Blütezeit: Sommer bis Herbst
Kultur: Bevorzugt auf Korkunterlage
Schwierigkeit der Kultur: Einfach
Pflanzengröße: 20 bis 25 cm
Blütengröße: 7,5 cm
Blütenzahl pro Blütenstand: 1 oder 2
Länge des Blütenstands: 7 bis 15 cm
Duft: Sehr angenehm
Besonderheit: Die Blüten öffnen sich gleichzeitig. Es gibt mehrere Farbvariätäten.

Miltonia flavescens ▲ **3**

Miltonia spectabilis var. mooreliana ▲ **4**

▲1

Miltoniopsis

Dank der Form und der Zeichnung der Blüte trägt diese Gattung den Beinamen „Stiefmütterchenorchidee", auch wenn *Miltoniopsis*-Orchideen insgesamt viel auffallender als ihre eher bescheidenen Namensvettern sind. Viele von ihnen verströmen einen sehr angenehmen Duft.

Pflanzen-beschreibung

Schwierigkeit der Kultur: Als Zimmerkultur ziemlich schwierig; ihre Kultur setzt voraus, dass man ihnen große Temperaturunterschiede zwischen Tag und Nacht und eine hohe Luftfeuchtigkeit bieten kann.

Geografische Verbreitung: Costa Rica, Panama, Venezuela, Ecuador, Kolumbien
Artenzahl: 5; *M. santanei*, *M. bismarckii*, *M. roezlii* Bild 2, *M. vexillaria* Bild 1, *M. phalaenopsis*. Aus den letzten drei Arten sind viele Hybriden enstanden.
Natürlicher Lebensraum: Epiphytische Orchideen regenreicher, dichter Wälder in mittleren oder höheren Lagen (400 bis 2200 m)
Wuchsform: Sympodial wachsende Pflanzen; ihre dicht gedrängten Pseudobulben sind einblättrig.
Duft: Einige Arten und die meisten Hybriden haben einen sehr zarten Duft.
Blütezeit: Frühling
Blühdauer: Vier bis sechs Wochen; je kühler es ist, umso länger dauert die Blüte.

Kultur

Es heißt, die Kultur sei schwierig, aber sehr viel Mühe macht sie nicht.
Licht: Sie mögen Licht, wenn es nicht zu stark ist. Rosa überhauchte Blätter zeigen ideale Lichtverhältnisse an. Gelbe oder rote Streifen hingegen bedeuten, dass das Licht zu intensiv ist. Ideal ist die Nordseite im Sommer, Ost- oder Westseite im Herbst und die Südseite im Winter.
Temperatur: Obwohl sie aus eher kühlen Klimaregionen stammen, wachsen und blühen sie in einem temperierten Gewächshaus prächtig, denn sie mögen weder Wärme noch Kälte. Ideal sind 15 bis 25 °C am Tag, 12 bis 15 °C in der Nacht (Unterschied Tag und Nacht 8 bis 10 °C). Einige Tage Hitze (30 bis 32 °C) vertragen sie gut, wenn für sehr gute Luftbewegung, hohe Luftfeuchtigkeit und Beschattung gesorgt ist.
Kultur im Freien: 1. Juni bis 30. August unter einem Baum auf der Nord- oder Ostseite. Während der Hitzeperioden, wenn die Innentemperatur unter der Außentemperatur liegt, sollte man die Pflanze tagsüber ins Haus bringen und abends wieder herausstellen.
Wasser: Kalkfrei
Gießen: Reichlich und regelmäßig, damit das Substrat in der Wachstumsphase immer feucht bleibt. Anschließend in größeren Abständen gießen (der Topf soll zwischen den Wassergaben etwas leichter werden), vor allem in der Zeit, die zum Umtopfen geeignet ist. Gefaltete Blätter weisen auf Wassermangel hin.
Ruheperiode: Keine
Luftfeuchtigkeit: 70 bis 80 %
Umpflanzen: Jährlich im Herbst, damit die Pflanze während der warmen Jahreszeit keinen Stress erleidet. Danach zehn Tage lang nicht gießen, aber die Substratoberfläche morgens und abends übersprühen und um die Pflanze herum eine hohe Luftfeuchtigkeit erhalten.
Substrat: Ein feines Substrat, das gut durchlässig ist, aber etwas Feuchtigkeit speichert; 60 % Kiefernrinde, 30 % Sphagnum und 10 % Blähton. Bedecken Sie den Topfboden mit einigen Kieselsteinen (nicht kalkhaltig) oder einigen Styroporstücken, um die Dränage zu verbessern.
Düngung: Im Wachstum bei jeder zweiten, wenn die Pseudobulben ausgebildet sind, bei jeder dritten Wassergabe düngen. Das ganze Jahr über einen ausgewogenen Volldünger geben.
Besondere Anmerkungen: Wenn die Temperaturen steigen, mögen es diese Orchideen, dass man die Substratoberfläche am frühen Morgen oder späten Abend etwas anfeuchtet.

▲1 *Miltoniopsis vexillaria*

Miltoniopsis roezlii ▲ **2**

Miltoniopsis 'Ambre' ▲ **3**

Mormodes

Auch Sammlern von *Catasetum* müsste diese Gattung gefallen. Ihre Blüten sind bezaubernd und durchaus witzig!

Pflanzenbeschreibung

Schwierigkeit der Kultur: Mittel

Geografische Verbreitung: Mittel- und Südamerika
Artenzahl: Mindestens 20
Natürlicher Lebensraum: Sie wachsen im Allgemeinen in nicht zu hohen Lagen (kommen aber immerhin in bis zu 2000 m Höhe vor) in den feuchten Wäldern auf verrottenden Stämmen und Ästen. Daher finden ihre Wurzeln während der Trockenzeit sehr wenig Wasser.
Wuchsform: Pseudobulben variabler Größe sind von Hüllblättern umgeben, die im Laufe der Jahre vertrocknen. Sie tragen mehrere Blätter, die in der Trockenzeit abfallen. Die Blütenstände entspringen an den Knoten der Pseudobulben und tragen ziemlich viele Blüten.
Die besondere Form der Blüten: Die Blüten können männlich, weiblich oder zwittrig sein. Wie *Catasetum* haben auch diese Orchideen einen Mechanismus, der den Pollen auf das bestäubende Insekt schleudert.
Duft: Ja
Blütezeit: Unterschiedlich
Blühdauer: Zwei bis drei Wochen

Kultur

Licht: Sie benötigen viel Licht, mögen aber keine direkte Sonne. In der Wohnung müssen sie an einem Südfenster stehen. Die Nordseite eignet sich nicht als Standort.
Temperatur: Warm; 20 bis 30 °C am Tag, 18 bis 25 °C in der Nacht (Unterschied Tag und Nacht 2 bis 5 °C)
Kultur im Freien: Vom 1. Juli bis 15. August an einem Baum aufhängen. Nicht unbedingt erforderlich.
Wasser: Kalkfrei
Gießen: So lange die Pflanze wächst, regelmäßig gießen, damit das Substrat nicht austrocknet. Wenn die neuen Pseudobulben ausgebildet sind, werden die Wassergaben reduziert (Substrat zwischen den Wassergaben richtig trocken werden lassen), bis die Blätter abfallen. Danach befindet sich die Pflanze in der Ruheperiode, während der man nicht gießen darf. Erst bei Anzeichen von Wachstum oder Blütenbildung wird wieder gewässert. In der Ruhephase muss die Luftfeuchtigkeit der Umgebung ungefähr 60 %

betragen. In einer Sammlung mit Orchideen ohne Ruheperiode sollte man die Töpfe mit *Mormodes* beiseite stellen, um sie nicht versehentlich zu wässern.
Ruheperiode: Ja, aber nicht bei jungen Pflanzen
Luftfeuchtigkeit: 50 bis 70 % bei guter Luftbewegung
Umpflanzen: Alle zwei Jahre, wenn das Wachstum wieder einsetzt. Ein Korb oder ein Tontopf ist besser geeignet, da die Wurzeln dadurch mehr Luft bekommen.
Substrat: Mittlere Körnung; 70 % Kiefernrinde, 10 % Blähton, 20 % Sphagnum (außer in Kunststofftöpfen)
Düngung: Ab dem Erscheinen der Neutriebe drei Monate lang einen stickstoffreichen, anschließend einen kalium- und phosphorreichen Dünger geben, der die Blütenbildung fördert. Während der Ruheperiode darf man nicht düngen!
Besondere Anmerkungen: Manche Züchter schneiden die Blätter ab, um die Ruhephase voranzutreiben. Sie topfen die Pflanzen aus und lassen sie mit nackten Wurzeln in einem kühlen Gewächshaus (ohne Wasser), bis das Wachstum wieder einsetzt. Diese Methode beugt jeder Gefahr von Wurzelfäule vor, ist aber ziemlich heikel.

Mormodes sinuata ▲1

Mormodes sinuata ▲ **1**

Neofinetia

Diese bezaubernde kleine Orchidee gehört auf ganz besondere Weise zur japanischen Kultur. Sie waren den Samurai vorbehalten, die sie wegen ihres Duftes kultiviert haben.

Pflanzenbeschreibung

Schwierigkeit der Kultur: Im Gewächshaus oder auf Veranda einfach, im Haus recht schwierig

Geografische Verbreitung: Japan, Korea, China
Artenzahl: 1, *Neofinetia falcata* Bild 1
Natürlicher Lebensraum: Sie wächst bevorzugt an den Felshängen und auf niedrigen Ästen in sommergrünen Laubwäldern, die im Frühling und Sommer warm und feucht sind und im Herbst und Winter kühler und trockener. Durch den Laubfall erhalten sie im Winter sehr viel Licht.
Wuchsform: Diese kleine Orchidee wächst monopodial und entwickelt sich mäßig durch Ausbildung von Trieben. Die Blütenstände entspringen zwischen den Blättern im oberen Teil der Pflanze.
Pflanzengröße: 10 bis 15 cm hoch
Blütengröße: 3 bis 3,5 cm
Blütenzahl pro Blütenstand: 3 bis 7
Länge des Blütenstands: 7 bis 8 cm
Länge des Sporns: 3,5 bis 4 cm
Duft: Sehr angenehm, nach Einbruch der Dunkelheit
Blütezeit: Frühling bis Sommer
Blühdauer: Drei bis vier Wochen

Kultur

Licht: Im Frühjahr und Sommer eignet sich die Nordseite, die vor Extremtemperaturen schützt. Von Mitte November bis Mitte Februar hingegen muss die Pflanze intensives Licht ohne Beschattung erhalten.
Temperatur: Im Frühjahr und Sommer temperiert: 18 bis 25 °C am Tag, 13 bis 16 °C in der Nacht (Unterschied Tag und Nacht 5 bis 7 °C). Im Herbst und Winter kühl: 15 bis 20 °C am Tag, 8 bis 14 °C in der Nacht (Unterschied Tag und Nacht 8 bis 10 °C)
Kultur im Freien: Bei Zimmerkultur von Juli bis Mitte September erforderlich
Wasser: Kalkfrei
Gießen: Das Substrat muss immer feucht sein. Während des Wachstums regelmäßig, im Herbst und Winter in größeren Abständen gießen. Das Laub nicht benetzen oder die Pflanze nach dem Gießen schräg halten, damit das Wasser abtropfen kann.
Ruheperiode: Keine
Luftfeuchtigkeit: 70 bis 75 %; stehende Luft meiden.
Umpflanzen: Nach der Blüte, je nach Zustand des Substrats fast jedes Jahr. Bei aufgebundener Kultur tropft das Wasser leichter ab, man muss häufiger wässern. In Japan wird diese Orchidee in einem kleinen Topf auf einem Hügel aus Sphagnum kultiviert, das die Fäule am Wurzelhals verhindert und etwaige übermäßige Wassergaben erlaubt.
Substrat: Feines Substrat verwenden, das das Wasser nicht staut; 50 % Kiefernrinde, 30 % Sphagnum und 20 % Blähton.
Düngung: Im Frühjahr und Sommer bei jeder zweiten, in den Wintermonaten bei jeder dritten Wassergabe einen ausgewogenen Volldünger geben.

◄ 1 *Neofinetia falcata*

Neomoorea

Diese prächtige Orchidee ist an ihrem Naturstandort sehr selten geworden.

Pflanzenbeschreibung

Schwierigkeit der Kultur: Mittel; diese Orchidee ist für eine Kultur in Wohnräumen nicht zu empfehlen.

Geografische Verbreitung: Panama, Kolumbien
Artenzahl: 1, *Neomoorea irrorata*
(Syn. *N. wallisii*)
Natürlicher Lebensraum: Epiphytische oder halb-terrestrische Orchidee feuchter Wälder in mittleren Lagen (100 bis 1800 m), wo es im Frühjahr und Sommer viel und regelmäßig, im Herbst und Sommer seltener regnet.
Wuchsform: Große Pseudobulben mit zwei langen Blättern. Eine oder mehrere aufrechte Blütenstände entspringen an der Basis der jüngeren Pseudobulben.
Pflanzengröße: 50 bis 90 cm
Blütengröße: 5 bis 7 cm
Blütenzahl pro Blütenstand: 5 bis 15
Länge des Blütenstands: 40 bis 50 cm
Duft: Ja
Blütezeit: Frühling
Blühdauer: Sechs bis acht Wochen

Kultur

Licht: Von Februar bis November braucht sie viel Licht ohne direkte Sonne in den heißen Mittagsstunden. Im Winter ist unbedingt ein Standort auf der Südseite erforderlich, um die Blütenbildung anzuregen. Sobald die Pseudobulben ausgebildet sind, sollte die Pflanze im Gewächshaus oder auf der Veranda höher platziert werden, damit sie möglichst viel Licht erhält. Wenn das Laub im Winter heller wird, bedeutet das, dass die Pflanze genug Licht hat.
Temperatur: Temperiert bis warm; 18 bis 25 °C am Tag, 16 bis 20 °C in der Nacht (Unterschied Tag und Nacht 7 bis 8 °C)
Kultur im Freien: Vom 1. Juni bis 15. August möglich, vorausgesetzt, die Nachttemperaturen werden eingehalten. Die Triebe vor Regen schützen.
Wasser: Kalkfrei
Gießen: Während der Wachstumsphase regelmäßig und ausgiebig gießen, den Topf zwischen den Wassergaben etwas leichter, im Winter deutlich leichter werden lassen.

Während einer Hitzeperiode kann man ohne weiteres mehr wässern. Junge Triebe nicht benetzen.
Ruheperiode: Keine
Luftfeuchtigkeit: 30 bis 85 %, gut lüften.
Umpflanzen: Alle zwei Jahre umtopfen, wenn die Neutriebe erscheinen.
Substrat: Ein Substrat mittlerer Körnung, das etwas Wasser zurückhält, aber häufiges Gießen erlaubt, ohne zu Wurzelfäule zu führen; 60 % Kiefernrinde, 20 % Sphagnum, 20 % Blähton
Düngung: Während der Wachstumsphase bei jeder zweiten, wenn die Pseudobulben voll entwickelt sind bei jeder dritten Wassergabe düngen. Das ganze Jahr über einen ausgewogenen Volldünger oder ab dem Erscheinen der Neutriebe drei Monate lang einen stickstoffreichen, danach einen kalium- und phosphorreichen Dünger geben, um die Blüte zu fördern.

▲ **2** *Neomoorea irrorata*

Odontoglossum

Diese Gattung, die Mitte des 19. Jahrhunderts sehr geschätzt wurde, hat man etwas vernachlässigt, um sie anschließend durch umfassende Kreuzungsvorhaben wieder zu Ehren kommen zu lassen. Dabei entstanden Mehrgattungshybriden wie *Odontocidium*, *Vuylstekeara*, *Odontioda*, *Burrageara* und *Colmanara*, die auf die gleiche Art und Weise kultiviert werden.

▲ **1** *O. cordatum*

Pflanzenbeschreibung

Schwierigkeit der Kultur: Im kalten oder temperierten Gewächshaus einfach, aber im Zimmer selten möglich

Geografische Verbreitung: Mittelamerika und nördliches Südamerika
Artenzahl: Etwa 60. Die Gattung umfasste vor einigen Jahren mehr als 150 Arten, aber manche wurden anderen Gattungen wie *Rhynchostele*, *Cuitlauzina*, *Osmoglossum*, *Rossioglossum* und *Lemboglossum* zugeordnet.
Natürlicher Lebensraum: Epiphytische Orchideen in 1500 bis 3000 m Höhe, wo sie nachts Temperaturen aushalten, die an den Gefrierpunkt grenzen. Man findet sie vor allem in den Lichtungen oder am Rand regenreicher Wälder, wo die ersten Sonnenstrahlen des Tages eintreffen. Damit Sie eine Vorstellung von ihrem natürlichen Lebensraum bekommen, hier einige Zeilen aus dem Buch „Odontoglossum" von L. Duval aus dem Jahr 1900: „An diesen Stellen befinden sich die Orchideen ständig in einer Atmosphäre gesättigter Luftfeuchtigkeit: In den höheren Lagen regnet es viel, in der Trockenzeit kondensiert der Wasserdampf und die Pflanzen sind morgens völlig nass ... Der Nebel ist manchmal so dicht, dass er eine dicke Dunstschicht hinterlässt, der sich auf allen Teilen der *Odontoglossum* in Tröpfchen verwandelt ... Dieser Nebel bildet sich am Morgen vor dem Sonnenaufgang und verschwindet schnell, sobald die Sonne da ist ... Man findet die *Odontoglossum* bis zu den höchsten Gipfel der Kordilleren Südamerikas, wo die Temperaturen am Tag kaum über 12 bis 15 Grad Celsius steigen und nachts oft auf 5 Grad fallen."
Wuchsform: Sympodial wachsende Pflanze mit Pseudobulben. Die nicht ganz aufrechten Blütenstände entspringen an der Basis der neuesten Pseudobulben.
Duft: Selten
Blütezeit: Hauptsächlich im Frühling
Blühdauer: Vier bis sechs Wochen. Stellen Sie eine blühende Pflanze nicht an einen warmen Platz, damit würden Sie die Blühdauer verkürzen.

Odontoglossum cervantesii ▲ **2**

Odontoglossum bictoniense × rossii ▲ 3

Kultur

Der Temperaturunterschied zwischen Tag und Nacht ist wichtig, um die Blütenbildung anzuregen.

Licht: Sie brauchen intensives Licht, um zu blühen. Standorte, die für *Odontoglossum* am besten geeignet sind:

Im Sommer Ost- oder Westseite ohne Beschattung vor 11.00 und nach 19.00 Uhr. Achten Sie darauf, dass die Blattoberflächen nicht warm sind und sorgen Sie für gute Luftbewegung. Im Herbst und Winter Südseite ohne Beschattung von Mitte November bis Mitte Februar, damit sie möglichst viel Licht bekommen. Unabhängig vom Standort müssen alle Arten im Frühjahr und Sommer während der Mittagsstunden beschattet werden. Im Herbst und Winter profitieren sie von möglichst viel Licht. Die Pflanze zeigt ihre Bedürfnisse manchmal an der Färbung ihrer Blätter:
– Dunkelgrüne Blätter = Lichtmangel
– Rötliche Blätter = zuviel Licht

Temperatur: Kalt; 15 bis 25 °C am Tag, 7 bis 14 °C in der Nacht (Unterschied Tag und Nacht mindestens 10 °C). Obwohl diese Pflanzen sehr kühle Temperaturen aushalten, vertragen sie Temperaturen über 25 °C nicht gut. Wenn es am Tag sehr warm wird, muss man intensiver beschatten, die Luftfeuchtigkeit erhöhen und die Pflanze an einen Platz stellen, der sehr luftig ist.

Kultur im Freien: Vom 1. Juni bis 15. Oktober auf der Ost- oder Westseite; bei Zimmerkulturen unbedingt erforderlich, bei Kulturen in einem kühlen Gewächshaus nicht obligatorisch

Wasser: Kalkfrei

Gießen: Wenn neue Pseudobulben gebildet werden, ausgiebig und regelmäßig gießen, damit das Substrat feucht bleibt. Während einer Hitzeperiode öfter gießen. Die neuen Triebe leiden unter Wassermangel und können sich verformen (gefaltete Blätter). Wenn die Pseudobulben voll entwickelt sind, lassen Sie den Topf zwischen Wassergaben etwas leichter werden, ohne dass die Pseudobulben schrumpfen. Die Neutriebe nicht benetzen.

Ruheperiode: Keine

Luftfeuchtigkeit: 70 bis 80 % mit guter Luftbewegung. In sehr heißen Perioden müssen Sie Blätter und Substratoberfläche abends übersprühen.

Umpflanzen: Alle zwei Jahre, wenn die Pflanze neue Triebe bildet. Nehmen Sie einen kleinen Topf, in dem der Wurzelballen gerade Platz hat, denn *Odontoglossum* wächst in zu großen Gefäßen nicht gut. Während einer Hitzeperiode nicht umtopfen.

Substrat: Feines Substrat; 60 % Kiefernrinde, 20 % Sphagnum, 20 % Blähton

Düngung: Während der Wachstumszeit bei jeder zweiten, wenn die Pseudobulben ausgebildet sind bei jeder dritten Wassergabe düngen. Das ganze Jahr über einen ausgewogenen Volldünger oder ab dem Erscheinen der Neutriebe drei Monate lang einen stickstoffreichen, danach einen kalium- und phosphorreichen Dünger geben.

● *Odontoglossum crispum* Bild **5** Kolumbien
Von dieser Art stammen viele der heutigen Hybriden.

Natürlicher Lebensraum: Epiphyten am Rand höher gelegener Wälder (1800 bis 3000 m)

Blütezeit: Spätwinter, Frühling

Kultur: Siehe oben

Schwierigkeit der Kultur: Mittel

Pflanzengröße: 30 bis 40 cm

Blütengröße: 8 bis 10 cm

Blütenzahl pro Blütenstand: 6 bis 15

Länge des Blütenstands: 30 bis 50 cm

▲ **4** *Odontoglossum wilsonara* 'Vimore' × 'Joyfull'

Odontoglossum crispum ▲5   6▲ *Odontoglossum reichenheimii*

Vuylstekeara cambria 'Plush' ▲7

▲1

Oeoniella

Diese wenig bekannte Orchidee ist sehr blühfreudig und kann in einer Sammlung aus duftenden Arten zum Hauptdarsteller werden.

Pflanzenbeschreibung

Schwierigkeit der Kultur: Im Gewächshaus einfach, aber im Zimmer oder im Wintergarten mit geringer Luftfeuchtigkeit schwierig

Geografische Verbreitung: Madagaskar, Komoren, Seychellen
Artenzahl: 2, eventuell 3 Arten
Natürlicher Lebensraum: Diese Orchideen leben ausschließlich epiphytisch in den warmen und feuchten Küstenebenen. Sie wachsen in dichten Wäldern, wo sie kaum der Sonne ausgesetzt sind.
Wuchsform: Diese kleinen monopodial wachsenden Pflanzen bilden zahlreiche Luftwurzeln aus und reproduzieren sich über die vielen Sprosse der Mutterpflanze.
Pflanzengröße: 30 bis 50 cm hoch
Blütengröße: 2 bis 3 cm
Blütenzahl pro Blütenstand: 8 bis 15
Länge des Blütenstands: 15 bis 20 cm
Länge des Sporns: 4 cm
Duft: Die Blüten duften nach Anbruch der Dunkelheit sehr angenehm.

Kultur

Die Kultur ist ähnlich wie bei *Vanda*.
Licht: Sie brauchen viel Helligkeit, mögen aber von Mitte Februar bis Mitte November während der heißen Tageszeit keine direkte Sonne. Alle Standorte sind geeignet außer der Nordseite im Winter.
Temperatur: Warm; 20 bis 30 °C am Tag, 18 bis 20 °C in der Nacht (Temperaturunterschied Tag und Nacht 2 bis 3 °C)
Kultur im Freien: Nicht unbedingt erforderlich und in feuchten Regionen nicht zu empfehlen; ansonsten vom 1. Juli bis 15. August möglich, wenn die Nachttemperaturen über

16 °C liegen. Im Freien die zarten Blätter vor Schädlingsbefall schützen.
Wasser: Kalkfrei
Gießen: Das ganze Jahr über regelmäßig gießen. Das Substrat muss während der Wachstumszeit feucht bleiben. In warmen und trockenen Perioden können Sie ohne weiteres mehrmals am Tag wässern.
Ruheperiode: Keine
Luftfeuchtigkeit: 80 bis 90 % bei guter Lüftung; die Pflanzen trocknen schnell aus.
Umpflanzen: Alle zwei Jahre umtopfen, auch jedes Jahr, wenn das Substrat abgebaut wird. *Oeoniella*-Arten haben hauptsächlich Luftwurzeln und eignen sich besser zum Aufbinden, da die Wurzeln sehr schnell wachsen und sich gerne an einer Unterlage festhalten. Wenn man eine im Topf wachsende Pflanze umsetzen will, muss man die Wurzeln nicht selten in den Töpfen der Nachbarpflanzen suchen oder sie von der Stütze, an der sie sich festhalten, vorsichtig befreien. Bei aufgebundenen Pflanzen kommt zwischen Pflanze und Unterlage eine Handvoll Sphagnum. Die Kultur in einem flachen Korb bietet einen guten Kompromiss zwischen dem klassischen Topf und der Korkunterlage.
Substrat: Ein lockeres Substrat aus 60 % Kiefernrinde (fein und mittel gemischt), 20 % Sphagnum und 20 % Blähton ist ideal, da es auch etwas Wasser speichert.
Düngung: Das ganze Jahr über einen ausgewogenen Volldünger geben, im Frühjahr und Sommer bei jeder zweiten, im Herbst und Winter bei jeder dritten Wassergabe.
Besondere Anmerkungen: Diese Orchideen sind sehr blühfreudig und blühen bevor sie ausgewachsen sind. Ihre Kultur setzt, wie bei *Vanda*, eine feuchte und zugleich sehr gut bewegte Luft voraus. Ihr Lichtbedarf ist allerdings etwas geringer. Wenn die Blätter dünn und welk werden, weist das auf eine zu geringe Luftfeuchtigkeit hin.

▲**1** *Oeoniella aphrodite*

Oeoniella aphrocite ▲ 3

Oncidium und *Psychopsis*

Oncidien oder Schwielenorchideen sind die Orchideen, die am häufigsten kultiviert werden. Die zahlreichen Arten besitzen ein sehr unterschiedliches Erscheinungsbild entsprechend ihrer verschiedenen Herkunftsgebiete. Auch in ihren Kulturbedürfnissen unterscheiden sie sich voneinander.

▲1

Pflanzenbeschreibung

Schwierigkeit der Kultur: Von einfach bis schwierig

Geografische Verbreitung: Von Südflorida bis Argentinien mit Schwerpunkt Brasilien, Kolumbien, Ecuador und Peru
Artenzahl: Etwa 400
Natürlicher Lebensraum: Meist epiphytische, aber auch lithophytische oder terrestrische Orchideen in bis zu 4000 m Höhe
Wuchsform: Sympodial wachsende Orchideen mit großer Formenvielfalt. Manche Spezies haben Pseudobulben, andere nicht. Die Blütenstände können kurz oder lang, verzweigt oder nicht verzweigt sein. Die Blätter können fein und geschmeidig, breit und dick, rund und lang, sehr dick und sehr klein sein. Die Blütenstände entspringen an der Basis der neuesten Pseudobulben.
Duft: Bei einigen Arten
Blütezeit: Unterschiedlich
Blühdauer: Vier bis acht Wochen, bei *Psychopsis* fast ununterbrochene Blüte

Kultur

Der Habitus der Pflanze ist der wichtigste Hinweis auf ihre Kulturansprüche.

▲1 *Oeoniella macranthum*

Die größten Arten: *O. macranthum* Bild 1, *O. carthagenense*, *O. varicosum*, *O. lanceanum* Bild 4, *O. flexuosum*
Die kleinsten Arten: *O. pusillum*, *O. bifolium* Bild 3, *O. tetrapetalum* und alle *O. equitans*
Die Arten mit den auffallendsten Blüten: *O. hastilabium* Bild 5, *O. macranthum*, *O. lanceanum* Bild 4
Die Arten mit der einfachsten Kultur: *O. ornithorhychum* Bild 2, *O. bifolium* Bild 3
Stark duftende Arten: *O. lanceanum* Bild 4, *O. ornithorhychum* Bild 2, *O. tigrinum*, *O. hastilabium* Bild 5

Kultur von Oncidien mit bunten Blättern (Gattung *Psychopsis*)

Die Blüten öffnen sich nacheinander am Ende des Blütenstands. Auch wenn die Pflanze im Winter weniger Blüten bildet, kann man behaupten, dass sie unaufhörlich blüht.
Licht: Sie brauchen einen hellen Standort. Bei Zimmerkultur eignet sich am besten ein Platz am Südfenster, ohne die Orchideen von Mitte Februar bis Mitte November während der Mittagszeit der direkten Sonne auszusetzen (eventuell abschatten). Bei Kultur im Gewächshaus ist die Nordseite ungeeignet.
Temperatur: Warm; 18 bis 30 °C am Tag, 16 bis 25 °C in der Nacht (Temperaturunterschied Tag und Nacht 2 bis 3 °C)
Kultur im Freien: Nicht möglich
Wasser: Kalkfrei
Gießen: Das ganze Jahr über regelmäßig wässern; zwischen den Wassergaben den Topf etwas leichter werden lassen.
Ruheperiode: Keine
Luftfeuchtigkeit: 55 bis 60 %; bei mangelnder Luftfeuchtigkeit entwickeln sich die Knospen nicht weiter.
Umpflanzen: Alle zwei Jahre, wenn die Neutriebe erscheinen, auch während der Blüte (wenn die Blütenknospen noch geschlossen sind), umtopfen. Am besten eignet sich ein Tontopf, in dem die Wurzeln besser atmen können und das Substrat schnell trocknet; auch haben die Pflanzen, die oft sehr lange Blütenstände bilden, einen besseren Stand. Die Pflanze stützen, bis ihre Wurzeln fest verankert sind.
Wenn Sie Kunststofftöpfe vorziehen, verwenden Sie solche, in denen die Wurzeln eng anliegen. Diese Orchideen lassen sich aufgebunden einfacher ziehen, vorausgesetzt die Luftfeuchtigkeit ist konstant hoch.
Substrat: Klassisches Substrat aus 80 % Kiefernrinde (mittlere und feine Körnung je zur Hälfte) und 20 % Blähton.
Düngung: Das ganze Jahr über einen ausgewogenen Volldünger geben, im Frühjahr und Sommer bei jeder zweiten, im Herbst und Winter bei jeder dritten Wassergabe.
Besondere Anmerkungen: Schneiden Sie nur die vertrockneten Blütenstände ab.

Oncidium ornithorhynchum ▲ 2

Kultur von Oncidien mit ein- oder zweiblättrigen Pseudobulben

O. hastilabium, O. varicosum, O. ornithorhychum, O. macranthum, O. crispum, O. tigrium und die meisten Hybriden mit gelben Blüten.

Licht: Die Meisten von ihnen mögen keine zu helle Umgebung und keine direkte Sonne während der warmen Tageszeit (Mitte Februar bis Mitte November). Die gelbblütigen Hybriden brauchen etwas mehr Licht.

Temperatur: Manche Arten temperiert, andere kalt

Temperiert: 18 bis 25 °C am Tag, 14 bis 16 °C in der Nacht (Unterschied Tag und Nacht 5 bis 7 °C)

Kalt: 15 bis 20 °C am Tag, 8 bis 14 °C in der Nacht (Unterschied Tag und Nacht 8 bis 10 °C)

Kultur im Freien: Bei Zimmerkultur für alle Arten aus kühlen Klimazonen von Juni bis Oktober unbedingt erforderlich; für diejenigen Arten, die temperiert kultiviert werden, vom 1. Juni bis 15. September möglich.

Wasser: Kalkfrei

Gießen: Während der Wachstumsphase regelmäßig und ausgiebig gießen, damit das Substrat etwas feucht bleibt, danach in größeren Abständen (den Topf zwischen den Wassergaben leichter werden lassen). Jungtriebe nicht benetzen.

Ruheperiode: Keine

Luftfeuchtigkeit: 50 bis 60 % bei Luftbewegung

Umpflanzen: Alle zwei Jahre umtopfen, wenn die Neutriebe erscheinen. Die Kultur auf Unterlage ist nicht einfach.

Substrat: Mittlere Körnung; 80 % Kiefernrinde, 20 % Blähton

Düngung: Während der Wachstumszeit bei jeder zweiten, wenn die Pseudobulben ausgebildet sind bei jeder dritten Wassergabe düngen. Das ganze Jahr über einen ausgewogenen Volldünger oder ab dem Erscheinen der Neutriebe drei Monate lang einen stickstoffreichen, danach einen kalium- und phosphorreichen Dünger geben, um die Blütenbildung zu fördern.

Kultur von Oncidien mit festen, runden Pseudobulben

O. bifolium, O. onustum, O. concolor

Licht: Diese Arten brauchen viel Licht ohne direkte Sonne und bevorzugen die Südseite.

Temperatur: Warm; 18 bis 30 °C am Tag, 16 bis 20 °C in der Nacht (Unterschied Tag und Nacht 2 bis 3 °C)

Kultur im Freien: Nicht unbedingt erforderlich; 1. Juli bis 15 August möglich

Wasser: Kalkfrei

Gießen: Während der Wachstumsphase regelmäßig und ausgiebig gießen, damit das Substrat etwas feucht bleibt, danach in größeren Abständen (den Topf zwischen den Wassergaben leichter werden lassen).

Ruheperiode: Keine

Luftfeuchtigkeit: 60 bis 65 %

Umpflanzen: Alle zwei Jahre; die Wurzeln müssen den Topf ganz ausfüllen. Die aufgebundene Kultur ist einfacher, wenn man oft gießt und für hohe Luftfeuchtigkeit sorgt.

Substrat: Feine Körnung; 80 % Kiefernrinde, 20 % Blähton

Düngung: Während der Wachstumszeit bei jeder zweiten, wenn die Pseudobulben ausgebildet sind bei jeder dritten Wassergabe düngen. Das ganze Jahr über einen ausgewogenen Volldünger oder ab dem Erscheinen der Neutriebe drei Monate lang einen stickstoffreichen, danach einen kalium- und phosphorreichen Dünger geben, um die Blüte zu fördern.

Kultur von Eselsohr- oder Dickblatt-Oncidien (heute *Lophiaris* genannt oder der Gattung *Trichocentrum* zugeordnet)

Man erkennt sie an ihren rückgebildeten, quasi fehlenden Pseudobulben sowie den manchmal sehr dicken Blättern: *O. cavendishianum, O. aurisasinorum, O. splendidum, O. lanceanum, O. pumilum.*

Licht: Mit Ausnahme von *Oncidium splendidum,* die viel Licht ohne direkte Sonne braucht und auf der Südseite wachsen muss, eignet sich für diese Arten die Ost- oder Westseite im Frühjahr und Sommer, damit sie die ersten und letzten Sonnenstrahlen nutzen können, ohne zu verbrennen. Im Winter dagegen ist die Südseite ideal.

Temperatur: Warm, temperiert oder kühl, artspezifisch

Warm: 20 bis 30 °C am Tag, 18 bis 25 °C in der Nacht (Unterschied Tag und Nacht 2 bis 5 °C)

Temperiert: 18 bis 25 °C am Tag, 14 bis 16 °C in der Nacht (Unterschied Tag und Nacht 5 bis 7 °C)

Kühl: 15 bis 20 °C am Tag, 8 bis 14 °C in der Nacht (Unterschied Tag und Nacht 8 bis 10 °C)

Kultur im Freien: Für Arten aus warmen Klimaregionen vom 1. Juli bis 15. August, für diejenigen aus temperierter Kultur vom 1. Juni bis 15. September, für kältebedürftige Spezies von Juni bis Oktober

Wasser: Kalkfrei

Gießen: Während der Entwicklung der Pseudobulben regelmäßig und ausgiebig (den Topf zwischen den Wassergaben leichter werden lassen), danach in größeren Abständen (das Substrat zwischen den Wassergaben austrocknen lassen) gießen.

Ruheperiode: Keine

Luftfeuchtigkeit: 60 bis 65 %

Oncidium bifolium ▲ **3**

Umpflanzen: Alle zwei Jahre, wenn die Neutriebe sich entwickeln. Kleine Töpfe verwenden, da die Pflanzen es gerne eng haben. Im Gewächshaus oder im Wintergarten ist eine aufgebundene Kultur möglich.

Substrat: Klassisches Substrat mittlerer Körnung aus 80 % Kiefernrinde und 20 % Blähton

Düngung: Während der Wachstumsphase bei jeder zweiten, wenn die Pseudobulben ausgebildet sind bei jeder dritten Wassergabe düngen. Das ganze Jahr über einen ausgewogenen Volldünger oder ab dem Erscheinen der Neutriebe drei Monate lang einen stickstoffreichen, danach einen kalium- und phosphorreichen Dünger geben, um die Blütenbildung zu fördern.

Kultur von Oncidium (Syn. Tolumnia)

Kleinwüchsige Pflanzen ohne Pseudobulben, aber mit ziemlich dicken Blättern.

Licht: Pflanzen brauchen in Kultur viel Licht ohne direkte Sonne.
Sie wachsen am Naturstandort (Küstengegenden) in praller Sonne bei hoher Luftfeuchte.

Temperatur: In Kultur alle nicht unter 16 °C, also temperiert bis warm.
Warm: 20 bis 30 °C am Tag, 18 bis 25 °C in der Nacht (Unterschied Tag und Nacht 2 bis 5 °C)
Temperiert: 18 bis 25 °C am Tag, 14 bis 16 °C in der Nacht (Unterschied Tag und Nacht 5 bis 7 °C)

Kultur im Freien: Nicht ratsam

Wasser: Kalkfrei, mit sauberem Regenwasser

Gießen: Sprühen in den Morgen- und Abendstunden; täglich an heißen Tagen, alle 2 bis 3 Tage bei kühlerem Wetter.

Ruheperiode: Keine

Luftfeuchtigkeit: mind 70 %, gerne auch höher

Umpflanzen: Alle zwei Jahre umtopfen; besser geeignet ist eine Kultur auf Unterlage, da die Wurzeln im Substrat oft faulen.

Substrat: Feines Substrat aus 80 % Kiefernrinde und 20 % Sphagnum

Düngung: Sehr empfindlich gegenüber Dünger, nur in schwacher Dosierung im Frühjahr/Sommer mit jeder 2., im Herbst/Winter mit jeder 3. Wassergabe verabreichen.

Kultur von Oncidien mit runden Blättern

Sie tragen den witzigen Beinamen „Rattenschwänze": O. ceboletta, O. nanum.

Licht: Viel Licht ohne direkte Sonne

Temperatur: Warm: 18 bis 30 °C am Tag, 16 bis 25 °C in der Nacht (Unterschied Tag und Nacht 2 bis 3 °C)

Kultur im Freien: Vom 1. Juli bis 15. August möglich

Wasser: Kalkfrei

Gießen: Während der Entwicklung der Blätter regelmäßig gießen, danach stark reduzieren, anschließend zwei bis vier Wochen nicht mehr gießen, aber in dieser Zeit für hohe Luftfeuchtigkeit sorgen. Die dicken Blätter speichern Wasser; während der Ruhephase etwas gießen, da sie leicht schrumpfen können.

Ruheperiode: Ja, aber nur kurz

Luftfeuchtigkeit: 75 bis 80 %

Umpflanzen: Alle zwei Jahre erforderlich. Verwenden Sie kleine Gefäße oder Tontöpfe, um oft gießen zu können, ohne Wurzelfäule zu verursachen. Diese Arten werden oft aufgebunden kultiviert.

Substrat: Feines Substrat aus 80 % Kiefernrinde und 20 % Blähton

Düngung: Einen ausgewogenen Volldünger verabreichen, Frühjahr und Sommer bei jeder zweiten, im Herbst bei jeder dritten Wassergabe. Während der Ruheperiode auf keinen Fall düngen.

Für eine abwechslungsreiche Sammlung

• *Lophiaris fragrans* Bild 4 (Kolumbien, Guyana, Venezuela, Peru, Brasilien)
Natürlicher Lebensraum: Epiphyten feuchter und warmer Wälder in 200 bis 500 m Höhe
Blütezeit: Herbst
Kultur: Warm, siehe Dickblatt-Oncidien
Schwierigkeit der Kultur: Einfach
Pflanzengröße: 50 bis 60 cm
Blütengröße: 5,5 bis 6 cm
Blütenzahl pro Blütenstand: 10 bis 30
Länge des Blütenstands: 30 bis 40 cm; verzweigt
Duft: Sehr angenehm
Besonderheiten: Diese Art leidet bei zu grellem Licht, rötliche verfärbte Blätter deuten darauf hin; je greller das Licht, umso blasser sind die Blüten. Blütenstände nicht benetzen, da sie leicht faulen.

• *Oncidium ceboletta* (Kolumbien, Paraguay, Mexiko, Brasilien, Argentinien)
Natürlicher Lebensraum: Epiphyten feuchter Wälder mit ausgeprägter Trockenzeit in 600 bis 1800 m Höhe
Blütezeit: Sommer
Kultur: Warm, siehe Oncidien mit runden Blättern
Schwierigkeit der Kultur: Mittel, da sie eine sehr feuchte Umgebung brauchen.
Pflanzengröße: 30 bis 40 cm
Blütengröße: 1,5 cm
Blütenzahl pro Blütenstand: 10 bis 40, bei älteren Pflanzen manchmal viel mehr
Länge des Blütenstands: 40 bis 60 cm; aufrecht

• *Oncidium onustum* Bild 6 (Ecuador, Panama, Peru)
Natürlicher Lebensraum: Epiphyten, die hauptsächlich in den küstennahen Ebenen wachsen. Man findet sie auch in trockenen Wäldern auf Kakteen oder Bäumen in bis zu 1200 m Höhe.

Lophiaris fragrans (Syn. *Oncidium lanceanum*) ▲ **4**

Blütezeit: Sommer
Kultur: Siehe Oncidien mit festen, runden Pseudobulben; sie brauchen sehr viel Licht.
Schwierigkeit der Kultur: Einfach
Pflanzengröße: 12 bis 15 cm
Blütengröße: 2,5 cm
Blütenzahl pro Blütenstand: 8 bis 10
Länge des Blütenstands: 20 bis 25 cm; aufrecht
• *Oncidium ornithorhychum* Bild 2 (Mexiko, Guatemala, Nicaragua, Costa Rica, Honduras)
Natürlicher Lebensraum: Epiphyten in regenreichen, dichten Wäldern in 600 bis 1700 m Höhe
Blütezeit: Herbst bis Winter
Kultur: Temperiert, siehe Oncidien mit ein- oder zweiblättrigen Pseudobulben
Schwierigkeit der Kultur: Sehr einfach
Pflanzengröße: 20 bis 40 cm; schöne Büschel
Blütengröße: 1 cm
Blütenzahl pro Blütenstand: 20 bis 140
Länge des Blütenstands: 30 bis 60 cm; manche Pflanzen haben sehr lange Blütenstände.
Duft: Angenehm nach Vanille
• *Oncidium hastilabum* Bild 5 (Venezuela, Peru, Kolumbien)
Natürlicher Lebensraum: Epiphyten in feuchten Wäldern in bis zu 1300 m Höhe
Blütezeit: Frühling

Kultur: Temperiert, siehe Oncidien mit ein- oder zweiblättrigen Pseudobulben
Schwierigkeit der Kultur: Einfach
Pflanzengröße: 30 bis 35 cm
Blütengröße: 7 cm
Blütenzahl pro Blütenstand: 10 bis 15
Länge des Blütenstands: 50 bis 70 cm; verzweigt
Duft: Sehr angenehm
• *Psychopsis papilio* Bild 7 (Venezuela, Peru, Kolumbien, Guyana, Ecuador)
Natürlicher Lebensraum: Epiphyten in feuchten, dichten Wäldern in niedrigen Lagen
Blütezeit: Sie blüht fast das ganze Jahr. Neue Blütenstände werden im Allgemeinen im Frühjahr gebildet.
Kultur: Warm, siehe Oncidien mit bunten Blättern
Schwierigkeit der Kultur: Mittelschwer
Pflanzengröße: 20 bis 30 cm
Blütengröße: 8 bis 9 cm
Blütenzahl pro Blütenstand: Sie öffnen sich nacheinander während vieler Monate.
Länge des Blütenstands: 60 bis 100 cm
Besonderheiten: Eine gut entwickelte Pflanze bringt leicht mehrere Blütenstände hervor.
Anmerkung: Unbestritten eine der schönsten Orchideenarten. *Psychopsis versteegianum* Bild 8 und *P. kramerianum* Bild 7 sind ihr sehr ähnlich.

Oncidium hastilabium ▲5

Oncidium orustum ▲ **6**   **7** ▲ *Psychopsis kramerianum* (links) und *P. papilio* (rechts)

Psychopsis versteegianum ▲ **8**

Osmoglossum

Eine kleine Gattung, deren bekannteste Art *Osmoglossum pulchellum* ist, manchmal auch unter dem Namen *Odontoglossum pulchellum* erhältlich.

▲1

Pflanzen-beschreibung

Schwierigkeit der Kultur: Einfach; Zimmerkultur ist möglich.

Geografische Verbreitung: Mexiko, Guatemala
Artenzahl: 3
Natürlicher Lebensraum: Epiphyten in Kiefern- und Eichenwäldern in 1400 bis 2100 m Höhe
Wuchsform: Pflanzen mit kleinen zweiblättrigen Pseudobulbben. Die Blütenstände sind halb aufrecht und entspringen an der Basis der neuesten Pseudobulben.
Pflanzengröße: 30 bis 35 cm hoch
Blütengröße: 2,5 bis 3 cm
Blütenzahl pro Blütenstand: 3 bis 10
Länge des Blütenstands: 20 bis 30 cm
Duft: Bei *Osmoglossum pulchellum*
Blütezeit: Spätwinter
Blühdauer: Etwa drei Wochen

Kultur

Licht: Von Mitte Februar bis Mitte November mögen sie keine direkte Sonne in den Mittagsstunden. Im Herbst und Winter ist die Südseite ideal.
Temperatur: Kühl; 18 bis 25 °C am Tag, 10 bis 15 °C in der Nacht (Unterschied Tag und Nacht 8 bis 9 °C). Bei großer Hitze für gute Luftbewegung sorgen.
Kultur im Freien: Bei Zimmerkultur unbedingt erforderlich; vom 1. Juni bis 30. September am besten auf der Ostseite
Wasser: Kalkfrei
Gießen: Während der Wachstumsphase den Topf zwischen den Wassergaben etwas leichter werden lassen. Wenn die Pseudobulben ausgebildet sind, seltener gießen (das Substrat zwischen den Wassergaben austrocknen lassen).
Ruheperiode: Keine
Luftfeuchtigkeit: 60 bis 70 %
Umpflanzen: Alle zwei Jahre, wenn die Neutriebe erscheinen, umtopfen. Im Sommer nicht.
Substrat: Mittlere Körnung; 60 % Kiefernrinde, 20 % Sphagnum und 20 % Blähton
Düngung: Während der Wachstumsphase bei jeder zweiten, wenn die Pseudobulben ausgebildet sind bei jeder dritten Wassergabe düngen. Das ganze Jahr über einen ausgewogenen Volldünger oder ab dem Erscheinen der Neutriebe drei Monate lang einen stickstoffreichen, danach einen kalium- und phosphorreichen Dünger geben, um die Blütenbildung zu fördern. In den Wintermonaten nicht düngen.

Osmoglossum pulchellum ▲2   ▲1 *Osmoglossum pulchellum*

Paphinia

Diese Gattung umfasst Arten, von denen eine genauso schön ist wie die andere. Dennoch gehört *Paphinia cristata* mit Sicherheit zu den interessantesten. Außerdem ist sie sehr einfach zu kultivieren.

Pflanzenbeschreibung

Schwierigkeit der Kultur: Sehr einfach, aber erfordert Aufmerksamkeit

Geografische Verbreitung: Bolivien, Ecuador, Brasilien, Kolumbien, Guyana, Panama, Venezuela
Artenzahl: Etwa 6
Natürlicher Lebensraum: Epiphyten inmitten regenreicher Wälder in niedrigen Lagen (200 bis 1000 m) ohne Trockenzeiten
Wuchsform: Blütenstände mit riesigen Blüten entspringen an der Basis der neuester Pseudobulben. Die mit mikroskopisch kleinen Härchen bedeckten Wurzeln bedeuten, dass diese Pflanzen eine trockene Umgebung nicht vertragen.
Pflanzengröße: 18 bis 25 cm hoch
Blütengröße: 7,5 bis 10 cm; die größten Blüten hat *P. herrerae* Bild 3, die sich aber wegen ihrer weichen Struktur nicht vollständig öffnen können.
Blütenzahl pro Blütenstand: 1 bis 7
Länge des Blütenstands: 5 bis 20 cm
Blütezeit: Sommer, Herbst, Winter
Blühdauer: Blüht nur vier bis sechs Tage, aber drei bis vier Wochen hintereinander folgt Blütenstand auf Blütenstand.

Kultur

Durch die Kultur auf einem Dreifuß oder in einem Hängekorb kommen die überhängenden Blütentriebe besser zur Geltung.
Licht: Schattiger Bereich auf der Ost- oder Nordseite im Frühjahr und Sommer. Vergilbte Blätter deuten auf zu hohe Lichtintensität hin.
Temperatur: Warm; 18 bis 28 °C am Tag, 17 bis 20 °C in der Nacht (Unterschied Tag und Nacht 2 bis 3 °C). Bei über 30 °C stärker beschatten, Luftbewegung und Luftfeuchtigkeit erhöhen.
Kultur im Freien: Nur in feuchten Regionen; vom 1. Juli bis 15. August, wenn die Nachttemperaturen es erlauben
Wasser: Kalkfrei
Gießen: Während der Wachstumsphase das Substrat feucht halten, aber nicht aufweichen lassen. Wenn die Pseudobulben ausgebildet sind, wird weniger gegossen, aber das Substrat darf zwischen den Wassergaben nicht austrocknen. Neutriebe nicht benetzen.
Ruheperiode: Keine
Luftfeuchtigkeit: 35 bis 90 %
Umpflanzen: Jedes Jahr, wenn die Neutriebe erscheinen. Unter das Substrat Krümel von nicht behandelter Holzkohle mischen. Aufgebunden auf Korkrinde sieht *Paphinia* besonders hübsch aus, auch ist die Kultur praktischer, man muss aber die Pflanzen während der Hitzeperioden mehrmals am Tag wässern. Befestigen Sie zwischen Pflanze und Unterlage ein Stück Sphagnum.
Substrat: Feines Substrat aus 50 % Kiefernrinde, 40 % Sphagnum, 10 % Blähton oder reines Sphagnum (im Tontopf)
Düngung: Einen ausgewogenen Volldünger verabreichen, Frühjahr und Sommer bei jeder zweiten, im Herbst und Winter bei jeder dritten Wassergabe.

▲1 *Paphinia cristata*

Paphinia ausula ▲2

▲3 *Paphinia herrerae*

Paphiopedilum

Nur wenige Orchideengattungen rufen so viel Leidenschaft hervor wie *Paphiopedilum*, der Frauen- oder Venusschuh. Wegen der Formvielfalt und der ungewöhnlichen Blüten wird sie oft zu den interessantesten Gattungen gezählt. Seit jeher haben sich Züchter für sie interessiert und unzählige Hybriden geschaffen, eine prächtiger als die andere.

▲1

Pflanzenbeschreibung

Schwierigkeit der Kultur: Mittel

Geografische Verbreitung: Indien, Malaysia, Südostasien, Südostchina, Indonesien, Neuguinea, Philippinen
Artenzahl: Etwa 65
Natürlicher Lebensraum: Die meisten Arten sind terrestrisch oder lithophytisch und wachsen auf Kalkfelsen in sehr feuchten Regionen im Schatten von Bäumen oder großen Pflanzen in 500 bis 2200 m Höhe. Die Wurzeln breiten sich im Allgemeinen in einer dicken Humusschicht aus. Manche Arten (*P. sanderianum, P. bellatulum, P. ang tong, P. niveum, P. concolor* u. a.) sind reine Lithophyten. Einige seltene wachsen epiphytisch (*P. parishii, P. lowii, P. glanduliferum*).
Wuchsform: Die Pflanzen haben keine Pseudobulben, sondern ein sehr kurzes Rhizom (außer *P. armeniacum* und *P. micranthum*). Die **Wurzeln** sind mit winzigen Härchen bedeckt (sie erhöhen die Fähigkeit, Wasser aufzunehmen), die keine Trockenheit vertragen. Die **Blätter** sind in mehr oder weniger großen Abständen auf beiden Seiten des fast immer kurzen Sprosses angeordnet. Sie können lang und schmal (*P. kolopakingii* und *P. rothschildianum*, deren Blätter manchmal

bis zu 1 m lang werden), kurz und breit (*P. malipoense, P. delenatii*), kurz und schmal, zahlreich oder weniger zahlreich, halb vertikal oder horizontal sein, sind sich aber sehr ähnlich. Ihre Farbe variiert ebenfalls und deutet grob auf die Kulturtemperatur hin. Arten mit gefleckten Blättern wachsen im Allgemeinen in warm gemäßigten Breiten, während die mit einfarbig grünem Laub in gemäßigten oder kalt gemäßigten Regionen vorkommen.
Die **Blütenstände** sind kurz oder lang, aufrecht oder halb-aufrecht, manchmal fast horizontal. Sie tragen eine oder mehrere Blüten, die sich auf einmal oder nacheinander öffnen. Bei guten Kulturbedingungen können bestimmte „einblütige" Arten zwei oder drei Blüten hervorbringen (*P. delenatii, P. concolor, P. niveum*).
Die **Blüten** haben ganz unterschiedliche Formen und Farben, sind aber an ihrer pantoffelförmigen Lippe zu erkennen; diese ist manchmal verschließbar und hat eine glatte Struktur, wodurch das bestäubende Insekt gezwungen ist, einen der beiden Wege an der Säule zu nehmen. Hier nimmt es den Pollen mit, den es beim Besuch der Nachbarblüte wieder abstreift.
Duft: Duftende Arten sind selten. *Paphiopedilum malipoense* (leicht säuerlich), *P. delenatii* und *P. emersonii* haben einen unaufdringlichen Duft.
Blütezeit: Je nach Art oder Hybride sehr unterschiedlich

▲1 *P. micranthum*

Die größten Arten: *P. kolopakingii, P. roth-schildianum* Bild 12, *P. glanduliferum, P. sanderianum*
Die kleinsten Arten: *P. concolor, P. niveum, P. henryanum, P. fairieanum, P. primulinum*
Die Arten mit den auffallendsten Blüten: *P. rothschildianum* Bild 12, *P. glanduliferum, P. sanderianum, P. micranthum, P. bellatulum, P. armeniacum* Bild 6, *P. stonei*
Die Arten mit der einfachsten Kultur: *P. glaucophyllum, P. primulinum, P. chamber-lainianum* Bild 11, *P. henryanum* Bild 10
Die Arten mit dem schönsten Laub: *P. venustum, P. sukhakulli*

Paphipedilum maudiae 'Clair de lune' ▲2

Paphiopedilum charleswo thii ▲ **3**

Blühdauer: Sechs bis zehn Wochen, sogar das ganze Jahr bei Arten, die nacheinander blühen.

Kultur

Sie brauchen vor allem Aufmerksamkeit.
Licht: Die meisten Arten mögen Schatten. Im Sommer eignet sich ein Gewächshaus, eine Veranda oder ein Fenster auf der Nordseite am besten. Einige Arten brauchen jedoch weniger Schatten und blühen besser, wenn sie im Frühjahr und Sommer auf der Ost- oder Westseite und im Winter auf der Südseite stehen. Das Hauptanzeichen für zu viel Licht sind vergilbte Blätter.
Temperatur: Je nach Höhenlage des Naturstandorts und der dort herschenden Temperaturverhältnisse unterscheiden sich die Arten in ihren Kulturansprüchen:
Temperiert bis warm: 18 bis 27 °C am Tag, 16 bis 21 °C in der Nacht (Unterschied Tag und Nacht 5 bis 6 °C) für *P. ang tong*, *P. armeniacum*, *P. bellatulum*, *P. concolor*, *P. malipoense*, *P. micranthum*, *P. niveum*, *P. sangii* und ihre Hybriden
Temperiert: 18 bis 25 °C am Tag, 13 bis 16 °C in der Nacht (Unterschied Tag und Nacht 8 bis 9 °C) für *P. appletonianum*, *P. argus*, *P. barbatum*, *P. barbigerum*, *P. delenatii*, *P. emersonii*, *P. glaucophyllum*, *P. glanduliferum*, *P. haynaldianum*, *P. gratrixiaum*, *P. henryanum*, *P. kolopakingii*, *P. lowii*, *P. primulinum*, *P. philippinense*, *P. stonei*, *P. sukhakulii*, *P. venustum*, *P. wardii* und ihre Hybriden
Kühl: 15 bis 20 °C am Tag, 10 bis 15 °C in der Nacht (Unterschied Tag und Nacht 10 bis 11 °C) für *P. fairieanum*, *P. hirsutissimum*, *P. insigne*, *P. parishii*, *P. rothschildianum*, *P. spicerianum*, *P. villosum* und ihre Hybriden
Die meisten Frauenschuhe gedeihen im temperierten Gewächshaus, wenn auch manche Arten etwas höhere Temperaturen brauchen als oben angegeben. Während der Hitzeperioden wird die Beschattung intensiviert, die Luftbewegung, Wasserversorgung und Luftfeuchtigkeit erhöht.
Kultur im Freien: Vom 1. Juli bis 15. August für wärmeliebende Arten, vom 1. Juni bis 15. September für Arten aus dem temperierten Haus und vom 1. Juni bis 30. September für alle kältebedürftigen Arten
Wasser: Mit Ausnahme der seltenen epiphytischen Arten werden alle Frauenschuhe mit einem leicht kalkhaltigen Wasser (pH-Wert zwischen 6,8 und 7,2) gegossen. Kalkfreies Wasser verursacht keine Probleme, wenn man dem Substrat beim Umtopfen etwas Kalk (Muschelkalk) beimischt. Da das Leitungswasser meist sehr viel Kalk enthält, ist bei jeder dritten Wassergabe Leitungswasser zu empfehlen.

Gießen: Während der Wachstumsphase regelmäßig und ausgiebig, wenn die Neutriebe sich entwickelt haben, in größeren Abständen gießen, wobei das Substrat feucht bleibt. Oft muss im Sommer fast täglich gewässert werden. Die Blattoberseiten und Blütenknospen nicht benetzen.
Ruheperiode: Keine
Luftfeuchtigkeit: 55 bis 60 % bei guter Luftbewegung
Umpflanzen: Aufgrund der häufigen Wassergaben kann sich das Substrat schnell zersetzen. Es muss jedes Jahr oder alle 18 Monate umgetopft werden, am besten wenn neue Triebe sich entwickeln. Während einer Hitzeperiode nicht umtopfen.
Substrat: Feines Substrat aus 60 % Kiefernrinde, 30 % Sphagnum und 10 % Blähton. Einige Krümel nicht behandelter Holzkohle, die unter das Substrat gemischt werden, wirken keimtötend. Frauenschuhe sind terrestrische Orchideen, aber man darf nicht außer Acht lassen, dass ihre Wurzeln sich nicht in der Erde entwickeln, sondern in einer dicken Humusschicht auf dem Waldboden. Folglich muss ihr Wurzelsystem in einer zugleich luftigen und feuchten, lockeren Umgebung wachsen.
Düngung: Frauenschuhe reagieren empfindlich auf Düngemittel und ihre Wurzeln können bei Berührung mit Dünger beschädigt werden. Daher muss man ihnen einen ausgewogenen Blattdünger in schwacher Dosierung verabreichen. Zu empfehlen ist, nur die Hälfte der angegebenen Dosis bei gleicher Menge Wasser anzuwenden.

Paphiopedilum gratrixianum ▲ 4

Paphiopedium barbatum var. nigrum ▲ **5**

Besondere Anmerkungen: Frauenschuhe neigen zur Fäule am Wurzelhals (die Verbindungsstelle zwischen der Basis der Blätter und der Wurzeln). Bestreuen Sie die anfälligen Stellen mit gemahlenem Zimt.

Für eine abwechslungsreiche Sammlung

• *Paphiopedilum armeniacum* Bild 6 (endemische Art in der chinesischen Provinz Yunnan)
Natürlicher Lebensraum: Lithophytische Art in sommergrünen Wäldern entlang fließender Gewässer. Sie wächst in 800 bis 1300 m Höhe und verträgt sehr hohe Sommertemperaturen (bis 32 °C) im Gegensatz zu winterlichen Temperaturen, die nachts bei 1 °C liegen können; im Sommer sehr feucht, im Winter trockener.
Blütezeit: Spätwinter, Vorfrühling
Kultur: Im Sommer warm: 20 bis 32 °C am Tag, 18 bis 25 °C in der Nacht (Unterschied Tag und Nacht 3 bis 4 °C); im Winter kalt: 15 bis 20 °C am Tag, 8 bis 14 °C in der Nacht (Unterschied Tag und Nacht 8 bis 10 °C).
Im Winter die Lichtintensität erhöhen und in größeren Abständen gießen.
Diese Art vermehrt sich über Ausläufer, die in das Substrat eindringen, bevor sie an der Seite oder unter der Mutterpflanze herausragen. Wenn die Triebe auf ein Hindernis treffen (zum Beispiel die Gefäßwand), versuchen sie herauszuwachsen, wodurch die Pflanze sich erschöpft. Daher muss man diese Art in einem Korb kultivieren, der im oberen Bereich des Gewächshauses aufgehängt wird, da sie viel Licht braucht.
Schwierigkeit der Kultur: Einfach
Pflanzengröße: Blattspannweite 15 bis 20 cm
Blütengröße: 6,5 bis 8 cm breit; die Blüten sind breiter als höher.
Blütenzahl pro Blütenstand: 1
Länge des Blütenstands: 24 bis 25 cm
Besonderheit: Die Triebe entwickeln sich in etwa 15 cm Abständen. Die Blätter sind gefleckt.
• *Paphiopedilum bellatulum* Bild 7 (Myanmar, Thailand, Laos)
Natürlicher Lebensraum: Lithophytische Art auf humusbedeckten Kalkfelsen in sommergrünen Wäldern. Daher ist sie im Winter natürlicherweise starkem Licht, im Sommer gedämpftem Licht ausgesetzt. Sie hat eine Vorliebe für Spalten mit Pflanzenresten. Man findet sie in 800 bis 1600 m Höhe, wo die Tage im Sommer sehr warm und die Nächte im Winter kalt sind.
Blütezeit: Spätwinter, Vorfrühling
Kultur: Im Sommer warm: 20 bis 32 °C am Tag,

18 bis 25 °C in der Nacht (Unterschied Tag und Nacht 3 bis 4 °C); im Winter kalt: 15 bis 20 °C am Tag, 8 bis 14 °C in der Nacht (Unterschied Tag und Nacht 8 bis 10 °C).
Im Winter die Lichtintensität erhöhen und in größeren Abständen gießen, sodass das Substrat kaum feucht ist.
Schwierigkeit der Kultur: Schwierig
Pflanzengröße: Kleine Pflanze, Blattspannweite 20 bis 25 cm
Blütengröße: 9 bis 10 cm breit
Blütenzahl pro Blütenstand: 1
Länge des Blütenstands: 2 bis 4,5 cm
Besonderheit: Gefleckte Blätter und die Breite der Blüte im Verhältnis zu der der Pflanze
• *Paphiopedilum delenatii* Bild 9 (endemische Art in Vietnam, wird aber angeblich auch in der chinesischen Provinz Yunnan gefunden)
Natürlicher Lebensraum: Terrestrische Art mit Vorliebe für Spalten mit Humus. Man findet sie in niedrigen Lagen.
Blütezeit: Frühling
Kultur: Unter temperierten bis warmen Bedingungen mit wenig Licht
Schwierigkeit der Kultur: Einfach
Pflanzengröße: Blattspannweite 20 bis 21 cm
Blütengröße: 7 bis 8 cm breit
Blütenzahl pro Blütenstand: 1 manchmal 2
Länge des Blütenstands: 23 cm
Duft: Sehr zurückhaltend
Besonderheit: Das Laub ist hübsch gefleckt.
Besondere Anmerkung: Die Art wurde 1913 oder 1914 von einem französischen Offizier aus Vietnam importiert, der sie M. Delenat, dem Beauftragten der Parks und Gärten von Saint-Germain-en-Laye schenkte. 1925 stellte der Gärtner M. Mornay, ein Angestellter des städtischen Gartenamtes in Paris, die blühende Pflanze der Société Nationale d'Horticulture vor. Es scheint, dass alle Orchideen, die bis heute weltweit kultiviert wurden, von ein und derselben Pflanze abstammen, die in den Gewächshäusern der Familie Lecoufle zu Beginn des 20. Jahrhunderts kultiviert und vermehrt wurde.
• *Paphiopedilum fairieanum* Bild 8 (Assam, Sikkim und Buthan in Indien)
Natürlicher Lebensraum: Lithophytische Art in 1300 bis 1200 m in sehr feuchten Regionen. Sie wächst zwischen krautigen Pflanzen im Schatten großer Bäume an den Berg- oder Felshängen auf der Ostseite.
Blütezeit: Winter bis Frühling
Kultur: Im kalten Gewächshaus. Im Herbst die Lichtintensität erhöhen und in größeren Abständen gießen.
Schwierigkeit der Kultur: Einfach
Pflanzengröße: Miniatur-Pflanze, Blattspannweite 20 cm
Blütengröße: 7 bis 8 cm lang

Paphiopedilum armeniacum ▲ 6

7 ▲ *Paphiopedilum bellatulum*

Paphiopedilum fairieanum ▲ 8

9 ▲ *Paphiopedilum delenatii*

Blütenzahl pro Blütenstand: 1
Länge des Blütenstands: 20 cm
Ähnlich zu kultivierende Art: *P. charlesworthii* Bild 3

• *Paphiopedilum henryanum* Bild 10 (Vietnam, China)
Natürlicher Lebensraum: Lithophytische Art in 600 bis 1400 m Höhe in halb-immergrünen Wäldern. Sie wächst zwischen krautigen Pflanzen im Schatten großer Bäume an den Berg- oder Felshängen auf der Ostseite.
Blütezeit: Herbst bis Winter
Kultur: Diese entzückende kleine Art, die 1987 entdeckt wurde, wird in einem temperierten Gewächshaus kultiviert.
Schwierigkeit der Kultur: Sehr einfach
Pflanzengröße: Miniatur-Pflanze, Blattspannweite 20 bis 25 cm
Blütengröße: 6 bis 7 cm lang
Blütenzahl pro Blütenstand: 1
Länge des Blütenstands: 16 cm
Besonderheit: Besonders blühfreudig

• *Paphiopedilum glaucophyllum* (Java, Sumatra)
Natürlicher Lebensraum: Lithophytische Art in vulkanischen Gebieten. Sie wächst in 200 bis 700 m Höhe in schattigen Bereichen, wo es das ganze Jahr über viel regnet.
Blütezeit: Unterschiedlich
Kultur: In einem temperierten Gewächshaus mit hoher Luftfeuchtigkeit (75 bis 85 %) und guter Luftbewegung. Blütenstände erst abschneiden, wenn sie vertrocknet sind.
Schwierigkeit der Kultur: Sehr einfach
Pflanzengröße: Blattspannweite 30 bis 40 cm
Blütengröße: 8 bis 9 cm lang
Blütenzahl pro Blütenstand: 15 bis 20 Blüten nacheinander
Länge des Blütenstands: 30 cm, wird nach und nach länger.
Ähnlich zu kultivierende Arten: *P. victoria-regina*, *P. chamberlainianum* Bild 11, *P. glaucophyllum* var. *moquettianum*.

• *Paphiopedilum rothschildianum* Bild 12 (Wächst nur an den Hängen von Mount Kinabalu auf Borneo, ist deshalb sehr wertvoll.)
Natürlicher Lebensraum: Terrestrische oder halb-epiphytische Art, die in den humusbedeckten Astgabeln von Bäumen in 600 bis 1200 m Höhe wächst. Sie mögen vor allem Hanglagen und die Nähe von Wasserfällen, wo sie starkem Licht ausgesetzt sind.
Blütezeit: Frühling bis Sommer
Kultur: Im Sommer und Herbst in einem temperierten Gewächshaus. Um die Blütenbildung anzuregen, die Pflanze im Winter und im Frühjahr in einem Kalthaus ziehen; dabei die Wassergaben reduzieren (das Substrat soll leicht feucht bleiben) und die Pflanze höher platzieren, damit sie möglichst viel Licht bekommt. Im Hängetopf kultivieren.
Schwierigkeit der Kultur: Diese Art wächst sehr langsam, sodass jeder Trieb zwei bis drei Jahre braucht, um Blütenreife zu erlangen. Das bedeutet, dass die Pflanze selten jedes Jahr blüht und sie erst geteilt werden darf, wenn sie mindestens 12 bis 13 voll entwickelte Triebe
Pflanzengröße: Große Pflanze, Blattspannweite bis 100 cm
Blütengröße: 24 bis 30 cm
Blütenzahl pro Blütenstand: 2 bis 4
Länge des Blütenstands: 45 cm
Besonderheit: Wegen des hohen Kaufpreises und der Seltenheit ist es schwierig, eine ausgewachsene Pflanze dieser Art zu kaufen. Junge Pflanzen sind erschwinglich und entwickeln sich in 8 bis 10 Jahren zu einem schönen Exemplar, das viel Freude bereiten wird.

• *Paphiopedilum sukhakulli* (Nordostthailand)
Natürlicher Lebensraum: Terrestrische Art in 250 bis 1500 m Höhe. Sie bevorzugt schattige Flussufer.
Blütezeit: Hauptsächlich im Herbst, aber auch im Frühling
Kultur: Im temperierten Gewächshaus
Schwierigkeit der Kultur: Einfach
Pflanzengröße: Blattspannweite 30 bis 40 cm
Blütengröße: 10 bis 20 cm breit
Blütenzahl pro Blütenstand: 1
Länge des Blütenstands: 25 cm
Besonderheit: Die Blätter sind stark gefleckt und die Sepalen stark gepunktet, was diese Art besonders hervorhebt; aus diesem Grund wurde sie oft gekreuzt.
Ähnlich zu kultivierende Arten: *P. callosum*, *P. barbatum* Bild 5, *P. wardii*

Paphiopedilum henryanum ▲ 10

Paphiopedilum chamberlainianum ▲ 11

12 ▲ *Paphiopedilum rothschildianum*

Peristeria

Die Vertreter dieser Gattung sind meist nur als Jungpflanzen erhältlich. Doch die Geduld, die ihre Kultur erfordert, bevor die ersten Blüten erscheinen, wird durch deren außergewöhnliche Schönheit reichlich belohnt.

Pflanzen-beschreibung

Schwierigkeit der Kultur: Außerhalb eines Gewächshauses oder eines Wintergartens schwierig

Geografische Verbreitung: Panama, Costa Rica, Kolumbien, Venezuela, Ecuador, Peru, Guyana, Brasilien
Artenzahl: Etwa 6
Natürlicher Lebensraum: Epiphytische oder terrestrische Arten in warmen, feuchten, dichten Wäldern in 0 bis 800 m Höhe
Wuchsform: Sympodial wachsende Orchideen mit großen Pseudobulben. Manche Arten (P. elata) sind halb-immergrün.
Duft: Bei einigen Arten
Blütezeit: Spätwinter, Frühling, Sommer
Blühdauer: Sechs bis 12 Wochen

Kultur

Die Pflanzen brauchen sieben bis acht Jahre, bis sie das erste Mal blühen.
Licht: Viel Licht, aber keine direkte Sonne während der warmen Tageszeit von Februar bis November. Im Winter ist die Südseite zu bevorzugen.
Temperatur: Warm; 18 bis 30 °C am Tag, 16 bis 25 °C in der Nacht (Unterschied Tag und Nacht 4 bis 6 °C)
Kultur im Freien: Vom 1. Juni bis 20. August, wenn die Nächte warm genug sind; bei Pflanzen, die im Gewächshaus oder im Wintergarten wachsen, nicht erforderlich. Jungtriebe vor Regen und Schädlingen schützen.
Wasser: Kalkfrei
Gießen: Während der Entwicklung der Pseudobulben regelmäßig und ausgiebig gießen, damit das Substrat stets feucht ist. Nach Ende der Wachstumszeit und der Blüte bei einigen Arten (P. elata) in größeren Abständen wässern oder das Gießen einstellen.
Ruheperiode: Bei ausgewachsener P. elata
Luftfeuchtigkeit: 80 bis 85 % bei guter Luftbewegung
Umpflanzen: Ausgewachsene Pflanzen alle zwei bis drei Jahre, wenn die Neutriebe erscheinen, Jungpflanzen alle ein bis zwei Jahre umtopfen.

Substrat: 60 % mittelgrobe Rinde, 20 % Sphagnum und 20 % Blähton
Düngung: Das ganze Jahr über einen ausgewogenen Volldünger verabreichen, im Wachstum bei jeder zweiten, später bei jeder dritten Wassergabe. Während der Ruheperiode nicht mehr düngen.
Besondere Anmerkungen: Jungtriebe nicht benetzten, da sie leicht faulen.

Für eine abwechslungs-reiche Sammlung

• *Peristeria elata* Bild 2 (Kolumbien, Costa Rica, Venezuela, Ecuador, Panama)
Diese Spezies ist die Nationalblume Panamas.
Natürlicher Lebensraum: Terrestrische Art in 0 bis 600 m Höhe. Sie wächst am Rand sommergrüner Wälder, im Winter an der prallen Sonne, im restlichen Jahr im Halbschatten.
Blütezeit: Sommer
Kultur: Wie oben, aber ausgewachsene Exemplare legen eine Vegetationsruhe ein. Während dieser Zeit ein bis zwei Monate lang das Substrat zwischen den Wassergaben austrocknen lassen, dann das Gießen einstellen, bis ein neuer Trieb erscheint. Ansonsten bei großer Hitze drei- bis viermal in der Woche wässern. Die ausgereiften Pseudobulben werden ballgroß.
Schwierigkeit der Kultur: Mittel
Pflanzengröße: Bis 135 cm
Blütengröße: Etwa 7 bis 8 cm
Blütenzahl pro Blütenstand: 10 bis 20
Länge des Blütenstands: 100 bis 130 cm
Duft: Fruchtig oder würzig
Besonderheit: Der Blütenstand erscheint fast gleichzeitig mit dem neuen Trieb.
• *Peristeria pendula* Bild 1 (Kolumbien, Guyana, Peru, Brasilien, Venezuela, Ecuador)
Natürlicher Lebensraum: Epiphytische Art in warmen, feuchten Wäldern in 400 bis 800 m Höhe
Blütezeit: Spätwinter, Vorfrühling
Kultur: Wie oben, aber ohne Ruheperiode
Schwierigkeit der Kultur: Einfacher als bei P. elata
Pflanzengröße: 70 bis 90 cm
Blütengröße: Etwa 5 cm
Blütenzahl pro Blütenstand: 4 bis 8
Länge des Blütenstands: 18 bis 20 cm
Besonderheit: Die halboffene Form der Blüten

▲1 *Peristeria pendula*

Peristeria elata ▲ 2

▲1

Pescatorea

Eine hübsche Gattung, die sehr einfach zu kultivieren ist.
Die meisten Arten bringen große duftende Blüten hervor.

Pflanzen-beschreibung

Schwierigkeit der Kultur: Sehr einfach, auch bei Zimmerkultur

Geografische Verbreitung: Costa Rica, Panama, Kolumbien, Ecuador
Artenzahl: 6
Natürlicher Lebensraum: Ausschließlich epiphytische Orchideen in regenreichen, dichten Wäldern in mittleren Lagen (850 bis 1700 m)
Wuchsform: Sympodial wachsende Pflanze ohne Pseudobulben, die rasch zahlreiche Blätter bildet, die oft fächerartig angeordnet sind. Mehrere Blütenstände, die jeweils nur eine große wachsartige, duftende Blüte tragen.
Pflanzengröße: 25 bis 40 cm hoch
Blütengröße: 7,5 bis 9 cm
Blütenzahl pro Blütenstand: 1
Länge des Blütenstands: 35 bis 40 cm
Duft: Sehr angenehm (etwas säuerlich)
Blütezeit: Sommer und Herbst
Blühdauer: Drei bis vier Wochen

Kultur

Licht: Sie brauchen wenig Licht und mögen direkte Sonne während der warmen Tageszeit von Mitte Februar bis Mitte November überhaupt nicht. Die Nordseite ist nur im Sommer geeignet.

▲1 *Pescatorea lamellosa*

Temperatur: Warm; 20 bis 26 °C am Tag, 18 bis 19 °C in der Nacht (Unterschied Tag und Nacht 3 bis 4 °C)
Kultur im Freien: Nicht unbedingt erforderlich; vom 1. Juli bis 15. August, wenn die Höchst- und Mindesttemperaturen eingehalten werden, möglich. Die Pflanze vor Regen schützen.
Wasser: Kalkfrei
Gießen: Das ganze Jahr über regelmäßig gießen, damit das Substrat leicht feucht bleibt. Da die Pflanzen keine Speicherorgane besitzen, vertragen sie keine Trockenheit. Im Winter die Wassergaben der Lichtintensität und der Temperaturen der Umgebung anpassen. Jungtriebe und Blüten nicht benetzen, da die Ersteren leicht faulen und die Letzteren fleckig werden.
Ruheperiode: Keine
Luftfeuchtigkeit: 80 bis 85 % mit Luftbewegung
Umpflanzen: Alle zwei Jahre, wenn die Neutriebe erschienen, umtopfen. Sie haben es gerne bequem in ihrem Topf und leiden, wenn die Wurzeln nicht genug Platz haben.
Substrat: Durchlässiges Substrat mittlerer Körnung, das Feuchtigkeit hält; 60 % Kiefernrinde, 20 % Sphagnum, 20 % Blähton
Düngung: Das ganze Jahr über einen ausgewogenen Volldünger verabreichen, im Frühjahr und Sommer bei jeder zweiten, im Herbst und Winter bei jeder dritten Wassergabe.
Besondere Anmerkungen: Sie sind in einer milden Umgebung einfach zu kultivieren, wo sie keinem grellen Licht und keinen zu niedrigen oder zu hohen Temperaturen ausgesetzt sind.

Pescatorea cerina ▲2

Phaius

Eine Gattung, die einfach zu kultivieren ist. Die Arten sind von ebenso großer Vielfalt wie ihre geografische Verbreitung.

Pflanzenbeschreibung

Schwierigkeit der Kultur: Einfach

Geografische Verbreitung: Afrika, Madagaskar, Ostasien, China, Australien, Indien, Philippinen und die meisten Pazifikinseln
Artenzahl: Etwa 30
Natürlicher Lebensraum: Ein epiphytische Art (*P. epiphyticus*), sonst terrestrische oder lithophytische Orchideen dichter Wälder in unterschiedlich hohen Lagen
Wuchsform: Große oder mittelgroße Pflanzen mit Pseudobulben, die an der Basis rundlich sind und an denen seitlich die Blütenstände entspringen. Das dichte Laub bietet einen schönen Anblick.
Duft: Manchmal
Blütezeit: Unterschiedlich
Blühdauer: Vier bis fünf Wochen

Kultur

Licht: Sie brauchen nicht viel Licht. Im Frühjahr und Sommer müssen sie in den Mittagsstunden vor direkter Sonne geschützt und gut gelüftet werden.
Temperatur: Temperiert: 18 bis 25 °C am Tag, 13 bis 16 °C in der Nacht (Unterschied Tag und Nacht 8 bis 9 °C)
Warm: 20 bis 30 °C am Tag, 18 bis 25 °C in der Nacht (Unterschied Tag und Nacht 4 bis 5 °C)
Kultur im Freien: Für die Arten aus gemäßigten Breiten, die im Zimmer kultiviert werden, unbedingt erforderlich; 1. Juli bis 15. August im Schatten eines Baums.
Wasser: Kalkfrei
Gießen: Während der Wachstumsphase regelmäßig und ausgiebig, wenn die Pseudobulben ausgebildet sind, weniger häufig gießen (den Topf zwischen den Wassergaben leichter werden lassen).
Ruheperiode: Keine
Luftfeuchtigkeit: 60 bis 70 %
Umpflanzen: Alle zwei Jahre, wenn die Pflanze neue Triebe bildet, umtopfen.
Substrat: Substrat mittlerer Körnung, das durchlässig ist, aber etwas Wasser hält; 60 % Kiefernrinde, 20 % Sphagnum und 20 % Blähton
Düngung: Im Wachstum bei jeder zweiten, dann bei jeder dritten Wassergabe düngen. Im Winter keine Düngergabe.

Das ganze Jahr über einen ausgewogenen Dünger geben oder ab dem Erscheinen der jungen Triebe drei Monate lang einen stickstoffreichen, dann einen phosphor- und kaliumreichen Dünger verabreichen, um die Blütenbildung zu fördern

Für eine abwechslungsreiche Sammlung

• *Phaius tankervilleae* (Syn. *Gastrorchis tankervilleae*) (Asien, Pazifikinseln, Australien, Afrika)
Natürlicher Lebensraum: Terrestrische Art mit unterschiedlichem Standort
Blütezeit: Frühling
Kultur: Im Sommer in einem warmen, im Winter im temperierten Gewächshaus
Schwierigkeit der Kultur: Einfach
Pflanzengröße: 60 bis 150 cm hoch
Blütengröße: 10 bis 13 cm
Blütenzahl pro Blütenstand: 10 bis 15
Länge des Blütenstands: 60 bis 120 cm
Duft: Ja
• *Phaius françoisii* (Syn. *Gastrorchis françoisii*) (endemische Art auf Madagaskar)
Natürlicher Lebensraum: Terrestrische Art in den feuchten Wäldern von Zentralmadagaskar in 1200 bis 1600 m Höhe
Blütezeit: Sommer bis Herbst
Kultur: Temperiert
Schwierigkeit der Kultur: Einfach
Pflanzengröße: 60 cm hoch
Blütengröße: 10 bis 13 cm
Blütenzahl pro Blütenstand: 7 bis 12
Länge des Blütenstands: 35 bis 90 cm

▲ **1** *Phaius luteus*

▲ **2** *Phaius tankervilleae*

Phalaenopsis

Es gibt kaum einen Sammler, der seine Leidenschaft für Orchideen nicht einer *Phalaenopsis* verdankt. Diese Gattung ist prächtig, und die Anforderungen an ihre Kultur entsprechen den Bedingungen, die in unseren Häusern und Wohnungen herrschen.

▲ 1 *P. mariae*

Pflanzenbeschreibung

Schwierigkeit der Kultur: Sehr einfach; jeder kann *Phalaenopsis*-Arten kultivieren.

Geografische Verbreitung: Alle 46 Arten stammen aus dem asiatischen Raum (Indonesien, Philippinen, Borneo, Sumatra, Malaysia, Vietnam, Laos, Sarawak und Australien).
Natürlicher Lebensraum: Epiphytische Orchideen, die im Schatten von Bäumen wachsen; die meisten kommen in niedrigen Lagen (von 0 bis 400 m, manche in über 100 m Höhe) vor. Die Luftfeuchtigkeit ist immer ziemlich hoch und liegt bei 60 bis 90 %.

Phalaenopsis schilleriana ▲ 2

Wuchsform: Die Blätter sind dick, rundlich und erscheinen nicht sehr zahlreich. Je nach Art sind sie unterschiedlich gefärbt, manche sind sehr dekorativ (*P. schilleriana* Bild 2, *P. stuartiana*, *P. philippinense*). Die monopodial wachsende Orchidee entwickelt sich langsam und verzweigt sich nur selten. Die Blütenstände entspringen zwischen den Blättern an deren Ansatzstellen. In der Natur wachsen diese Pflanzen so auf den Bäumen, dass das Herz der Pflanze nach unten gerichtet ist. Diese natürliche Wuchsform verhindert, dass sich das Wasser auf den Blättern sammelt. Aus diesem Grund darf man nie die Blattoberseiten benetzen. Von unten sollte man die Blätter hingegen regelmäßig besprühen.
Blütezeit: Die Arten hauptsächlich im Frühling und Sommer, die Hybriden fast das ganze Jahr
Blühdauer: Bei den Hybriden zwei bis drei Monate, bei den Arten ein bis drei Monate

Kultur

Licht: *Phalaenopsis*-Arten mögen viel Licht, aber keine direkte Sonne während der heißen Tageszeit (11.00 bis 19.00 Uhr) von Februar bis November. Dennoch sind alle Standorte geeignet, sogar die Nordseite, wenn die Pflanzen nicht zusätzlich durch einen Baum o. ä. beschattet werden.
Temperatur: 22 bis 30 °C am Tag, 20 bis 25 °C in der Nacht (Unterschied Tag und Nacht 2 bis 5 °C). Die Temperaturen in unseren Wohnräumen sind ideal für diese Orchideen. Um sicher zu sein, dass Blütentriebe gebildet werden, sollten sie nachts um mindestens 5 °C niedriger sein als am Tag; dabei dürfen die Temperaturen aber nie unter 16 bis 18 °C liegen. Aus diesem Grund sollen die Pflanzen im Sommer nicht im Garten stehen.
Kultur im Freien: Nein
Wasser: Kalkfrei
Gießen: *Phalaenopsis*-Arten lieben Wasser und mögen es nicht, wenn sie unregelmäßig gegossen werden. Ihre dicken Wurzeln sind sehr aufnahmefähig und müssen prall bleiben. Je nach Temperatur, Licht, Größe des Topfes und der Qualität des Substrats variiert die Gießhäufigkeit zwischen drei und zehn Tagen. Das Substrat darf zwischen den Wassergaben nicht völlig austrocknen, aber der Topf sollte deutlich leichter werden.
Ruheperiode: Keine
Luftfeuchtigkeit: Manche Arten, vor allem die kleinen, brauchen eine durchschnittliche Luftfeuchtigkeit von 60 bis 90 %. Tägliches Übersprühen der Blattunterseiten am Morgen sind das ganze Jahr über erforderlich, besonders im Winter und im Sommer, es sei denn, die Pflanzen stehen auf einem mit Wasser gefüllten Behälter. Die Hybriden sind nicht so anspruchsvoll, 60 bis 70 %ige Luftfeuchtigkeit ist für sie ausreichend.

Die kleinsten Arten: *P. gibbosa, P. lowii, P. parishii, P. wilsonii*
Die größten Arten: *P. gigantea*
Die kleinsten Blüten: *P. gibbosa, P. lowii, P. parishii, P. wilsonii*
Stark duftende Arten: *P. violacea, P. bellina, P. wilsonii*

Phalaencpsis amboinensis ▲ **4**

Umpflanzen: Alle zwei Jahre im Frühjahr oder Sommer außerhalb der Blütezeit (sofern die Blütenstände sich nicht am Anfang ihre Entwicklung befinden). Viele Anfänger schrecken vor dem Umtopfen zurück, aber je länger man wartet, umso mehr wird die Pflanze unter dieser unbedingt notwendigen Maßnahme leiden. Viele dieser Orchideen blühen ununterbrochen, was das Umtopfen erschwert, aber auch die Pflanze erschöpft. Daher müssen die Blütentriebe ganz weggeschnitten werden, um die Pflanzen umtopfen zu können; nur so überstehen sie das stressige Umtopfen ohne Probleme.

Bei der Wahl des neuen Gefäßes ist die Wasserdurchlässigkeit entscheidend, denn Staunässe sollten sie unbedingt vermeiden. Töpfe aus Kunststoff haben den Vorteil, dass Sie weniger gießen müssen.

Substrat: Entweder ein Subtrat aus 80 % Kiefernrinde und 20 % Blähton oder eines aus 70 % Kiefernrinde, 10 % Blähton und 20 % Sphagnum

Düngung: Das ganze Jahr über einen ausgewogenen Volldünger geben, entweder im Gießwasser oder durch Übersprühen der Blattunterseiten; vom Frühjahr bis Herbst bei jeder zweiten Wassergabe, im Winter bei jeder dritten Wassergabe düngen. Im August und September einen phosphor- und kaliumreichen Dünger geben, um die Entwicklung von Blütentrieben zu fördern.

Für eine abwechslungsreiche Sammlung

• *Phalaenopsis amabilis* Bild 5 (Java, Borneo, Australien, Celebes, Neuguinea)
Zweifellos eine der blühfreudigsten Arten; eine ausgewachsene Pflanze kann bis zu 5 oder 6 Blütenstände auf einmal hervorbringen und länger als sechs Monate blühen.
Natürlicher Lebensraum: Epiphytische Orchidee, die oft einige Meter vom Meer entfernt wächst. Sie hält die Gischt aus.
Blütezeit: Dezember bis April
Kultur: Warm, wenig Licht und 70 bis 80 % Luftfeuchtigkeit
Pflanzengröße: 40 bis 50 cm Blattspannweite
Blütengröße: 6 bis 10 cm
Länge des Blütenstands: 50 bis 100 cm
• *Phalaenopsis amboinensis* Bild 4 (Indonesien)
Natürlicher Lebensraum: Epiphytische Orchidee, die auf der Insel Amboina endemisch ist.
Blütezeit: Das ganze Jahr mit Höhepunkt im Sommer
Kultur: Sie mag es warm, braucht wenig Licht und eine Luftfeuchtigkeit von 75 bis 80 % (sie mag trockene Luft und Wasser auf den Blättern überhaupt nicht). Schneiden Sie vertrocknete Blütenstände nicht ab, da die neuen Blütentriebe immer nur auf den alten entwickelt werden.
Pflanzengröße: 35 bis 45 cm Blattspannweite

Häufige Fragen

Soll man alte Blütenstände entfernen?
Die Blütenstände der Hybriden und der meisten Arten müssen nach der Blüte abgeschnitten werden. Manchen Arten hingegen (*P. cornu-cervi, P. violacea, P. bellina*) blühen viele Jahre lang an den alten Blütentrieben wieder und dürfen daher nicht abgeschnitten werden, wenn sie vertrocknen.

Wo und wie werden die Blütenstände abgeschnitten?
Man schneidet sie über dem zweiten oder dritten Auge oberhalb der Basis mit einer Schere (mit Alkohol desinfizieren) ab. In 80 Prozent der Fälle erscheint ein Blütentrieb oberhalb eines der Augen, bei den restlichen 20 Prozent vertrocknet dieser und die Pflanze bildet einen neuen aus. Nach dessen Blüte wird der Haupttrieb abgeschnitten, damit die Pflanze sich nicht verausgabt.

Ist es normal, dass an einem Blütenstand Blätter erscheinen?
Das kann vor allem dann passieren, wenn der Sommer sehr heiß war oder der Dünger sehr stickstoffreich ist. Es handelt sich um kleine Pflänzchen, die man als Keikis oder Kindel bezeichnet. Diese müssen abgetrennt werden, wenn sie 3 oder 4 cm lange Wurzeln haben, um sie wieder einzutopfen. Diese Nachkommen bringen Blüten hervor, die mit denen der Mutterpflanze identisch sind. Bei einigen Arten wie *P. lueddemaniana* ist dieses Phänomen recht häufig, bei den Hybriden etwas seltener.

Ist es normal, dass meine Phalaenopsis unaufhörlich blüht?
Um diese Frage richtig beantworten zu können, muss man wissen, ob die Pflanze neue Blütentriebe bildet oder die Blüten immer an der Spitze des ersten Blütenstands erscheinen. Viele schneiden den Blütentrieb nicht schnell genug ab und lassen ihm so Zeit, an der Spitze neue Knospen zu bilden. Diese Blüten sind mit Sicherheit nicht besonders spektakulär, da sie immer kleiner werden und die Pflanze sich schnell erschöpft. Daher müssen die Blütenstände regelmäßig abgeschnitten werden, damit die Pflanze neue kräftige Blütentriebe bildet, die immer üppig blühen.

Phalaenopsis amabilis ▲ **5**

Blütengröße: 4 bis 5 cm
Länge des Blütenstands: 15 bis 20 cm
Duft: Angenehm und unaufdringlich
Besonderheit: Einige wenige wachsartige, duftende Blüten an jedem Blütenstand. Ältere Pflanzen bilden mehrere Blütentriebe und entwickeln oft Keikis.
Die Blütenfärbung ist von Pflanze zu Pflanze unterschiedlich; manche haben gelbe Blüten mit rotbraunem Muster (die häufigste Form), andere cremeweiße Blüten mit ebenfalls rotbraunem Muster.
• *Phalaenopsis bellina* (Syn. *Phalaenopsis violacea* 'Borneo') Bild 6 (Malaysia, Borneo)
Bellina stammt von dem lateinischen Wort „bellus" ab und bedeutet sehr schön. Es beschreibt die Pracht dieser *Phalaenopsis* ganz genau, deren Schönheit für viele Sammler außergewöhnlich ist. Wenn sich ihre Blüten auf dem kurzen Stämmchen öffnen, scheinen sie auf den Blättern oder auf dem Topf zu liegen.
Natürlicher Lebensraum: Epiphytische Orchidee, die in 0 bis 1000 m Höhe wächst.
Blütezeit: Sommer, Herbst
Kultur: Sie hat es gerne warm, mag zu viel Licht und Wasser auf den Blättern nicht. Aufgebunden gedeiht sie in einer feuchten Umgebung gut.
Pflanzengröße: 30 bis 40 cm
Blütengröße: 5 bis 6 cm
Länge des Blütenstands: 15 bis 20 cm
Duft: Zauberhaft!
Besonderheit: Die Blüten öffnen sich zu Zweien nacheinander. Ein Blütenstand kann bis zu fünf Blüten hervorbringen und darf nur abgeschnitten werden, wenn die Blüten vertrocknet sind.
• *Phalaenopsis celebensis* Bild 9 (Celebes)
Zweifellos die *Phalaenopsis*-Art, deren Blüten von unvergleichlicher Originalität sind.
Natürlicher Lebensraum: Epiphytische Orchidee
Blütezeit: Sommer
Kultur: Sie liebt es warm und feucht, mag keine trockene Luft und bevorzugt eine Kultur auf Unterlage.
Pflanzengröße: 30 bis 40 cm Blattspannweite
Blütengröße: Schwierig genau anzugeben wegen der einzigartigen Blütenform dieser Gattung, aber etwa 2,5 cm. Sie erscheinen sehr zahlreich.
Länge des Blütenstands: 40 bis 45 cm

Besonderheit: Diese Art trägt sehr schönes dunkelgrünes Laub, das silbrig gezeichnet ist. Ihre Blütenstände hängen so herab, wie man es bei keiner anderen *Phalaenopsis*-Art findet. Auch die Anordnung der Blüten sind ungewöhnlich: Sie sind nicht beiderseits des Blütenstands angeordnet, sondern versetzt. Das Laub ist anfällig, da der Blattansatz dünn und brüchig ist; die Blätter können bei der geringsten Erschütterung abbrechen.
• *Phalaenopsis cochlearis* (Borneo, Sarawak)
Natürlicher Lebensraum: Manchmal epiphytische, aber meist lithophytische Orchidee, die in 600 bis 700 m Höhe wächst.
Blütezeit: Herbst, manchmal Frühling
Kultur: Wegen ihrer Herkunft mag sie zu hohe Temperaturen nicht. Ideal sind 20 bis 25 °C am Tag, 16 bis 18 °C in der Nacht (Unterschied Tag und Nacht mindestens 5 °C). Zu grelles Licht führt zu einem abnormen Verblassen der ursprünglich hellgrünen Blätter. Auch braucht sie eine feuchte Umgebung (80 bis 85 % Luftfeuchtigkeit) und ein Substrat aus Rinde und Sphagnum, dem entsprechend des Naturstandorts etwas Kalk beigemischt wird.
Pflanzengröße: 25 bis 30 cm
Blütengröße: 4 cm
Länge des Blütenstands: 30 bis 40 cm
Besonderheit: Blüten nicht sehr zahlreich; ihre Farbe variiert von Blassgelb bis Blassgrün. Alle haben braune Balken auf den Petalen rund um die Säule.
• *Phalaenopsis cornu-cervi* Bild 8 (Indien, Java, Thailand, Borneo, Sarawak)
Der Name dieser Art beschreibt die herrliche Form der Blütenstände, die an ein „Hirschgeweih" erinnert.
Natürlicher Lebensraum: Sehr verbreitete epiphytische Orchidee, die in niedrigen Lagen wächst.
Blütezeit: Frühling, Sommer; bei älteren Pflanzen das ganze Jahr
Kultur: Diese warm kultivierte *Phalaenopsis* braucht nicht sehr viel Luftfeuchtigkeit, etwa 55 bis 75 %. Da sie ziemlich dicke Blätter hat, braucht sie etwas mehr Licht als andere Arten. Die Nordseite ist nur geeignet, wenn die Pflanze weit genug entwickelt ist.
Pflanzengröße: 25 bis 35 cm Blattspannweite
Blütengröße: 2,5 bis 3 cm
Länge des Blütenstands: 40 cm; Blütenstände von ausgewachsenen Pflanzen verzweigen sich.
Besonderheit: Der Blütenstand ist an der Spitze geteilt und flach.
• *Phalaenopsis gigantea* (Syn. *Polychilos gigantea*) Bild 7, 10 (Borneo)
Diese *Phalaenopsis* ist die größte Spezies der Gattung. Alte Pflanzen findet man fast nur am Naturstandort. In Kultur sind alte Exemplare eine Rarität.

▲6

▲**7** *Phalaenopsis gigantea* var. *samarinda*

Phalaenopsis cornu-cervi ▲ 8

Phalaenopsis celebensis ▲ 9

10 ▲ *phalaenopsis gigantea*

Natürlicher Lebensraum: Epiphytische Art, die in 0 bis 400 m Höhe wächst.
Blütezeit: Frühling und Sommer
Kultur: Feucht und warm; zu viel Licht schadet ihr.
Pflanzengröße: Große Pflanze; ausgewachsen 1 bis 2 m Blattspannweite
Blütengröße: 5 cm
Länge des Blütenstands: 40 cm; Blütenstände von ausgewachsenen Pflanzen verzweigen sich.
Duft: Unaufdringlich
Besonderheit: Bei älteren Pflanzen werden die Blätter so lang, dass sie überhängen. Aus diesem Grund haben die Bewohner Borneos dieser Art den Namen „Elefantenohren" gegeben. Die Blüten öffnen sich gleichzeitig.

• *Phalaenopsis lindenii* Bild 12 (Philippinen)
Natürlicher Lebensraum: Epiphytische Art, die in 1500 m Höhe wächst.
Blütezeit: Frühling, Sommer
Kultur: Ist eine Ausnahme innerhalb der Gattung, da diese Art in einer kühlen bis temperierten Umgebung kultiviert wird.
Pflanzengröße: 40 bis 50 cm Blattspannweite
Blütengröße: 3 bis 4 cm
Länge des Blütenstands: 25 bis 30 cm
Besonderheit: Attraktives marmoriertes Laub

• *Phalaenopsis parishii* (Himalaya, Indien)
Natürlicher Lebensraum: Epiphytische Art, die in 500 m Höhe wächst.
Blütezeit: Spätwinter, Vorfrühling
Kultur: Diese Art wird in einer warmen und sehr feuchten Umgebung (80 bis 85 % Luftfeuchte) kultiviert, bevorzugt aufgebunden.
Pflanzengröße: 15 bis 20 cm
Blütengröße: 2 cm
Länge des Blütenstands: 15 bis 20 cm
Besonderheit: Kleine Lippe, die sich bewegt, wenn man die Pflanze berührt. Dadurch entsteht der Eindruck, als spräche die Pflanze.

• *Phalaenopsis philippinensis* Bild 11 (Philippinen)
Mit ihren hübsch gefleckten Blättern, dem bunten Augenfleck auf der goldgelben Lippe, ihren perlmuttfarbenen Blüten, die wie aus Porzellan wirken, und ihren verzweigten Blütenständen ist sie eine der prächtigsten Spezies.
Natürlicher Lebensraum: Epiphytische Art, die in den Wäldern von Sierra Madre auf den Philippinen wächst (kühl gemäßigte Region).
Blütezeit: Frühling
Kultur: Trotz der Bedingungen ihrer Heimat gedeiht diese Art bevorzugt in einer warmen und feuchten Umgebung.
Pflanzengröße: 40 bis 50 cm Blattspannweite
Blütengröße: 6,5 bis 8 cm
Länge des Blütenstands: 60 bis 120 cm
Besonderheit: Ältere Pflanzen bringen sehr viele Blüten hervor (100 pro Blütenstand), die sich gleichzeitig öffnen.

• *Phalaenopsis equestris* Bild 15 (Philippinen, Taiwan)
Die Art ist bekannt dafür, dass sie sehr einfach zu kultivieren ist.
Natürlicher Lebensraum: Epiphytische Art, die in 0 bis 300 m Höhe wächst.
Blütezeit: Fast das ganze Jahr
Kultur: Keine Besonderheiten in der Kultur, außer dass die Blätter sehr leicht Flecken bekommen, wenn sie benetzt werden oder die Umgebung feucht und schlecht gelüftet ist.
Pflanzengröße: 30 bis 40 cm Blattspannweite
Blütengröße: 2,5 bis 4 cm
Länge des Blütenstands: 30 bis 50 cm
Besonderheit: Die Blütenfarbe variiert von Sorte zu Sorte. *Phalaenopsis equestris rosea* Bild 14 ist heute sehr verbreitet, nachdem sie eine Zeitlang seltener geworden war.

• *Phalaenopsis wilsonii* Bild 13 (China und Osttibet)
Eine der kleinsten *Phalaenopsis*-Arten.
Natürlicher Lebensraum: Epiphytische oder lithophytische Art, die in 800 bis 2000 m Höhe wächst. Am Naturstandort wirft sie im Winter ihre Blätter ab. In Kultur kommt es seltener vor, ist aber nicht ungewöhnlich.
Blütezeit: Frühling
Kultur: Sie gedeiht in temperierter Umgebung, lieber aufgebunden als im Topf, und braucht eine sehr feuchte Umgebung.
Pflanzengröße: 5 bis 10 cm Blattspannweite
Blütengröße: 4 cm
Länge des Blütenstands: 3 bis 6 cm
Duft: Sehr zart, ähnelt dem von Orangenblüten.

Phalaenopsis lindenii ▲12   **13**▲ *Phalaenopsis wilsonii*

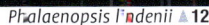

Phalaenopsis equestris var. *rosea* ▲14

Phragmipedium

Die meisten Arten und Hybriden dieser sehr beliebten Gattung sind einfach zu kultivieren und von einer erstaunlichen Schönheit.

▲ **1** *P. besseae*

Pflanzenbeschreibung

Schwierigkeit der Kultur: Die meisten Arten und Hybriden sind auch in einer Wohnung einfach zu kultivieren.

Geografische Verbreitung: Mittel- und Südamerika
Artenzahl: 14 bis 22! Bei dieser Gattung werden ständig neue Arten entdeckt, die letzten 1981 und 2002.
Natürlicher Lebensraum: Epiphytische, lithophytische oder terrestrische Orchideen; sie wachsen in sehr feuchten Regionen in 500 bis 3000 m Höhe, wo es das ganze Jahr reichlich und regelmäßig regnet. Sie bevorzugen Standorte in der Nähe von fließenden Gewässern, die während der heißen Zeit Kühlung bieten. Oft gedeihen sie an Felshängen, an denen Wasser herabfließt; ihre Wurzeln wachsen dort in einer Humusschicht.
Wuchsform: Die Pflanzenform variiert je nach Art, die man im Allgemeinen in drei Hauptgruppen einteilt:
– Arten mit großen und breiten, hellgrünen Blättern (40 bis 70 cm Blattspannweite)
– Arten mit mittelgroßen, hellgrünen Blättern (20 bis 30 cm Blattspannweite)
– Arten mit zarten, dunkelgrünen Blättern (20 bis 25 cm Blattspannweite)
Die Blüten der mehr oder weniger langen Blütenstände öffnen sich nacheinander. Die mehrere Wochen lang geöffnete Blüte fällt ab, ohne zu verwelken, wenn eine neue aufblüht. *P. caudatum* ist eine der seltenen Arten, die mehrblütige Blütenstände hervorbringen.
Duft: Nur bei *P. schlimii*
Blütezeit: Unterschiedlich
Blühdauer: Sechs bis 12 Wochen

Kultur

Licht: Diese Orchideen brauchen viel Helligkeit ohne direkte Sonne. Nur *P. besseae* und einige ihrer Hybriden fühlen sich an einem Nordfenster wohl. Lichtmangel führt dazu, dass die Pflanzen nicht blühen. Stark vergilbte Blätter deuten auf zu intensives Licht.
Temperatur: Temperiert; 18 bis 25 °C am Tag, 15 bis 15 °C in der Nacht (Unterschied Tag und Nacht 7 bis 8 °C)
Kultur im Freien: Bei Zimmerkultur erforderlich; 1. Juli bis 15. September, wenn die Nachttemperaturen nicht unter 15 °C fallen
Wasser: Kalkfrei
Gießen: Das ganze Jahr über regelmäßig gießen. Das Substrat darf niemals austrocknen. Die kleinen Härchen an den Wurzeln sind übermäßig entwickelt, was darauf hinweist, dass sie keine Trockenheit vertragen. Während der Wachstumsphase und Hitzeperioden kann der Topfboden 1 cm hoch im Wasser stehen.
Ruheperiode: Keine
Luftfeuchtigkeit: 60 bis 80 % mit Luftbewegung
Umpflanzen: Gesunde Pflanzen werden idealerweise jährlich umgetopft, am besten, wenn neue Triebe gebildet werden. Nicht während einer Hitzeperiode verpflanzen.
Substrat: Fein; 60 % Kiefernrinde, 30 % Sphagnum 10 % Blähton. Manche große Arten (wie *P. caudatum, P. longifolium*) bevorzugen ein Substrat von mittlerer Körnung.
Düngung: Das ganze Jahr über bei jeder dritten Wassergabe einen ausgewogenen Volldünger verabreichen. Bei *P. besseae* und ihren Hybriden keinen Blattdünger verwenden.
Besondere Anmerkungen: Durch das häufige Gießen wird das Substrat schneller abgebaut als bei anderen Orchideen, also können Sie ohne weiteres umtopfen, wenn das Substrat Ihnen stark verändert vorkommt.

Die größten Arten: *P. caudatum, P. sargentianum, P. walisii, P. boisserianum, P. longifolium*
Die kleinsten Arten: *P. basseae, P. schlimii, P. pearcei*
Die Arten mit den auffallendsten Blüten: *P. basseae, P. caudatum, P. boisserianum, P. lindenii*

Ethnobotanik
Aus manchen Arten hat man früher Klebstoff hergestellt.

Phragmipedium pearcei ▲ **2**

Für eine abwechslungs-reiche Sammlung

Die außergewöhnliche Art *P. kovachii* (oder *P. peruvianum*), die erst 2002 entdeckt wurde und wegen ihrer 15 cm breiten Blüten berühmt ist, wurde hier absichtlich nicht erwähnt, da zu der Zeit, in der dieses Buch entstand, noch keine ausgewachsenen Pflanzen aus einer in-vitro-Vermehrung (also legal kultiviert) existierten, die im Handel erhältlich sind. Aufgrund der Beschreibungen der Art und ihres natürlichen Standorts könnte man sie wie *P. basseae* kultivieren.

• *Phragmipedium basseae* Bild 1, 4 (Peru, Ecuador)
Eine der schönsten *Phragmipedium*-Arten, deren Lippe erstaunliche transparente Gelb-töne aufweist.
Natürlicher Lebensraum: Epiphytische oder lithophytische Orchidee in 1100 m Höhe. Man findet sie hauptsächlich an den östlichen Gebirgshängen in der Nähe von Wasserfällen oder Flüssen.
Blütezeit: Herbst bis Winter
Kultur: Temperiert; wenn die Temperatur der Umgebung über 28 °C steigt, den Schatten intensivieren, die Luftfeuchtigkeit und -bewegung erhöhen und mehr gießen.
Schwierigkeit der Kultur: Einfach
Pflanzengröße: 20 bis 30 cm Blattspannweite
Blütengröße: 6 bis 8 cm
Blütenzahl pro Blütenstand: 2 bis 6 Blüten öffnen sich nacheinander.
Länge des Blütenstands: 20 bis 30 cm
Besonderheit: Man unterschiedet zwei Formen von *P. basseae*: die aus Peru mit horizontalen Petalen und orangeroten Blüten und die aus

Ecuador mit leicht überhängenden Petalen und dunkelroten Blüten. Es gibt auch eine Varietät mit gelben Blüten.

• *Phragmipedium schlimii* (endemische Art in Kolumbien)
Natürlicher Lebensraum: Lithophytische Spezies an Felshängen auf der Ost- oder Westseite; manchmal terrestrisch in 1300 bis 1800 m Höhe
Blütezeit: Vor allem im Frühling
Kultur: Temperiert; wenn die Temperatur der Umgebung über 30 °C steigt, den Schatten intensivieren, die Luftfeuchtigkeit und -bewegung erhöhen und mehr gießen.
Schwierigkeit der Kultur: Einfach
Pflanzengröße: 20 bis 25 cm Blattspannweite
Blütengröße: 4 bis 5 cm
Blütenzahl pro Blütenstand: 2 bis 6 Blüten öffnen sich nacheinander.
Länge des Blütenstands: 30 cm
Duft: Unaufdringlich
Besonderheit: Die Farbintensität der Blüten variiert von einem sehr blassen Rosa, fast Weiß, bis zu einem kräftigen Rosa.

• *Phragmipedium caudatum* Bild 3 (Kolumbien, Peru, Bolivien)
Natürlicher Lebensraum: Ausschließlich lithophytische Art in 2000 bis 3000 m Höhe
Blütezeit: Herbst
Kultur: Temperiert; verwenden Sie ein mittelgrobes Substrat, um die Durchlässigkeit zu erhöhen; im Winter in größeren Abständen gießen.
Schwierigkeit der Kultur: Mittel
Pflanzengröße: 50 bis 70 cm
Blütengröße: Man spricht vor allem von der Länge der Petalen, die zunächst 15 cm lang sind und in den folgenden 4 bis 10 Tagen länger werden und eine Länge von bis zu 75 cm erreichen können.
Blütenzahl pro Blütenstand: 2 bis 4 Blüten öffnen sich fast gleichzeitig.
Länge des Blütenstands: 40 bis 50 cm
Besonderheit: Stellen Sie die Pflanze zu Beginn der Blüte auf einen Dreifuß oder auf eine Säule, um die Entwicklung der Petalen nicht zu behindern.

• *Phragmipedium longifolium* Bild 5 (Costa Rica, Panama, Ecuador, Kolumbien)
Natürlicher Lebensraum: Lithophytische Art in 500 bis 2300 m Höhe, in der Nähe von Flüssen und Wasserfällen auf moosbedeckten Granitfelsen
Blütezeit: Herbst bis Winter; fast ununterbrochene Blüte
Kultur: Temperiert
Schwierigkeit der Kultur: Einfach
Pflanzengröße: 50 bis 70 cm
Blütengröße: 6 bis 7,5 cm
Blütenzahl pro Blütenstand: 6 bis 12 Blüten öffnen sich nacheinander.
Länge des Blütenstands: 60 bis 90 cm

▲ 3

Phragmipedium 'Don Wimber' ▲ **4**

Phragmipedium longifolium ▲ **5**

Plectrelminthus

Eine Gattung mit nur einer Spezies, die spektakuläre Blüten trägt. Sie wird ähnlich kultiviert wie *Aerangis*-Arten, die viel Licht brauchen (z. B. *A. platyphylla*, *A. ellisii*).

Wuchsform: Kurzer Spross von 15 cm Höhe. Die zahlreichen Wurzeln können bis zu 1 cm dick sein. Die hängenden Blütenstände entspringen zwischen den Blättern.
Pflanzengröße: Mittelgroß; 30 bis 40 cm Blattspannweite
Blütengröße: 7 bis 8 cm
Länge des Sporns: 20 bis 22 cm
Länge des Blütenstands: 35 bis 60 cm
Duft: Ja
Blütezeit: Sommer bis Herbst
Blühdauer: Vier bis sechs Wochen

Kultur

Licht: Sie braucht viel Licht (Südseite) ohne direkte Sonne in den heißen Mittagsstunden von Mitte Februar bis Mitte November.
Temperatur: Warm; 22 bis 33 °C am Tag, 18 bis 25 °C in der Nacht (Unterschied Tag und Nacht 2 bis 3 °C)
Kultur im Freien: Vom 1. Juli bis 15. August möglich, wenn die Nachttemperaturen nicht unter 18 °C fallen.
Wasser: Kalkfrei
Gießen: Das ganze Jahr über regelmäßig gießen (der Topf soll zwischen den Wassergaben leichter werden). Im Winter, wenn das Licht schwächer ist, und die Temperaturen nicht hoch sind, in größeren Abständen wässern.
Ruheperiode: Keine
Luftfeuchtigkeit: 80 bis 85 % bei guter Luftbewegung
Umpflanzen: Alle zwei Jahre und nur, wenn die Pflanze neue Wurzeln ausbildet, umtopfen. Zu lange Wurzeln werden eingekürzt, damit die Pflanze Platz im neuen Topf hat. In einer sehr feuchten Umgebung wächst diese Art auch aufgebunden problemlos.
Substrat: Mittlere Körnung; 80 % Kiefernrinde, 20 % Blähton
Düngung: Das ganze Jahr ausgewogen düngen, im Frühjahr und Sommer bei jeder zweiten, im Herbst und Winter bei jeder dritten Wassergabe.

▲ 1 *Plectrelminthus caudatus*

Pflanzenbeschreibung

Schwierigkeit der Kultur: Im Gewächshaus mittel, als Zimmerkultur schwierig

Geografische Verbreitung: Kamerun, Guinea, Gabun, Elfenbeinküste, Liberia, Nigeria, Zaire
Artenzahl: 1; *P. caudatus*
Natürlicher Lebensraum: Epiphytische Orchidee, wächst in lichten, warmen und feuchten Wäldern, wo es das ganze Jahr regelmäßig regnet.

Pleurothallis

Pleurothallis ist eine der größten Orchidengattungen, aber auch eine der am wenigsten beachteten, da man oft eine Lupe braucht, um die Schönheit der Blüten beurteilen zu können. Die zahlreichen Arten tragen jedoch große herzförmige Blätter, deren Schönheit und Originalität an sich schon genügen. Viele der Arten sind außerdem sehr blühfreudig.

Pflanzenbeschreibung

Schwierigkeit der Kultur: Im Gewächshaus oder im Wintergarten bei hoher Luftfeuchte einfach

Geografische Verbreitung: Von Mexiko bis Argentinien mit Schwerpunkt in den Anden
Artenzahl: Etwa 900
Natürlicher Lebensraum: Epiphytische, manchmal lithophytische Orchideen in regenreichen, nebeligen, dichten Wäldern in mittleren Lagen. Sie wachsen das ganze Jahr unter sehr feuchten Bedingungen.
Wuchsform: Was die Größe der Pflanzen und Blüten betrifft, kann man eine große Vielfalt beobachten. Manche sind winzig und mit unzähligen Blüten bedeckt, während andere Arten große Blätter tragen, an denen einige sehr bunte Blüten erscheinen. Breite und dicke Blätter zeigen das Bedürfnis nach hoher Feuchtigkeit. Die langen oder kurzen Blütenstände tragen eine oder mehrere Blüten in unterschiedlichen Formen. Da sie keine Pseudobulben ausbilden, vertragen sie keine Trockenheit.
Duft: Bei einigen Arten
Blütezeit: Unterschiedlich
Blühdauer: Zwei bis drei Wochen

Kultur:

Sie brauchen hohe Feuchtigkeit und lassen sich daher in feuchten Regionen einfacher kultivieren.
Licht: Die meisten Arten brauchen ähnliche Lichtverhältnisse wie *Phalaenopsis*. Aber manche, insbesondere die mit kleinen, sehr dicken und runden Blättern, benötigen so viel Licht wie *Cattleya*.
Temperatur: Temperiert; 18 bis 25 °C am Tag, 12 bis 16 °C in der Nacht (Unterschied Tag und Nacht 6 bis 10 °C). Hohe Temperaturen mögen sie gar nicht. Bei über 25 °C im Sommer brauchen Sie einen Platz, der deutlich kühler ist und möglichst schattig. Sorgen Sie für hohe Luftfeuchtigkeit und viel Luftbewegung.
Kultur im Freien: In trockenen und warmen Regionen oder während der Hitzeperioden nicht zu empfehlen. Vom 1. Juli bis 15. August oder später nur möglich, wenn Höchst- und Mindesttemperaturen eingehalten werden.
Wasser: Kalkfrei
Gießen: Das ganze Jahr über regelmäßig gießen, damit das Substrat feucht bleibt, ohne jedoch aufzuweichen.
Ruheperiode: Keine
Luftfeuchtigkeit: 60 bis 70 %
Umpflanzen: Alle zwei Jahre beim Erscheinen von Neutrieben. Die Arten mit Blüten auf kurzen Stämmchen, die sich zwischen den Blättern entwickeln, blühen schlecht, wenn ihr Laub zu dicht wird. Wenn eine Pflanze mehr als 15 Triebe hat, sollte sie geteilt werden.
Die kleinen Arten gedeihen am besten aufgebunden, wenn man sie im Sommer sehr häufig gießen kann.

> **Die größten Arten:** *P. titan, P. phalangifera, P. lanceola*
> **Die kleinsten Arten:** *P. gelica, P. grobyi, P. lanceana, P. tribuloides*

▲ 1 *Pleurothallis pybyerophyllum*   2 ▲ *Pleurothallis peduncularis*

▲3 *Pleurothallis grobyi*

Substrat: Für kleine Arten feines, für die großen Arten mittleres Substrat; 60 % Kiefernrinde, 20 % Blähton und 20 % Spagnum. Es muss durchlässig sein, aber das Gießwasser halten.
Düngung: Das ganze Jahr über ausgewogen düngen, im Frühjahr, Sommer und Herbst bei jeder dritten Wassergabe. Im Winter nicht düngen.

• *Pleurothallis grobyi* Bild 3 (Mittel- und Südamerika bis Peru und Südbrasilien)
Natürlicher Lebensraum: Epiphyten in dichten, feuchten Wäldern in 0 bis 1500 m Höhe
Blütezeit: Frühling und Sommer
Kultur: Temperiert
Schwierigkeit der Kultur: Einfach; bevorzugt aufgebunden
Pflanzengröße: 5 bis 7 cm hoch
Blütengröße: 0,5 bis 0,75 cm
Blütenzahl pro Blütenstand: 4 bis 6
Länge des Blütenstands: 5 bis 15 cm
Besonderheit: Sie wächst schnell, ist blühfreudig und hat paddelförmige Blätter.
• *Pleurothallis tribuloides* Bild 4 (Mittelamerika und Antillen)
Natürlicher Lebensraum: Epiphyten in dichten, feuchten Wäldern in 500 bis 1500 m Höhe
Blütezeit: Hauptsächlich im Frühling und Sommer, aber auch im Herbst und Winter
Kultur: Temperiert
Schwierigkeit der Kultur: Einfach
Pflanzengröße: 5 bis 8 cm hoch
Blütengröße: 0,5 cm
Blütenzahl pro Blütenstand: 1 bis 4
Länge des Blütenstands: 2,5 cm
Besonderheit: Die Blühperiode erstreckt sich über mehrere Monate.

Pleurothallis tribuloides ▲4

Promenaea

Eine Gattung mit kleinen, aber blühfreudigen Arten.

Pflanzenbeschreibung

Schwierigkeit der Kultur: Einfach

Geografische Verbreitung: Endemische Gattung in Mittel- und Südbrasilien
Artenzahl: 15
Natürlicher Lebensraum: Im Allgemeinen epiphytische Arten, die in dichten, feuchten Wäldern in mittleren Lagen wachsen (1000 bis 1500 m).
Wuchsform: Kleine Pflanzen, die zahlreiche kleine zweiblättrige Pseudobulben bilden. Die Blütenstände entspringen an der Basis der neuesten Bulben. Die Blüten sind im Verhältnis zur Pflanze groß.
Pflanzengröße: 10 bis 12 cm hoch
Blütengröße: 4 bis 5 cm
Blütenzahl pro Blütenstand: 1
Länge des Blütenstands: 5 bis 8 cm
Blütezeit: Frühling
Blühdauer: Drei bis vier Wochen

Kultur

Licht: Sie mögen keine sehr helle Umgebung, in der sich ihre Blätter heller verfärben. Die Kultur in einem Gewächshaus, auf einer Veranda oder an einem Fenster auf der Nord- oder Ostseite ist ideal.
Kleiner Tipp für schöne Blüten: Wenn die Pflanze kräftig genug ist, um mehrere Blütenstände hervorzubringen (bei 10 bis 15 Pseudo-

bulben), drehen Sie sie regelmäßig, damit sie auf allen Seiten die gleiche Menge an Licht erhält und rundherum Blütentriebe bildet.
Temperatur: Temperiert; 18 bis 25 °C am Tag, 13 bis 16 °C in der Nacht (Unterschied Tag und Nacht 5 bis 10 °C). Wenn die Temperaturen über 26 °C liegen, muss die Luftfeuchtigkeit um die Pflanze herum hoch sein und die Luft gut zirkulieren.
Kultur im Freien: Bei trockener Luft nicht zu empfehlen.
Wasser: Kalkfrei
Gießen: Während der Wachstumsphase ausgiebig und regelmäßig gießen, damit das Substrat feucht bleibt; später in größeren Abständen wässern (der Topf soll zwischen den Wassergaben leichter werden), wobei die Pseudobulben nicht schrumpfen dürfen. Jungtriebe nicht benetzen, da sie leicht faulen.
Ruheperiode: Keine
Luftfeuchtigkeit: 70 bis 75 %
Umpflanzen: Alle zwei Jahre beim Erscheinen von Neutrieben umtopfen, aber nicht während Hitzeperioden.
Substrat: Feines, durchlässiges Substrat; 60 % Kiefernrinde, 20 % Blähton, 20 % Sphagnum. Die Kultur auf Unterlage ist möglich bei gleichmäßiger Luftfeuchtigkeit und regelmäßigen Wassergaben (im Sommer täglich wässern). In diesem Fall wird zwischen Pflanze und Unterlage ein Stück Sphagnum platziert.
Düngung: Das ganze Jahr über ausgewogen düngen, im Frühjahr und Sommer bei jeder zweiten, im Herbst und Winter bei jeder dritten Wassergabe.

▲ **1** *P. stapellioides × guttata*

Promenea xanthina ▲ **2**

Psygmorchis

Eine kleine Gattung mit durchweg kleinwüchsigen Arten. Im Gegensatz zu *Oncidium*, dem fälschlicherweise noch heute benutzten Gattungsnamen, unterscheiden sich *Psygmorchis*-Arten durch das Fehlen von Pseudobulben. Außerdem sind die Blätter am Spross fächerartig angeordnet.

Pflanzenbeschreibung

Schwierigkeit der Kultur: Im Gewächshaus einfach, als Zimmerkultur etwas heikel

Geografische Verbreitung: Mexiko, Kolumbien, Ecuador, Peru, Bolivien, Brasilien, Venezuela
Artenzahl: 5
Natürlicher Lebensraum: Ausschließlich epiphytische Arten, die in warmen, feuchten Wäldern in mindestens 800 m Höhe wachsen.
Wuchsform: Pflanzen ohne Pseudobulben. Die Blätter stehen dicht aneinander gedrängt und überlappen sich. Die zahlreichen Blütenstände entspringen zwischen den Blättern und bilden nacheinander zwei bis drei Blüten. Die Pflanze bildet keine Triebe.
Blütezeit: Frühling, Sommer, Herbst
Blühdauer: Fast das ganze Jahr, da die Blüten nacheinander erscheinen.
Besonderheit: *Psygmorchis* hat keine lange Lebensdauer und wird nicht älter als sieben bis acht Jahre – ein Makel, der durch die fast ganzjährige Blüte ausgeglichen wird.

Kultur

Ich habe noch nie eine schön gewachsene *Psygmorchis* im Topf gesehen. Sie fühlen sich nur aufgebunden wohl.
Licht: Wenig Licht, vor allem keine direkte Sonne in den Mittagsstunden von Mitte Februar bis Mitte November
Temperatur: Warm; 20 bis 30 °C am Tag, 18 bis 25 °C in der Nacht (Unterschied Tag und Nacht 2 bis 3 °C)
Kultur im Freien: 1. Juli bis 15. August, wenn man in heißen und trockenen Zeiten mehrmals am Tag gießt
Wasser: Kalkfrei
Gießen: Da man diese Pflanzen aufgebunden kultiviert, müssen sie sehr oft gegossen werden, in Hitzeperioden sogar mehrmals am Tag.
Ruheperiode: Keine
Luftfeuchtigkeit: 75 bis 80 % mit Luftbewegung
Umpflanzen: Keine Topfkultur
Düngung: Das ganze Jahr ausgewogen düngen, im Frühjahr und Sommer bei jeder zweiten, im Herbst und Winter bei jeder dritten Wassergabe.
Anmerkung: Da *Psygmorchis* keine Triebe bildet, kommt sie besser zur Geltung, wenn man an einem Stück Holz oder Korkrinde mehrere Pflanzen kultiviert.

1 ▲ *Psygmorchis pusilla*

Psygmorchis pusilla ▲ **2**

Renanthera

Eine Gattung mit leuchtenden Farben – von kräftigem Gelb über Orange bis Zinnoberrot. Die Blüten sind einfach spektakulär.

Pflanzenbeschreibung

Schwierigkeit der Kultur: Bei gleichmäßig hoher Luftfeuchtigkeit einfach, als Zimmerkultur etwas schwierig

Geografische Verbreitung: Nordostindien, Vietnam, Myanmar, Südostasien, China, Philippinen, Neuguinea
Artenzahl: Etwa 15
Natürlicher Lebensraum: Epiphytische Orchideen in lichten Wäldern und feuchten Ebenen in 100 bis 1500 m Höhe
Wuchsform: Orchideen mit einem mehr oder weniger hohen Spross und ohne Pseudobulben. Die zweizeilig angeordneten Blätter sind dick, manchmal lederartig. Die Blütenstände entspringen zwischen den Blättern und sind oft verzweigt.
Blütezeit: Hauptsächlich im Frühling und Sommer
Blühdauer: Sechs bis acht Wochen

Kultur

Licht: Die Pflanzen brauchen sehr viel Licht, mögen aber keine direkte Sonne in den Mittagsstunden (von März bis November). Unabhängig von der Jahreszeit benötigen sie einen Standort auf der Südseite.
Temperatur: Warm; 20 bis 30 °C am Tag, 18 bis 22 °C in der Nacht (Unterschied Tag und Nacht 2 bis 4 °C)
Kultur im Freien: Nicht unbedingt erforderlich und nur in feuchten Gegenden zu empfehlen (1. Juli bis 15. August)
Wasser: Kalkfrei
Gießen: Das ganze Jahr über regelmäßig gießen, sodass das Substrat während der Wachstumsphase leicht feucht bleibt. Im Winter soll der Topf zwischen den Wassergaben leichter werden.

Ruheperiode: Keine
Luftfeuchtigkeit: 80 bis 85 % mit Luftbewegung
Umtopfen: Alle zwei Jahre umpflanzen, wenn die Pflanze neue Wurzeln ausbildet.
Substrat: Mittlere Körnung; 80 % Kiefernrinde, 20 % Blähton
Düngung: Das ganze Jahr ausgewogen düngen, im Frühjahr und Sommer bei jeder zweiten, im Herbst und Winter bei jeder dritten Wassergabe.

Für eine abwechslungsreiche Sammlung

• *Renanthera imschootiana* Bild 3 (Nordostindien, Vietnam)
Natürlicher Lebensraum: In sommergrünen Wäldern in 800 bis 1500 m Höhe. Die Sommer sind warm und regenreich, während die Winter trocken und kühl sind.
Blütezeit: Frühjahr bis Sommer
Kultur: In einem temperierten bis warmen Gewächshaus: Im Herbst und Winter die Temperaturen senken (18 bis 20 °C am Tag, 12 bis 14 °C in der Nacht) und zwei bis drei Monate lang weniger gießen. Die Blätter dürfen nicht schrumpfen. Sorgen Sie für hohe Luftfeuchtigkeit und gute Luftbewegung und stellen Sie die Pflanze ins volle Licht.
Schwierigkeit der Kultur: Mittel
Pflanzengröße: 80 bis 90 cm hoch
Blütengröße: 4,5 bis 5 cm lang
Blütenzahl pro Blütenstand: 20 bis 30
Länge des Blütenstands: 30 bis 40 cm; sie wachsen horizontal und sind oft verzweigt.
• *Renanthera monachica* Bild 1 (Philippinen)
Natürlicher Lebensraum: Epiphytische Art in den Graslandschaften in 500 m Höhe
Blütezeit: Frühjahr
Kultur: In einem warmen Gewächshaus
Schwierigkeit der Kultur: Einfach
Pflanzengröße: 30 bis 50 cm hoch
Blütengröße: 4 cm
Blütenzahl pro Blütenstand: 30 bis 40
Länge des Blütenstands: 45 cm; halb aufrecht und verzweigt
Besonderheit: Die Blüten sind hellorange mit kräftig roten Punkten.

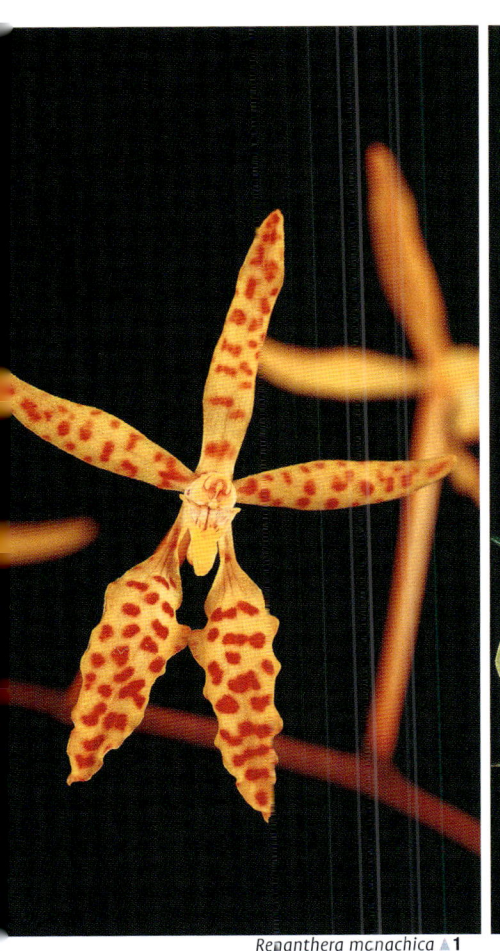

Renanthera monachica ▲ **1**   **2** ▲ *Renanthera storiei*

Renanthera imschoctiana ▲ **3**

Rhyncholaelia

Ihre Blüten sind nicht nur prächtig, sondern sie duften auch ganz außergewöhnlich. Die einzigen zwei Arten dieser Gattung werden seit langer Zeit mit *Cattleya*-Arten gekreuzt. Besondere Beachtung verdient *Rhyncholaelia digbyana*, die eine gefranste Lippe hat.

▲1

Pflanzenbeschreibung

Schwierigkeit der Kultur: Außerhalb vom Gewächshaus oder der Veranda sehr schwierig. Diese Gattung gehört nicht zu denen, die einfach zum Blühen zu bringen sind.

Geografische Verbreitung: Mexiko, Guatemala, Honduras, Bolivien
Artenzahl: 2; *R. glauca, R. digbyana*
Natürlicher Lebensraum: Epiphytische Orchideen in lichten Wäldern. *R. glauca* wächst in Höhen bis zu 1500 m, während *R. digbyana* in warmen, feuchten und sehr hellen Wäldern in Meereshöhe zu finden ist.
Wuchsform: Die Pflanzen haben eine ähnliche Form wie die unifoliaten *Cattleya*-Arten. Die Blätter sind jedoch dicker, fast lederig und von einem ganz typischen Graugrün. Diese Orchideen bilden Triebe, die an der Basis der neuesten Pseudobulben entspringen. Wie bei *Cattleya* werden die Blüten in einem Hochblatt (Spatha) am Ende der neuen Pseudobulben gebildet.
Pflanzengröße: 25 bis 30 cm
Blütengröße: 12 bis 18 cm
Blütenzahl pro Blütenstand: 1
Länge des Blütenstands: 8 bis 12 cm
Duft: Sehr angenehm
Blütezeit: Spätwinter, Frühling, Sommer
Blühdauer: Zwei bis drei Wochen

Kultur

Licht: Diese beiden Arten brauchen viel Licht, insbesondere *R. digbyana*. Sie müssen das ganze Jahr über auf der Südseite wachsen und von Mitte Februar bis Mitte November etwas beschattet werden. Im Winter werden die Pflanzen im oberen Bereich des Gewächshauses platziert, um möglichst viel Licht zu erhalten. Lichtmangel hat zu 90 % fehlende Blüten zur Folge.

Temperatur: Beide Arten mögen es temperiert bis warm, 18 bis 28 °C am Tag, 16 bis 20 °C in der Nacht (Unterschied Tag und Nacht 5 bis 6 °C).
Kultur im Freien: Es ist nicht unbedingt notwendig, aber bei Zimmerkultur zu empfehlen. Vom 1. Juli bis 15. August ein Standort auf der Ost- oder Westseite wählen, damit die Pflanzen in der zu warmen Zeit das Sonnenlicht nutzen können.
Wasser: Kalkfrei
Gießen: Während der Entwicklung der Pseudobulben ausgiebig und regelmäßig wässern (der Topf soll zwischen den Wassergaben etwas leichter werden). Wenn sie voll ausgebildet sind in größeren Abständen gießen (das Substrat soll zwischen den Wassergaben trocken sein).
Ruheperiode: Keine
Luftfeuchtigkeit: 80 bis 85 %
Umpflanzen: Alle zwei Jahre, wenn die Pflanze neue Triebe bildet. Kleine Töpfe bevorzugen, damit die Wurzeln von wenig Substrat umgeben sind; zu viel Pflanzstoff kann zu Wurzelfäule führen. Wegen ihrer langen Wurzeln eignen sie sich sehr gut für eine aufgebundene Kultur, vorausgesetzt die Luftfeuchtigkeit ist hoch und in der warmen Jahreszeit wird häufig gegossen.
Substrat: Mittlere Körnung; 80 % Kiefernrinde und 20 % Blähton
Düngung: Während der Wachstumsphase bei jeder zweiten, wenn die Pseudobulben entwickelt sind bei jeder dritten Wassergabe düngen. Das ganze Jahr über einen ausgewogenen Volldünger oder ab dem Erscheinen der Neutriebe drei Monate lang einen stickstofffreichen, danach einen kalium- und phosphorreichen Dünger geben, um die Blütenbildung zu fördern.

▲**1** *Rhyncholaelia digbyana*

Rhyncholaelia glauca ▲ **2**

Rhynchostylis

Eine Gattung, deren Kultur der von *Vanda* ähnlich ist. Die meisten Arten von *Rhynchostylis*, auch Fuchsschwanz-orchidee genannt, lassen sich im Gegensatz zu *Vanda* einfacher zum Blühen bringen.

▲1

Pflanzenbeschreibung

Schwierigkeit der Kultur: Im Gewächshaus oder auf der Veranda einfach. Da sie hohe Luftfeuchtigkeit und viel Licht brauchen, ist eine Zimmerkultur ziemlich schwierig.

Geografische Verbreitung: Indien, Indonesien, Malaysia, Philippinen
Artenzahl: Etwa 6
Natürlicher Lebensraum: Epiphytische Orchideen in warmen, feuchten Wäldern in niedrigen Lagen
Wuchsform: Pflanzen mit kurzem, kräftigem Spross und ohne Pseudobulben. Die Wurzeln sind dick und oft starr. Die Blütenstände sind je nach Art mehr oder weniger lang, entspringen zwischen den Blättern und tragen zahlreiche Blüten.
Duft: Bei einigen Arten
Blütezeit: Hauptsächlich im Herbst und Winter
Blühdauer: Vier bis sechs Wochen

Kultur

Licht: Die Pflanzen brauchen viel Licht, mögen aber keine direkte Sonne in den Mittagsstunden zwischen Mitte Februar und Mitte November. Unabhängig von der Jahreszeit ist die Nordseite für die Kultur nicht geeignet. Diese Gattung braucht weniger Licht als *Vanda*.
Temperatur: Warm; 18 bis 32 °C am Tag, 16 bis 20 °C in der Nacht (Unterschied Tag und Nacht 2 bis 4 °C)
Kultur im Freien: Nicht unbedingt erforderlich, aber für die Pflanzen von Vorteil, wenn die Luft nicht zu trocken ist; vom 1. Juli bis 15. August möglich.
Wasser: Kalkfrei
Gießen: Das ganze Jahr über regelmäßig gießen; in der Wachstumsphase sehr ausgiebig wässern, aber das Substrat muss zwischen den Wassergaben schnell trocknen, denn die Wurzeln mögen nicht zu lange im Nassen bleiben.

Im Winter in größeren Abständen gießen und zwischendurch die Wurzeln oder die Substratoberfläche anfeuchten.
Ruheperiode: Keine
Luftfeuchtigkeit: 75 bis 80 %
Umpflanzen: Alle zwei oder drei Jahre und nur, wenn die Pflanzen neue Wurzeln ausbilden. Die Wurzeln mögen keine Störung und erholen sich schlecht, wenn man zur falschen Zeit umtopft. Da die Wurzeln oft starr und brüchig sind, ist die ideale Kulturform in einem Körbchen ohne Substrat oder aufgebunden (vorausgesetzt, man gießt häufig, und die Luftfeuchtigkeit ist entsprechend).
Substrat: Mittlere Körnung und gut durchlässig; 80 % Kiefernrinde, 20 % Blähton
Düngung: Das ganze Jahr über ausgewogen düngen, im Frühjahr und Sommer bei jeder zweiten, im Herbst und Winter bei jeder dritten Wassergabe.

• *Rhynchostylis gigantea* Bild 1, 2, 3 (Myanmar, Thailand, Malaysia, Laos, Kambodscha, Vietnam, China, Borneo, Indonesien)
Natürlicher Lebensraum: Epiphytische Art in lichten Wäldern in bis zu 265 m Höhe. Sie wächst unter warmen und feuchten Bedingungen und ist einer Regenzeit ausgesetzt, der eine Periode von zwei bis drei Monaten folgt, in der es sehr selten regnet.
Blütezeit: Spätwinter bis Frühling
Kultur: Warm
Schwierigkeit der Kultur: Im Gewächshaus einfach
Pflanzengröße: Mittelgroß; 40 bis 50 cm Blattspannweite
Blütengröße: 2,5 bis 3,5 cm
Blütenzahl pro Blütenstand: 15 bis 30
Länge des Blütenstands: 20 bis 30 cm
Duft: Sehr angenehm
Besonderheit: Es gibt mehrere Varietäten: mit roten Blüten, rein weißen Blüten und weißen Blüten mit fuchsiafarbenen Punkten. Eine ältere und verzweigte Pflanze kann mehr als zwanzig Blütenstände auf einmal produzieren.

▲1 *R. gigantea* var. *rubra*

Rhyncostylis gigantea ▲ **2**   **3** ▲ *Rhyncostylis gigantea var. alba*

Rhyncostylis coelestris 'Pink' ▲ **4**   **5** ▲ *Rhyncostylis retusa*

Rodriguezia

Diese Orchideen sind blühfreudig, einfach zu kultivieren und sehr klein.

Pflanzenbeschreibung

Schwierigkeit der Kultur: Einfach

Geografische Verbreitung: Panama, Kolumbien, Venezuela, Guyana, Surinam, Peru, Brasilien, Bolivien
Artenzahl: Etwa 35
Natürlicher Lebensraum: Epiphytische Orchideen in warmen, feuchten Wäldern in 0 bis 1500 m Höhe
Wuchsform: Kleine Pflanzen mit Pseudobulben, die hübsche Büschel bilden. Die Blütenstände entspringen an der Seite der jungen Pseudobulben, hängen halb über und tragen eine Vielzahl von Blüten.
Blütezeit: Je nach Art unterschiedlich
Blühdauer: Drei Wochen

Rodriguezia candida ▲1

Kultur

Licht: Sie lieben das Licht, brauchen aber nicht zu viel, um gut zu blühen. Im Winter ist die Südseite zu bevorzugen. Von Mitte Februar bis Mitte November müssen sie während der heißen Tageszeit vor direkter Sonne geschützt werden.
Temperatur: Temperiert bis warm; 18 bis 28 °C am Tag, 17 bis 25 °C in der Nacht (Unterschied Tag und Nacht 4 bis 5 °C)
Kultur im Freien: Nicht unbedingt erforderlich; 1. Juli bis 15. August
Wasser: Kalkfrei
Gießen: In der Wachstumszeit regelmäßig gießen, sodass das Substrat leicht feucht bleibt. Wenn die Pseudobulben ausgebildet sind, in größeren Abständen wässern (der Topf soll zwischen den Wassergaben leichter werden).
Ruheperiode: Keine
Luftfeuchtigkeit: 75 bis 80 %
Umpflanzen: Alle zwei Jahre umtopfen, wenn die Pflanze neue Triebe bildet. Aufgebunden sind diese Orchideen ziemlich einfach zu kultivieren, wenn die Luftfeuchtigkeit konstant bleibt.
Substrat: Fein; 80 % Kiefernrinde, 20 % Blähton oder 60 % Kiefernrinde, 20 % Blähton und 20 % Sphagnum
Düngung: Während der Wachstumsphase bei jeder zweiten, wenn die Pseudobulben entwickelt sind, bei jeder dritten Wassergabe düngen. Das ganze Jahr über einen ausgewogenen Volldünger oder ab dem Erscheinen der jungen Triebe drei Monate lang einen stickstoffreichen, danach einen kalium- und phosphorreichen Dünger verabreichen, um die Blütenbildung anzuregen.
Besondere Anmerkungen: *Rodriguezia* verträgt keine trockene Luft. Das Welken der Blüten zeigt an, dass die Pflanze unter starkem Wasserentzug leidet.

Rodriguezia secunda ▲ **2**

▲1

Rossioglossum

Innerhalb dieser einfach zu kultivierenden Gattung bringen alle Arten oder Hybriden prächtige Blüten hervor und blühen sehr üppig.

Pflanzenbeschreibung

Schwierigkeit der Kultur: Einfach; Zimmerkultur ist möglich, wenn man nicht zu viel heizt und die Pflanze den Sommer im Freien verbringen kann.

Geografische Verbreitung: Mexiko, Guatemala
Artenzahl: 6 Arten, davon die bekannteste
R. grande Bild **3**
Natürlicher Lebensraum: Epiphytische Orchideen in warmen, feuchten Wäldern in Höhen bis zu 2600 m
Wuchsform: Pflanzen mit großen zweiblättrigen Pseudobulben. Die Blütenstände entwickeln sich an der Basis der neuen Bulben. Sie sind aufrecht, erscheinen im Allgemeinen zu Mehreren und umsäumen die Pflanze. Daher bietet eine ausgewachsene Pflanze oft eine prächtige Blütenschau.
Pflanzengröße: 35 bis 45 cm hoch
Blütengröße: 12 bis 15 cm; die größten Blüten hat *R. grande.*
Blütenzahl pro Blütenstand: 4 bis 8
Länge des Blütenstands: 35 bis 40 cm
Duft: Der Duft der Blüten von *R. grande* und mancher ihrer Hybriden (R. 'Rawdon Jester') erinnert mich genau an den Geruch von Unterholz im Herbst beim Pilzesammeln.
Blütezeit: Herbst bis Winter
Blühdauer: Etwa vier Wochen oder länger in einem kühlen Raum; die Blüten dürfen beim Gießen nicht benetzt werden.

Kultur

Licht: Sie brauchen wenig Licht und die Nordseite in einem Gewächshaus bietet ihnen das ganze Jahr den idealen Standort. Bei Zimmerkultur eignet sich diese Lage nur im Frühjahr und Sommer. Ost- und Westseite sind ebenfalls ideal, wo immer man auch kultiviert. Die Südseite ist möglich, vorausgesetzt man sorgt von Mitte Februar bis Mitte November für intensiven Schatten.
Temperatur: 16 bis 25 °C am Tag, 10 bis 15 °C in der Nacht (Unterschied Tag und Nacht mindestens 9 bis 10 °C). Im Sommer die Luftfeuchtigkeit und die Luftbewegung um die Pflanze herum erhöhen, wenn die Temperaturen über 25 °C liegen. Das heißt, diese Orchideen vertragen Hitze für kurze Zeit ganz gut.
Kultur im Freien: Bei Zimmerkultur unbedingt erforderlich, oder wenn im Gewächshaus der Unterschied zwischen Tages- und Nachttemperaturen nicht eingehalten werden kann. Vom 1. Juni bis 30. September, wenn die Nachttemperaturen nicht unter 10 °C liegen.
Wasser: Kalkfrei
Gießen: Ab dem Erscheinen der Neutriebe bis sie voll entwickelt sind, regelmäßig und ausgiebig gießen. Während dieser Zeit muss das Substrat leicht feucht bleiben. Die jungen Triebe nicht benetzen, da sie durch ihre offene Form anfällig für Fäule sind. Auch die Blüten niemals befeuchten, da sie dadurch welken. Nachdem die Pseudobulben voll ausgebildet sind, lassen Sie das Substrat völlig austrocknen, bevor Sie wieder gießen. Übersprühen Sie die Substratoberfläche zwischen den Wassergaben etwas. Die Pseudobulben dürfen nicht schrumpfen.
Ruheperiode: Keine
Luftfeuchtigkeit: 75 bis 80 %
Umpflanzen: Alle zwei Jahre, wenn neue Triebe erscheinen. Verwenden Sie einen nicht zu tiefen Topf, der aber groß genug ist, damit die späteren Pseudobulben in ihrem Wachstum nicht beeinträchtigt werden. Die Pflanze kann ziemlich schwer werden, daher ist ein Tontopf sehr sinnvoll.
Substrat: Mittlere Körnung; 80 % Kiefernrinde, 20 % Blähton oder 60 % Kiefernrinde, 20 % Sphagnum und 20 % Blähton
Düngung: Während der Wachstumsphase bei jeder zweiten, wenn die Pseudobulben voll entwickelt sind, bei jeder dritten Wassergabe düngen. Das ganze Jahr über einen ausgewogenen Volldünger oder ab dem Erscheinen der jungen Triebe drei Monate lang einen stickstoffreichen, danach einen kalium- und phosphorreichen Dünger verabreichen, um die Blütenbildung zu fördern. Geben Sie keinen Dünger, während weniger gegossen wird.

▲1 *R. schlieperianum* var. *flavidum*

Rossioglossum insleayi ▲ **2**

Rossioglossum grande ▲ **3**

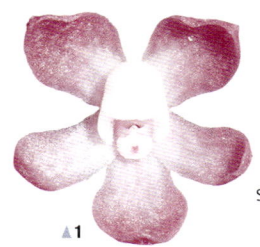

Sarcochilus

Diese kleinen Orchideen sind die ideale Wahl, wenn man wenig Platz hat. Eine Kultur auf einer Unterlage eignet sich für sie besonders gut, sowohl was das Ästhetische betrifft als auch das Praktische.

▲1

Pflanzenbeschreibung

Schwierigkeit der Kultur: Einfach

Geografische Verbreitung: 12 oder 13 Arten, die auf Australien beschränkt sind.
Natürlicher Lebensraum: 2 oder 3 Arten terrestrisch, die anderen epiphytisch oder lithophytisch. Sie wachsen in feuchter, luftiger, schattiger Umgebung.
Wuchsform: Pflanzen ohne Pseudobulben, die sich über Neutriebe weiterentwickeln. Nicht geteilte ältere Exemplare sehen spektakulär aus und bringen zahlreiche Blütenstände hervor.
Blütezeit: Hauptsächlich im Herbst und Winter
Blühdauer: Vier bis sechs Wochen

Kultur

Licht: Manche Arten brauchen viel Licht (*S. ceciliae*), andere bevorzugen Schatten (*S. hartmanii*, *S. fitzgeraldii*, *S. falcatus*).
Temperatur: 15 bis 25 °C am Tag, 13 bis 18 °C in der Nacht (Unterschied Tag und Nacht 5 bis 8 °C)
Kultur im Freien: Vom 1. Juni bis 15. September
Wasser: Kalkfrei
Gießen: Das ganze Jahr über regelmäßig gießen, wobei das Substrat im Frühjahr und Sommer feucht bleiben soll. Im Winter sollte der Topf zwischen den Wassergaben leichter werden.
Ruheperiode: Keine
Luftfeuchtigkeit: 65 bis 75 %

▲1 *S. ceciliae*

Sarcochilus olivaceus ▲2

Umpflanzen: Alle zwei Jahre in einen kleinen Topf
Substrat: Eine Mischung aus 70 % feiner Rinde, 10 % Blähton und 20 % Sphagnum
Düngung: Das ganze Jahr über ausgewogen düngen, im Frühjahr und Sommer bei jeder zweiten, im Herbst und Winter bei jeder dritten Wassergabe.
Besondere Anmerkungen: Die Wurzeln entwickeln sich kaum innerhalb des Topfes, daher ist eine aufgebundene Kultur zu empfehlen.
• *Sarcochilus ceciliae* Bild 1
Natürlicher Lebensraum: Lithophytische Art, die in den Eukalyptuswäldern in 450 m Höhe wächst.
Blütezeit: Sommer, Herbst
Kultur: Im warmen bis temperierten Gewächshaus mit viel Licht, feuchter Umgebung und guter Luftbewegung
Blütengröße: 0,5 cm breit
Blütenzahl pro Blütenstand: 5 bis 10
Besonderheit: Diese Art verträgt im Wurzelbereich keine Feuchtigkeit. Bevorzugt auf einer Unterlage kultivieren.
• *Sarcochilus hartmanii* Bild 3
Natürlicher Lebensraum: Epiphytische Art in 1000 m Höhe
Blütezeit: Sommer bis Herbst
Kultur: Im temperierten Gewächshaus mit nicht zu viel Licht im Sommer. In einer feuchten und gut gelüfteten Umgebung kultivieren.
Blütengröße: 2,5 cm
Blütenzahl pro Blütenstand: 4 bis 7
Besonderheit: Die Pflanze wächst schnell, indem sie sich verzweigt.
• *Sarcochilus olivaceus* Bild 2
Natürlicher Lebensraum: Epiphytische Art in feuchten Wäldern in 900 m Höhe
Blütezeit: Sommer bis Herbst
Kultur: Im temperierten Gewächshaus mit feuchter, gut bewegter Luft und Schutz vor zu intensivem Licht
Blütengröße: 1,5 cm
Blütenzahl pro Blütenstand: 4 bis 5
Besonderheit: Kleine Pflanze von 7 bis 8 cm, die sich nicht verzweigt.

Sarcochilus hartmanii ▲ 3

Sophronitis

Eine kleine Gattung, die im Verhältnis zur Pflanzengröße außerordentlich große Blüten hervorbringt. Ihre Blüten sind oft von einem herrlich leuchtenden Scharlachrot.

Pflanzenbeschreibung

Schwierigkeit der Kultur: Im Gewächshaus oder auf Veranda mittel. Für Zimmerkultur ist diese Gattung nicht zu empfehlen.

Geografische Verbreitung: Ostbrasilien und Paraguay
Artenzahl: Etwa 5
Natürlicher Lebensraum: Epiphytische oder lithophytische Arten in den feuchten Wäldern in Höhen von 900 bis 2000 m. Sie mögen moosbedeckte Felsen oder Bäume und wachsen unter sehr feuchten und ziemlich kühlen Bedingungen.
Wuchsform: Mini-Pflanzen mit kleinen Pseudobulben. Die Blätter sind relativ dick. Die Blütenstände entspringen an der Basis von jungen Pseudobulben.
Blütezeit: Hauptsächlich im Frühling
Blühdauer: Vier Wochen

Kultur

Licht: Im Winter brauchen sie oft viel Licht für die Entwicklung der Blütenstände im Frühjahr. Im Sommer können sie mehr Schatten haben, damit sie vor großer Hitze geschützt sind. Unabhängig von der Jahreszeit ist die Nordseite nicht geeignet.
Temperatur: Kühl bis temperiert; 17 bis 25 °C am Tag, 12 bis 16 °C in der Nacht (Unterschied Tag und Nacht 6 bis 8 °C). Bei Temperaturen über 25 ° C häufiger gießen, für mehr Schatten und Luftbewegung sorgen.
Kultur im Freien: Bei Zimmerkultur ist ein Umzug ins Freie vom 1. Juli bis 15. August zu empfehlen, wenn Sie in einer feuchten Region leben.
Wasser: Kalkfrei
Gießen: Das ganze Jahr über regelmäßig gießen. Im Frühjahr und Sommer muss das Substrat feucht bleiben, ohne durchzuweichen. Im Herbst und Winter in größeren Abständen gießen, aber das Substrat darf nicht austrocknen.
Ruheperiode: Keine
Luftfeuchtigkeit: 80 bis 85 % mit Lüftung
Umpflanzen: Alle zwei Jahre. Für diese Gattung eignet sich eine aufgebundene Kultur besser als eine im Topf. Falls die Pflanze doch im Topf kultiviert wird, ist ein Tongefäß zu empfehlen. Wenn sie aufgebunden wird, geben Sie eine Lage Sphagnum zwischen Pflanze und Unterlage.

Substrat: Feines Substrat, das die Feuchtigkeit halten muss, aber durchlässig ist; 60 % Kiefernrinde, 20 % Blähton, 20 % Sphagnum
Düngung: Während der Wachstumszeit bei jeder zweiten, wenn die Pseudobulben ausgebildet sind bei jeder dritten Wassergabe düngen. Das ganze Jahr über einen ausgewogenen Volldünger oder ab dem Erscheinen der jungen Triebe drei Monate lang einen stickstoffreichen, danach einen kalium- und phosphorreichen Dünger geben, der die Blüte anregt.
Besondere Anmerkungen: Diese Gattung hat den Ruf, dass sie schwer zu kultivieren ist. Ich persönlich würde sagen, dass man etwas genauer sein muss und der Kultur viel Aufmerksamkeit widmen sollte. Es lohnt sich wirklich, es zu versuchen. Auf jeden Fall müssen Sie für eine hohe Luftfeuchte sorgen. Stellen Sie dazu einen Luftbefeuchter in der Nähe der Pflanzen auf.
• *Sophronitis coccinea* Bild 1 (Ostbrasilien)
Diese Art wird sehr häufig für Kreuzungen verwendet, insbesondere mit *Laelia* und *Cattleya*, um große rote Blüten zu erhalten.
Lebensraum: Diese Art kommt in den Küstenwäldern im Osten Brasiliens vor. Man findet sie hauptsächlich an den Berghängen, die dem Meer zugewandt sind, wo sie durch die Passatwinde Vorteile haben. Sie wächst auf kleinen moosbedeckten Bäumen und wird durch die Feuchtigkeit der Nachmittagsnebel, die dort auftreten, begünstigt.
Blütezeit: Frühling
Kultur: Kühl bis temperiert
Schwierigkeit der Kultur: Im temperierten Gewächshaus einfach
Pflanzengröße: Kleine Pflanze von 90 bis 12 cm Höhe
Blütengröße: 4 bis 7 cm
Blütenzahl pro Blütenstand: 1
Länge des Blütenstands: 3 bis 5 cm; aufrecht oder etwas überhängend

Sophronitis coccinea ▲ **1**

Sophronitis pygmea ▲ **2**

Stanhopea

Eine Gattung mit erstaunlichen Blüten, deren Duft die bestäubenden Insekten betört. Die Pflanzen werden in Körbchen oder aufgebunden kultiviert.

▲1

Pflanzenbeschreibung

Schwierigkeit der Kultur: Mittel

Geografische Verbreitung: Mexiko, Brasilien, Kolumbien, Guatemala, Peru
Artenzahl: Etwa 50
Natürlicher Lebensraum: Meist epiphytische Orchideen, die in 200 bis 2500 m Höhe wachsen. Manche Arten sind terrestrisch.
Wuchsform: Sympodial wachsende Orchideen mit kurzen, deutlich gefurchten Pseudobulben, die dicht gedrängt wachsen und je ein Blatt tragen.
Besonderheit: Die Blütenstände entwickeln sich recht seltsam und zwar nach unten und sind kräftig genug, durch die Wurzeln hindurchzuwandern. Aufgrund dieser Eigen sollte man diese Orchideen immer in Körbchen oder aufgebunden kultivieren.
Duft: Die Blüten verströmen einen sehr intensiven, sogar berauschenden Duft. Es handelt sich um Duftnoten wie Zimt, Vanille, Kampfer, Kakao und sogar Gewürznelke.
Blütezeit: Frühling, Sommer, Herbst
Blühdauer: Kaum länger als drei bis vier Tage! Dieser kleine Makel wird durch die außergewöhnliche Form der Blüten weitgehend ausgeglichen. Ausgewachsene Pflanzen bringen zahlreiche Blütenstände hervor, deren Blüten sich nacheinander öffnen, sodass sich die Blüte über mehrere Wochen erstreckt.

Kultur

Licht: Sie mögen direkte Sonne in den Mittagsstunden (von Februar bis Oktober) überhaupt nicht, sollten aber die Vorteile der Südseite genießen.
Temperatur: Die meisten Arten brauchen temperierte Bedingungen. 18 bis 25 °C am Tag, 15 bis 20 °C in der Nacht (Unterschied Tag und Nacht 5 bis 8 °C).
Kultur im Freien: Von Juni bis September

Wasser: Kalkfrei
Gießen: Ab dem Erscheinen der Neutriebe regelmäßig gießen, bis sie sich zu Pseudobulben entwickelt haben; später in größeren Abständen wässern.
Ruheperiode: Zwei bis drei Monate lang, sobald die Pseudobulben voll entwickelt sind, um die Blütenbildung zu fördern.
Luftfeuchtigkeit: 50 bis 75 %; im Sommer die Blattunterseiten morgens übersprühen, um einen Befall von Spinnmilben vorzubeugen.
Umpflanzen: Alle zwei Jahre in einen Korb oder ein Gittergefäß umpflanzen. Die *Stanhopea* mögen es gerne eng in ihren Gefäßen. Wer eine Veranda oder ein Gewächshaus besitzt sollte auf einer Unterlage kultivieren, wobei die Blüten besonders gut zur Geltung kommen.
Substrat: Eine Mischung aus 70 % Rinde mittlerer Körnung, 10 % Blähton und 20 % Sphagnum
Düngung: Sobald die Neutriebe sich zu entwickeln beginnen drei Monate lang einen Stickstoffdünger, danach einen phosphor- und kaliumreichen Dünger verabreichen, der die Blüte fördert.

• *Stanhopea wardii* Bild 2 (Guatemala, Panama, Mexiko)
Natürlicher Lebensraum: Epiphytische Art in feuchten Wäldern in 600 bis 1400 m Höhe
Blütenzahl pro Blütenstand: 4 bis 7
Blütezeit: Sommer bis Herbst
Kultur: Im temperierten Gewächshaus
Blütengröße: 9,5 cm breit, 15 cm lang
Duft: Sehr intensiv
Besonderheit: Die Blütenfarbe variiert von Pflanze zu Pflanze und kann beispielsweise weiß, creme oder gelb sein.

• *Stanhopea ecornuta* Bild 1 (Guatemala, Nicaragua, Costa Rica)
Natürlicher Lebensraum: Diese Art wächst in 1000 bis 1500 m Höhe.
Blütenzahl pro Blütenstand: 1 bis 2
Blütezeit: Sommer
Kultur: Im temperierten Gewächshaus
Blütengröße: 6 cm × 10 cm
Duft: Sehr intensiv
Besonderheit: Besonders kurze Blütenstände

Ethnobotanik
Die Indianer Mexikos verwendeten die Blüten von *Stanhopea tigrina* bei Sonnenstich. Sie wurden auch bei der Herstellung von Tortillas genutzt.

▲1 *Stanhopea ecornuta*

Stanhopea wardii ▲ 2

Vanda, Euanthe, Holcoglossum, Trudelia, Papilionanthe

▲1   Die Gattung *Vanda* wird von Neulingen genauso geschätzt wie von erfahrenen Orchideensammlern. Die Hybriden mit ihren oft riesigen Blüten in strahlenden Farben sind wunderschön und können es mit anderen Orchideenarten aufnehmen. Die Gattung *Vanda* wurde vor kurzem von Botanikern neu klassifiziert, wobei diese Einteilung im Wesentlichen auf der Form der Blätter beruht. Daher hat man bestimmte Arten zu einer der vier neu gebildeten Gattungen zugeordnet: *Euanthe*, *Holcoglossum*, *Trudelia* und *Papilionanthe*. Da es nicht einfach ist, sich an die neuen Bezeichnungen zu gewöhnen, werden die meisten dieser Arten immer noch als *Vanda* bezeichnet. Dennoch werde ich mich bei den folgenden Beschreibungen bemühen, Ihnen deutlich zu machen, zu welcher Gattung Ihre „*Vanda*" gehört. Auch werde ich auf etwaige Unterschiede in der Kultur hinweisen, auf die man innerhalb dieser Gattungen stoßen kann.

Pflanzenbeschreibung

Schwierigkeit der Kultur: Mittel

Geografische Verbreitung: Südostasien, China, Himalaya, Sri Lanka, Philippinen, Indonesien, Neuguinea, Australien
Artenzahl: 50 *Vanda*-, 1 *Euanthe*-, 12 *Holcoglossum*-, 11 *Papilionanthe*- und 5 *Trudelia*-Spezies
Natürlicher Lebensraum: Epiphytische, manchmal lithophytische Orchideen; sie wachsen in lichten und feuchten Wäldern in niedrigen und mittleren Lagen, wo es fast ständig regnet.
Wuchsform: Bulbenlose Pflanzen, deren Form kaum variiert. Je nach Gattung zeigen die **Blätter**, die zweireihig, gegenständig angeordnet sind, unterschiedliche Formen auf:

– *Euanthe*: Nicht gerade, ziemlich starre Blätter in „V"-Form
– *Holcoglossum*: Halbrunde Blätter
– *Papilionanthe*: Runde Blätter, die in größeren Abständen angeordnet sind
– *Trudelia*: Flache, kurze und im Allgemeinen hellgrüne Blätter
– *Vanda*: Flache, lange, dunkelgrüne Blätter
Die **Blütenstände** entspringen zwischen den Blättern. Sie sind kurz, aufrecht, halb-aufrecht, manchmal etwas überhängend.
Ihr **Wurzelsystem** ist stark entwickelt und es werden Luftwurzeln ausgebildet. Sie entwickeln sich an der Basis der Pflanze, aber oft auch zwischen den Blättern entlang des Sprosses. Sie sind dick und schwammartig.
Duft: Bei vielen Arten und einigen Hybriden
Blütezeit: Unterschiedlich
Blühdauer: Vier bis acht Wochen

▲1 *Vanda coerulea*

Die auffallendsten Arten: *Euanthe sanderiana*, *Vanda coerulea*
Stark duftende Arten: *Vanda coerulescens*, *Vanda tricolor* var. *suavis alba*, *Vanda tesselata*, *Holcoglossum amesianum*, *Holcoglossum kimballianum*, *Vanda roxburghii*, *Vanda lilacina*, *Vanda roeblegianna*
Die kleinsten Arten: *Trudelia alpina*, *Trudelia pumila*, *Vanda coerulescens*, *Vanda tesselata*, *Holcoglossum amesianum*

Vanda 'Princess Blue' ▲2

Vanda 'Trevor Rathbong' ▲ 3

Kultur

Diese Orchideen erfordern viel Aufmerksamkeit.

Licht: Am meisten Licht brauchen die Vertreter von *Papilionanthe*, die in Vollsonne kultiviert werden, aber bei guter Luftbewegung, damit die Blätter nicht verbrennen.

Vanda-Arten brauchen viel Licht ohne direkte Sonne in der heißen Tageszeit (von Mitte Februar bis Mitte November).

Die *Holcoglossum*- und *Trudelia*-Spezies benötigen weniger Licht als die meisten *Vanda*. Sie zählen zu denen, die am einfachsten zum Blühen zu bringen sind.

Alle werden in einem Gewächshaus, auf einer Veranda oder an einem Fenster auf der Südseite kultiviert.

Bei zu intensivem Licht vergilben die Blätter.

Temperatur: Die meisten Arten und Hybriden stammen aus Regionen in niedrigen Lagen und sind in einem warmen oder temperierten Gewächshaus zu kultivieren. Einige Arten wachsen in höheren Regionen und brauchen kühle bis temperierte Bedingungen (*Vanda coerulea*, *V. coerulescens*, *V. javierae*, *V. alpina*, *Holcoglossum kimballianum*, *Trudelia pumila*, *T. cristata*)

– Warmhaus: 22 bis 32 °C am Tag, 20 bis 25 °C in der Nacht (Unterschied Tag und Nacht 2 bis 3 °C). Wenn die Temperaturen über 32 °C steigen gut lüften. 18 °C Nachttemperatur einhalten.

– Temperiertes Haus: 18 bis 25 °C am Tag, 13 bis 16 °C in der Nacht (Unterschied Tag und Nacht 8 bis 10 °C)

Kultur im Freien: Für Arten aus dem temperierten Gewächshaus, die im Zimmer kultiviert werden, von Nutzen. Pflanzen aus dem Warmhaus können vom 1. Juli bis 15. August ins Freie umziehen, wenn die Temperaturen hoch sind und die Luft feucht ist.

Wasser: Kalkfrei

Gießen: Um *Vanda* und die verwandten Gattungen richtig zu gießen, genügt es, auf die Farbe ihrer Wurzeln zu achten, denn sie zeigen ihren Wasserbedarf an:

– Grün: Sie haben genug Wasser, daher muss man nicht gießen.

– Weiß: Sie sind feucht; es ist noch zu früh für eine Wassergabe.

– Silbrig weiß oder grau: Sie haben das gesamte Wasser von der letzten Wassergabe aufgenommen; man muss unverzüglich gießen.

Richtig gießen bedeutet, dass man das Substrat oder die Wurzeln zwei- bis dreimal, auch viermal in Abständen von 1 oder 2 Minuten befeuchtet, bis die Wurzeln grün werden. Wenn die Luftbewegung nicht sehr hoch ist, benetzen Sie das Laub von *Vanda*, *Euanthe* und

Trudelia nicht, denn wegen der Anordnung der Blätter kann sich das Wasser an deren Ansatzstelle stauen.

Ruheperiode: Keine; sie wachsen kontinuierlich und brauchen daher keine Gießpause oder sehr niedrige Temperaturen.

Luftfeuchtigkeit: Sie ist der entscheidende Faktor bei der Kultur dieser Orchideen. Sie brauchen eine sehr feuchte Luft (80 bis 85 %) und eine starke Luftbewegung. Durch die Verdunstung sollte um die Pflanzen herum ein leichter Nebel entstehen, wobei sich keine Tröpfchen auf den Blätter sammeln dürfen.

Umpflanzen: Alle zwei Jahre, wenn die Pflanze neue Wurzeln ausbildet. Diese Pflanzen sollten bevorzugt in einem Körbchen oder in einem Tontopf kultiviert werden, um die Aufnahme des Wassers zu erleichtern. *Vanda*-Arten mögen es nicht, wenn ihre Wurzeln beengt sind, da diese „atmen" müssen.

Oft werden *Vanda*-Kulturen in einem Körbchen ohne Substrat angeboten. In einem feuchten Gewächshaus ist es möglich, diese Orchideen so zu kultivieren. Im Zimmer ist diese Art von Kultur schwer durchzubringen und sollte durch eine mit Substrat ersetzt werden.

Substrat: Mittlere Körnung; 80 % Kiefernrinde, 20 % Blähton

Düngung: Das ganze Jahr über ausgewogen düngen, im Frühjahr und Sommer bei jeder zweiten, im Herbst und Winter bei jeder dritten Wassergabe. Da es sich hier um Pflanzen mit großem Nährstoffbedarf handelt, ist das Fehlen von Blüten nicht selten auf einen Mangel an Nährelementen zurückzuführen.

Für eine abwechslungsreiche Sammlung

• *Holcoglossum kimballianum* (Syn. *Vanda kimballianum*) Bild 4 (Myanmar, Thailand, China)
Natürlicher Lebensraum: Hauptsächlich lithophytische Art in Höhen von 1200 bis 1500 m
Blütezeit: Sommer bis Herbst
Kultur: Temperiert; im Winter weniger gießen, im Sommer beschatten.
Schwierigkeit der Kultur: Einfach
Pflanzengröße: Mittelgroß; 30 bis 40 cm
Blütengröße: 2,5 bis 5 cm
Blütenzahl pro Blütenstand: 8 bis 12
Länge des Blütenstands: 20 bis 30 cm; leicht überhängend
Duft: Ja
Besonderheit: Ältere Pflanzen bilden leicht Triebe und entwickeln sich spektakulär. Diese Art blüht schon sehr jung.

• *Holcoglossum javierae* (Syn. *Vanda javierae*) (Ausschließlich auf der Insel Luzon, Philippinen)
Natürlicher Lebensraum: Epiphytische Art in

Holcoglossum kimballianum ▲ **4**

dichten Wäldern in bis zu 1600 m Höhe
Blütezeit: Frühling
Kultur: Temperiert; im Winter weniger gießen.
Schwierigkeit der Kultur: Einfach
Pflanzengröße: Groß; 35 bis 60 cm
Blütengröße: 5 bis 6 cm
Blütenzahl pro Blütenstand: 8 bis 10
Länge des Blütenstands: 30 bis 35 cm; leicht überhängend
Besonderheit: Ältere Pflanzen können zahlreiche Triebe bilden. Das ist die einzige Art mit weißen Blüten. Sie ist in der Natur sehr selten.

• *Vanda coerulea* Bild 1 (Nordostindien, Myanmar, Nordostthailand, China)
Das ist eine der schönsten Arten und vermutlich die einzige Orchidee, die wirklich blaue Blüten besitzt.
Natürlicher Lebensraum: Sie kommen in 900 bis 1500 m Höhe in Wäldern mit Laub abwerfenden Bäumen vor, wo sie in der prallen Sonne wachsen und dem Regen und Wind ausgesetzt sind.
Blütezeit: Hauptsächlich im Sommer und Herbst. Sie blüht mehrmals im Jahr.
Kultur: Temperiert; im Winter weniger gießen und die Lichtintensität erhöhen.
Schwierigkeit der Kultur: Einfach
Pflanzengröße: Groß, bis zu 150 cm
Blütengröße: 3,5 bis 5 cm
Blütenzahl pro Blütenstand: 8 bis 12
Länge des Blütenstands: 20 bis 30 cm; leicht überhängend
Duft: Ja
Besonderheit: Die Pflanzen blühen, wenn sie 20 bis 25 cm groß sind. Wenn die Blüten beim Öffnen weißlich sind, brauchen Sie keine Angst zu haben, denn ihre Farbgebung erfolgt beim Entfalten. Um die Farbe zu verstärken, kann man das Licht um die Pflanze herum reduzieren, wenn die Blüten sich öffnen (aber auf keinen Fall, wenn die Knospen noch geschlossen sind). Die Blüten mancher *V. coerulea* können ein sehr blasses Blau aufweisen. Diese Art ist die Elternpflanze von den meisten blau blühenden Hybriden, die in einem temperierten oder warmen Gewächshaus kultiviert werden müssen.

• *Euanthe sanderiana* Bild 6 (Philippinen, endemisch auf der Insel Mindanao)
Eine besonders auffallende Art. Es gibt eine Varietät mit weißen und grünen Blüten.
Natürlicher Lebensraum: Epiphytische Art in warmen und feuchten Wäldern, oft auf Baumstämmen, in mindestens 500 m Höhe
Blütezeit: Sommer bis Herbst
Kultur: Warm; die Temperaturen dürfen nicht unter 20 °C fallen.

Schwierigkeit der Kultur: Mittel
Pflanzengröße: Groß, bis zu 1 m
Blütengröße: 9 bis 11 cm
Blütenzahl pro Blütenstand: 4 bis 10
Länge des Blütenstands: 25 bis 30 cm; halbaufrecht
Besonderheit: Diese Art ist in der Natur sehr selten geworden; von ihr stammen die schönsten aktuellen Hybriden ab. Die Pflanze kann Blüten bilden, wenn sie 25 bis 30 cm groß ist.

• *Trudelia cristata* (Syn. *Vanda cristata*) Bild 7 (Nordindien, Nepal, Sikkim, Bhutan, Bangladesch)
Natürlicher Lebensraum: Epiphytische Art in hoch gelegenen Wäldern (600 bis 1200 m)
Blütezeit: Spätwinter, Frühling
Kultur: Temperiert, ohne viel Licht
Schwierigkeit der Kultur: Einfach
Pflanzengröße: Kleine Pflanze, 20 cm hoch
Blütengröße: 4 bis 5 cm
Blütenzahl pro Blütenstand: 4 bis 6
Länge des Blütenstands: Etwa 10 cm
Duft: Ja
Besonderheit: Diese Art blüht oft schon, bevor sie ausgewachsen ist. Die Blüte ist, was ihre Größe im Vergleich zu der der Pflanze betrifft, sehr auffallend.

• *Vanda limbata* (Java, Philippinen)
Natürlicher Lebensraum: Epiphytische Art in warmen und feuchten Wäldern
Blütezeit: Frühling
Kultur: Im warmen Gewächshaus mit viel Licht
Schwierigkeit der Kultur: Mittel
Pflanzengröße: Große Pflanze, 90 bis 100 cm
Blütengröße: 4 bis 5 cm
Blütenzahl pro Blütenstand: 10 bis 12
Länge des Blütenstands: Etwa 12 bis 25 cm
Duft: Nach Zimt
Besonderheit: Seltene Art

Holcoglossum javierae ▲ 5

Euanthe sanderiana ▲ **6**

Trudelia cristata ▲ **7**

Vanilla

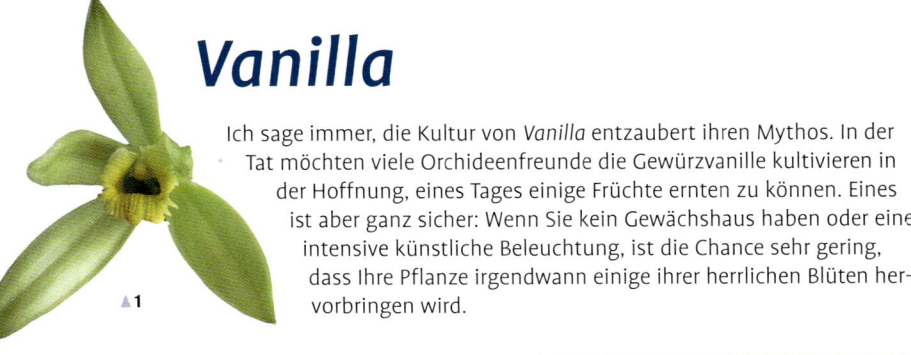

Ich sage immer, die Kultur von *Vanilla* entzaubert ihren Mythos. In der Tat möchten viele Orchideenfreunde die Gewürzvanille kultivieren in der Hoffnung, eines Tages einige Früchte ernten zu können. Eines ist aber ganz sicher: Wenn Sie kein Gewächshaus haben oder eine intensive künstliche Beleuchtung, ist die Chance sehr gering, dass Ihre Pflanze irgendwann einige ihrer herrlichen Blüten hervorbringen wird.

▲1

Pflanzenbeschreibung

Schwierigkeit der Kultur: Wachstum sehr einfach; viel schwieriger ist es, die Pflanze zum Blühen zu bringen, vor allem in Regionen mit wenig Sonne.

Geografische Verbreitung: Alle tropischen Regionen (Asien, Afrika, Südamerika)
Artenzahl: Etwa 100
Natürlicher Lebensraum: Die Orchideen sind geografisch sehr weit verbreitet. Die meisten Arten kommen in niedrig gelegenen Regionen, einige in höheren Lagen vor.
Um eine Vanillepflanze zu beschreiben, muss man sie mit einer Liane vergleichen. Tatsächlich gibt es keine andere Orchidee, die diese Wuchsform aufweist. Die Pflanzen wachsen monopodial mit runden Stämmen, die mehrere Meter lang werden können. An ihrem natürlichen Standort erreichen sie die Baumkronen. An den Knoten entspringt jeweils ein Blatt (je nach Art groß und fleischig) und eine gegen-

▲1 *Vanilla fragrans*

Ethnobotanik

Viele europäische Länder sowie die USA haben die Vanille in ihr amtliches Arzneibuch übernommen. Man erkannte ihre stimulierende Wirkung auf das Nervensystem. *V. aromatica* wurde als ein Stimulans des Verdauungssystems bekannt. Auf Kuba war sie die Grundlage für ein Heilmittel gegen Magenschmerzen. Aus ihren Wurzeln bereitete man einen Aufguss gegen Syphilis zu. Die Azteken stellten aus *V. planifolia* einen Klebstoff her.
In Mexiko wurden die Blätter von *V. ovalis* zur Herstellung von Körben verwendet.
In Malaysia hat man Blätter und Triebe von *V. griffithii* zerkleinert und auf das Kopfhaar aufgetragen, um es zu stärken.
In Afrika wurden aus den Luftwurzeln von *V. grandiflora* Fischernetze hergestellt. Die von *V. crenulata* und *V. africana* hat man als Gitarrensaiten verwendet.

Die Geschichte der Gewürzvanille: Die Azteken nannten sie „Thilxochilt" oder „Schwarze Hülse" und sprachen ihr verdauungsfördernde, aphrodisische, entwässernde und abführende Eigenschaften zu. Sie verwendeten die getrockneten „Hülsen" (botanisch Kapseln) von *V. planifolia* zum Aromatisieren und Süßen eines kakaohaltigen Getränks, die sie nach Landessitte ihren Ehrengästen anboten. Es war der Spanier H. Cortéz, der die Vanille Anfang des 16. Jahrhunderts bei einer Begegnung mit dem aztekischen Herrscher Moctezuma kennengelernt hatte und sie nach Europa brachte. Man sagt auch, Moctezuma habe die Gewohnheit gehabt, von diesem Trank zu kosten, bevor er eine seiner Frauen aufsuchte ... Die Vanille kam Ende des 16. Jahrhunderts nach Europa, aber es dauerte noch mehrere Jahre, bis man wusste wie diese Pflanzen zu kultivieren sind, um sie zum Blühen zu bringen.

überliegende Wurzel (Adventivwurzeln), die sehr zahlreich erscheinen und mehrere Meter lang werden können. Manche Arten wie *V. madagascariensis* bilden nur Stämme und keine Blätter. Die Blüten öffnen sich zu Zweien oder Dreien nacheinander und bilden Trauben, die etwas an den Fruchtstand der Bananenstaude erinnern. Ihre Farbe variiert je nach Art, zeigt aber immer die Palette von Weiß, Grün und Gelb.
Pflanzengröße: Eine Pflanze kann bis zu 20 m lang werden.

Vanille zur Therapie im 21. Jahrhundert: Zur Zeit führt die CNRS (französische staatliche Forschungsorganisation) eine Studie an der Universitätsklinik in Straßburg über die wohltuenden Wirkungen des Vanilleduftes auf Frühgeburten durch. Tatsächlich ging der mögliche Atemstillstand durchschnittlich um 36 % zurück, wenn dieser Duft in die Brutkästen eingeleitet wurde.

Vanilla palmarum ▲ 2

Blütengröße: 8 bis 10 cm
Blütenzahl pro Blütenstand: 10 bis 20 pro Stamm
Länge des Blütenstands: 8 cm
Duft: Die Blüten duften nicht immer. Nicht alle Arten produzieren duftende und essbare Früchte. Am häufigsten werden die Arten *V. planifolia* (Echte Vanille) und *V. tahitiensis* zur Herstellung des berühmten aromatischen Gewürzes kultiviert.
Blütezeit: Bei unserem Klima im Frühling und Sommer; in den Ursprungsländern fast das ganze Jahr
Blühdauer: Einen Tag

Kultur

Eine Vanillepflanze kann nicht blühen, wenn sie nicht mindestens 3 m lang ist. Sie wächst schnell und braucht nicht viel Zeit, um diese Länge zu erreichen.
Licht: Um die Pflanze eventuell zum Blühen zu bringen, muss das Licht so intensiv wie möglich sein, ohne jedoch die Blätter zu verbrennen. Deshalb sollte der meterlange Trieb der Pflanze im oberen Bereich des Gewächshauses oder der Veranda wachsen. Von Mitte Februar bis Mitte November braucht die Pflanze in den heißen Mittagsstunden leichte Beschattung und gute Luftbewegung, um Verbrennungen vorzubeugen. Sonst können die Blätter vergilben.
Wenn Sie Ihre *Vanilla* nur kultivieren, weil Sie einfach Freude an einer originellen Orchidee und einer schönen Pflanze haben, stellen Sie sie auf die Südseite und schützen Sie sie vor direkter Sonne. Ihre Blätter werden dann immer schön grün sein.
Temperatur: Warm; 20 bis 30 °C am Tag, 18 bis 25 °C in der Nacht (Unterschied Tag und Nacht 2 bis 3 °C)

Kultur im Freien: Nicht zu empfehlen
Wasser: Kalkfrei
Gießen: Das ganze Jahr regelmäßig gießen (der Topf soll zwischen den Wassergaben leichter werden). Übersprühen Sie die Blätter und die Luftwurzeln und sorgen Sie für ausreichend Frischluft am Standort.
Ruheperiode: Keine
Luftfeuchtigkeit: 80 bis 90 % bei guter Luftbewegung
Umpflanzen: Wenn die Pflanze jung ist, kann man sie alle zwei Jahre umtopfen. Danach bildet die Pflanze Adventivwurzeln und keine Wurzeln an der Basis des Sprosses. Daher ist es besser, nicht den Topf zu wechseln, sondern ihn in ein größeres Gefäß oder einen großen Korb zu stellen, damit sich die Adventivwurzeln hier Feuchtigkeit und Nährstoffe holen. Wegen der Größe dieser Pflanze ist eine Stütze unerlässlich. Wenn man ihre Ausbreitung regulieren will, braucht man eine ziemlich große mit Moos bedeckte Stütze (oder ein Gitter), an der man den langen Trieb befestigt und ihn, je nachdem wie er wächst, nach unten lenkt.
In einem Gewächshaus kann man den Trieb nach oben wachsen lassen, indem man ihn an der Innenwand oder an einem großen Gitter befestigt. Aber Vorsicht! In diesem Fall haften sich die Adventivwurzeln überall fest, wo sie können, und man kann die Pflanze nicht mehr anders platzieren, wenn man sie nicht stören will.
Wenn der Trieb aus Versehen an einer beliebigen Stelle abbricht, kann man ihn in 30 bis 40 cm große Stücke schneiden, die man dann eintopft und gut stützt; daraus entwickeln sich schnell neue große Triebe.
Substrat: Mittlere Körnung; 60 % Kiefernrinde, 20 % Blähton und 20 % Sphagnum
Düngung: Das ganze Jahr über ausgewogen düngen, im Frühjahr und Sommer bei jeder zweiten, im Herbst und Winter bei jeder dritten Wassergabe. Verwenden Sie einen Blattdünger.
Besondere Anmerkungen: Die Unterstützung der natürlichen Lichtquelle durch Kunstlicht kann die Blütenbildung begünstigen.

▲ **3** *Vanilla africana*

Vanilla tahitensis ▲ **4**

Vanilla palmarum: Früchte ▲ **5**

Zygopetalum

Die Schönheit ihrer Blüten ist ihrem sehr angenehmen Duft eben-
bürtig. Die Gattung *Zygopetalum* verdankt ihren Namen
einem kleinen Detail auf der Lippe ihrer Blüten, deren Basis wie
ein Joch geformt ist.

▲1

Pflanzenbeschreibung

Schwierigkeit der Kultur: Einfach, wenn die
Temperaturunterschiede eingehalten werden.

Geografische Verbreitung: Brasilien, Peru,
Argentinien, Paraguay
Artenzahl: 20 bis 24
Natürlicher Lebensraum: Sie wachsen in küh-
len und luftigen Regionen in 1000 bis 1400 m
Höhe. Sie mögen buschige Hänge.
Wuchsform: Die Pseudobulben sind unter-
schiedlich groß und tragen zwei bis fünf
schmale Blätter von 35 bis 40 cm Länge.
Pflanzengröße: 30 bis 50 cm hoch
Blütengröße: 5 bis 7,5 cm
Blütenzahl pro Blütenstand: 3 bis 8
Länge des Blütenstands: 20 bis 40 cm
Duft: Sehr angenehm. Der Duft mancher Arten
wie *Zygopetalum intermedium* erinnert an den
der Hyazinthe.

Kultur

Licht: Sie brauchen viel Licht, mögen aber
keine direkte Sonne in den heißen Mittagsstunden (Mitte Februar bis Mitte November).
Dunkelgrüne Blätter weisen im Allgemeinen
auf Lichtmangel hin.
Temperatur: Temperiert; 16 bis 28 °C am Tag,
13 bis 16 °C in der Nacht (Unterschied Tag und
Nacht 5 bis 8 °C). Für kurze Zeit vertragen sie
hohe Temperaturen, wenn die Nächte kühl sind.
Kultur im Freien: Bei Zimmerkultur unbedingt
erforderlich; 1. Juni bis 15. September im
Schutz eines Baums
Wasser: Kalkfrei
Gießen: Während der gesamten Wachstums-
phase der Pseudobulben müssen sie ausgiebig

und regelmäßig gegossen werden. Danach
(Spätsommer) wird zwei Monate lang nur die
Substratoberfläche angefeuchtet; anschließend gießt man wieder ein wenig, bis die
Neutriebe erscheinen.
Ruheperiode: Nicht ausgeprägt; nur die Wassergaben etwas reduzieren (s.o.).
Luftfeuchtigkeit: 60 bis 65 % bei guter Luftbewegung. Man sieht selten Pflanzen dieser
Gattung mit perfektem Laub. Tatsächlich werden die Blätter fleckig, sobald die Luftfeuchtigkeit steigt. Das ist ein Makel, den man nicht
verhindern kann, selbst wenn die Pflanze alles
bekommt, was sie braucht. Daher sollte man
eher die Substratoberfläche übersprühen als
die Blätter, wenn die Luftfeuchtigkeit hoch ist.
Umpflanzen: Alle zwei Jahre, wenn der Wachs-
tumszyklus der Pflanze erneut beginnt. Diese
Orchideen wachsen ziemlich schnell, sodass
man Töpfe von ausreichender Breite verwenden
sollte, damit die Pflanze in ihrem Wachstum
nicht behindert wird.
Substrat: Mittlere Körnung; 60 % Kiefernrinde,
20 % Blähton, 20 % Sphagnum
Düngung: Während der Wachstumsphase bei
jeder zweiten, wenn die Pseudobulben voll entwickelt sind bei jeder dritten Wassergabe düngen. Verabreichen Sie das ganze Jahr über einen
ausgewogenen Volldünger oder ab dem Erscheinen der Neutriebe drei Monate lang einen stickstoffreichen, danach einen kalium- und phosphorreichen Dünger, um die Blüte zu fördern.
Besondere Anmerkungen: Die jungen Triebe
sind sehr anfällig für Fäulnis, daher darf man
sie beim Gießen nicht benetzen. Wenn die
Pflanzen im Freien stehen, müssen sie vor
Regen geschützt werden. Die Blütenstände
entwickeln sich zur gleichen Zeit wie die Neutriebe, bevor diese voll ausgebildet sind.

▲1 *Zygopetalum perrenoudii*

Zygopetalum crinitum ▲ 2

Auf einen Blick

Arten	Licht im Frühjahr und Sommer			Licht im Herbst und Winter		
	wenig	mittel	viel	wenig	mittel	viel
Acacallis cyanea	X			X		
Ada aurantiaca		X				X
Aerangis citrata	X				X	
Aerangis fastuosa		X			X	
Aerangis hyaloïdes	X			X		
Aerangis luteoalba	X			X		
Aerangis ellisii		X				X
Aeranthes ramosa		X				X
Aeranthes henricii		X				X
Amesiella philippinensis		X			X	
Angraecum calceolus		X			X	
Angraecum compactum	X				X	
Angraecum didieri		X			X	X
Angraecum eburneum			X			X
Angraecum germinyanum	X				X	
Angraecum scottianum		X				X
Angraecum sesquipedale			X			X
Angraecum viguieri		X			X	
Anguloa clowesii		X				X
Ansellia africana		X				X
Ascocentrum ampullaecum			X			X
Barkeria skinneri		X				X
Bifrenaria harrisoniae		X				X
Bollea	X			X		
Brassavola nodosa			X			X
Brassia verrucosa			X			X
Bulbophyllum falcatum		X			X	
Bulbophyllum cocoïnum		X			X	
Bulbophyllum lobbii		X			X	
Catasetum pileatum		X				X
Cattleya aclandiae		X				X
Cattleya dowiana			X			X
Chysis laevis			X			X
Cochleanthes discolor	X				X	
Coelia bella		X			X	
Coelogyne cristata		X				X
Coelogyne mooreana		X			X	
Coelogyne pandurata		X				X
Coelogyne speciosa	X			X		

Temperaturen			Duft		Kultur auf Unterlage
kalt	temperiert	warm	tags	nachts	
		X	X		X
X					
	X	X			X
	X			X	X
	X	X			X
		X			X
	X	X		X	
	X	X		X	
X	X			X	X
	X				X
X	X			X	X
	X	X		X	X
	X	X		X	X
	X			X	
	X	X		X	X
	X			X	X
	X	X		X	
	X	X		X	X
X	X		X		
		X	X		
		X			
X	X				X
X	X		X		
		X	X		
		X	X		X
X			X		
	X	X			X
		X	X		X
X	X		X		X
	X	X	X		
		X	X		X
	X		X		
uheperiode)		X (Wachstum)	X		
		X	X		X
	X	X	X		
X	X		X		X
X	X		X		
	X	X	X		
		X			X

263

Arten	Licht im Frühjahr und Sommer			Licht im Herbst und Winter		
	wenig	mittel	viel	wenig	mittel	viel
Coryanthes speciosa		X			X	
Cuitlauzinia pendula		X				X
Cycnoches loddigesii		X				X
Cymbidiella pardalina		X				X
Cymbidium eburneum			X			X
Cymbidium atropurpureum			X			X
Cymbidium tracyanum			X			X
Dendrobium unicum	X					X
Dendrobium nobile		X				X
Dendrobium parishii		X				X
Dendrochilum magnum		X			X	
Dracula vampira	X				X	
Encyclia adenocaula			X			X
Encyclia citrina		X			X	
Grammangis		X				X
Holcoglossum		X			X	
Jumellea fragrans	X				X	
Laelia lobata			X			X
Laelia purpurata		X				X
Lycaste aromatica		X				X
Masdevallia coccinea	X				X	
Maxillaria picta	X				X	
Miltonia spectabilis	X				X	
Neofinetia falcata		X			X	
Neomorea irrorata		X		-		X
Oncidium ornithorhynchum		X				X
Psychopsis papilio		X				X
Paphinia	X				X	
Paphiopedilum rothschildianum	X					X
Paphiopedilum sukhakulii	X				X	
Pescatorea	X				X	
Phalaenopsis bellina		X			X	
Phalaenopsis phiippinensis		X			X	
Phragmipedium besseae	X				X	
Phragmipedium caudatum		X				X
Promenea	X				X	
Rhyncholaelia			X			X
Rossioglossum grande	X				X	
Stanhopea						X
Vanda			X			X
Zygopetalum			X			X

Temperaturen			Duft		Kultur auf Unterlage
kalt	temperiert	warm	tags	nachts	
		X	X		
X			X		
	X (Ruheperiode)	X (Wachstum)	X		
		X			X
X			X		
		X	X		
X			X		
X	X		X		X
X	X		X		X
	X	X	X		X
	X		X		
X	X				X
	X		X		
X	X		X		
		X	X		
	X				X
	X		X		
	X		X		
	X		X		
	X		X		
X	X				X
	X	X	X		
X			X		X
X			X		X
		X	X		
X	X		X		X
		X			X
		X			X
X (Winter, Frühling)	X (Sommer, Herbst)				
		X			
	X		X		X
		X	X		X
		X			X
	X				
	X				
X	X				X
	X	X	X		X
X			X		
	X		X		
		X			
	X		X		

▲ *Cattleya intermedia × schilleriana*

Hilfreiche Adressen

Top-Adressen für den Orchideenkauf

Sortierung nach Postleitzahlen

- *Niederlausitzer Orchideen*
Gärtnerei Lehradt
Hauptstr. 3
01983 Allmosen

- *Großräschener Orchideen*
Hans Joachim Wlodarczyk
Werner Seelenbinder Str. 21
01983 Großräschen

- *Ulrich Seidel*
Hauptstr. 119a
08115 Lichtentanne

- *Chemnitzer Orchideenzentrum*
Zschopauer Str. 271
09126 Chemnitz

- *Orchideengarten*
Joachim Karge
Bahnhofstr. 24
21368 Dahlenburg

- *Wilhelm Hennis*
Große Venedig
31134 Hildesheim

- *Röllke-Orchideen*
Lutz & Frank Röllke
Flößweg 11
33758 Schloss Holte-Stukenbrock
www.roellke-orchideen.de

- *Andreas Stockelbusch*
Wielohweg 9
30938 Fuhrberg Wedel

- *Günter Ludwig*
Hainebuchenweg 2
31855 Aerzen

- *Orchideen-Anzucht und -Kultur*
Klaus Dieter Lohoff
Wilfriedstr. 39
33649 Bielefeld

- *Orchideen Tonn*
Wolfram Tonn
Meierbreite 2
37249 Neu-Eichenberg

- *Hans Lucke Orchideen*
Inh. Jörg Fresonke
Bergschenweg 6
47506 Neukirchen-Vluyn

- *Holm Orchideen*
Marko Holm
Alte Bahn 206
47551 Bedburg-Hau

- *Orchideen Kuhlmann*
Hinsbecker Str. 17a
47929 Grefrath

- *Münsterland Orchideen*
Willi Elsner
Königsbergerstr. 9
48493 Wettringen

- *Jens Röhl*
Stemweg 14
59494 Soest-Paradies

- *Blumen Glanz*
Franz Glanz
Hauptstr. 28
83246 Unterwössen

- *Cramer Orchideen*
Giselher Cramer
Zum Steiner 11
83489 Strub/Berchtesgarden

- *Schwerter Orchideen*
Guido & Bodo Schöttler
Bergstr. 8
858239 Schwerte

- *Kenntner Orchideenzucht*
Birkelweg 12
89555 Steinheim-Sontheim

- *Kopf Orchideen*
Peter Kopf
Hindenburgstr. 15
94469 Deggendorf
www.kopf-orchideen.de

- *Currlin Orchideen*
Inh. Franz Zeuner
Seeweg
97215 Uffenheim

- *Eisenheimer Orchideen*
Gerd Krönlein & Bernhard Wück
Marktplatz 11
97247 Eisenheim/Unterfranken

Internetadressen:

Deutsche Orchideengesellschaft:
www.orchidee.de

Österreichische Orchideengesellschaft:
www.orchidee.at

Schweizerische Orchideengesellschaft:
www.orchideen.ch

Links runds um die Welt der Orchideen:
www.orchidmall.com

Register

Angraecum eburneum var. *seychellarum*

▲ *Phalaenopsis manii* × *philippinense*

Das Orchideen Webportal

Viele hilfreiche Informationen sowohl für den Neueinsteiger als auch für den erfahrenen Orchideenhalter erhalten Sie unter **www.ulmer.de/orchideen**

Dies bietet Ihnen die Seite:
- ausführliche Pflanzenbeschreibungen
- hilfreiche Artenempfehlungen
- Erfolgsfaktoren zur Orchideenhaltung
- Tipps und Tricks von Profis
- Forum zum Meinungsaustausch mit anderen Orchideen-Freunden

 **Ganz nah dran.**